plurall

CB133467

Parabéns!
Agora você faz parte do **Plurall**, a plataforma digital do seu livro didático! Acesse e conheça todos os recursos e funcionalidades disponíveis para as suas aulas digitais.

Baixe o aplicativo do **Plurall** para Android e IOS ou acesse **www.plurall.net** e cadastre-se utilizando o seu código de acesso exclusivo:

AASGC7RZE

Este é o seu código de acesso Plurall. Cadastre-se e ative-o para ter acesso aos conteúdos relacionados a esta obra.

@plurallnet

@plurallnetoficial

SOMOS EDUCAÇÃO

WILLIAM ROBERTO CEREJA

Professor graduado em Português e Linguística e licenciado em Português pela Universidade de São Paulo (USP)

Mestre em Teoria Literária pela Universidade de São Paulo (USP)

Doutor em Linguística Aplicada e Análise do Discurso pela Pontifícia Universidade Católica (PUC-SP)

Professor da rede particular de ensino em São Paulo, capital

CAROLINA DIAS VIANNA

Professora graduada e licenciada em Português pela Universidade Estadual de Campinas (Unicamp-SP)

Mestra em Linguística Aplicada pela Universidade Estadual de Campinas (Unicamp-SP)

Doutora em Linguística Aplicada pela Universidade Estadual de Campinas (Unicamp-SP)

Professora das redes pública e particular de ensino nos Estados de São Paulo e Minas Gerais

PAULA BARACAT DE GRANDE

Professora graduada e licenciada em Letras pela Universidade Estadual de Campinas (Unicamp-SP)

Mestra em Linguística Aplicada pela Universidade Estadual de Campinas (Unicamp-SP)

Doutora em Linguística Aplicada pela Universidade Estadual de Campinas (Unicamp-SP)

Professora da educação básica e do ensino superior nos Estados de São Paulo e Paraná

Todos os Textos

Uma proposta de produção textual a partir de gêneros e projetos

7ª edição

Atual Editora

Atual Editora

Presidência: Guilherme Alves Melega

Vice-presidência de educação digital: Camila Montero Vaz Cardoso

Direção editorial: Lidiane Vivaldini Olo

Gerência de conteúdo e design educacional: Julio Cesar Augustus de Paula Santos

Gestão e coordenação de área: Renato Luiz Tresolavy

Edição: Paula Junqueira e Ingrid Favoretto Falcão

Aprendizagem digital: Renata Galdino (ger.),
Beatriz de Almeida Pinto Rodrigues da Costa (coord. Experiência de Aprendizagem),
Carla Isabel Ferreira Reis (coord. Produção Multimídia),
Daniella dos Santos Di Nubila (coord. Produção Digital),
Rogerio Fabio Alves (coord. Publicação)

Planejamento e controle de produção: Flávio Matuguma (ger.),
Juliana Batista (coord.), Renata Caroline de Oliveira Mendes (analista) e Jayne Ruas (analista)

Revisão: Letícia Pieroni (coord.), Aline Cristina Vieira, Anna Clara Razvickas, Carla Bertinato,
Daniela Lima, Danielle Modesto, Diego Carbone, Elane Vicente, Kátia S. Lopes Godoi,
Lilian M. Kumai, Luíza de Almeida T. Gonçalves, Malvina Tomáz, Marília H. Lima,
Paula Freire, Paula Rubia Baltazar, Paula Teixeira, Raquel A. Taveira, Ricardo Miyake,
Shirley Figueiredo Ayres, Tayra Alfonso e Thaise Rodrigues

Arte: Fernanda Costa da Silva (ger.), Kleber de Messas (líder de projeto) e
Anna Júlia Medeiros Martins (edição de arte)

Diagramação: Arte4 Produção Editorial

Iconografia e tratamento de imagem: Roberta Bento (ger.),
Iron Mantovanello Oliveira, Thaisi Albarracin Lima, Mariana de Souza Valeiro e
Cristina Akisino (pesquisa iconográfica), Fernanda Crevin (tratamento de imagens)

Licenciamento de conteúdos de terceiros: Roberta Bento (ger.),
Jenis Oh (coord.), Liliane Rodrigues, Raísa Maris Reina,
Sueli Ferreira e Cristina Akisino (analistas de licenciamento)

Ilustrações: Biry Sarkis, Filipe Rocha e Jean Galvão

Design: Erik Taketa (coord.) e Gustavo Vanini (proj. gráfico e capa)

Foto de capa: Freepik

Avenida Paulista, 901, 6º andar – Bela Vista
São Paulo – SP – CEP 01310-200
http://www.somoseducacao.com.br

Dados Internacionais de Catalogação na Publicação (CIP)

Cereja, William Roberto
Todos os textos 7 : uma proposta de produção textual a partir de gêneros e projetos : ensino fundamental : anos finais / William Cereja, Carolina Dias Vianna, Paula Baracat. -- 7. ed. -- São Paulo : SOMOS Sistemas de Ensino, 2024.

Bibliografia
ISBN 978-65-5945-120-3 (aluno)
ISBN 978-65-5945-124-1 (professor)

1. Língua portuguesa (Ensino Fundamental) 2. Língua portuguesa - Composição e exercícios (Ensino Fundamental) I. Título II. Vianna, Carolina Assis Dias III. Grande, Paula Baracat de

23-1474 CDD 372.61

Angélica Ilacqua – Bibliotecária – CRB-8/7057

2025
CAE: 820948 (aluno)
CAE: 820952 (professor)
ISBN: 978-65-5945-120-3 (aluno)
ISBN: 978-65-5945-124-1 (professor)
7ª edição
2ª impressão
De acordo com a BNCC.

Impressão e acabamento: A.R. Fernandez

OP 247444

Uma publicação SOMOS EDUCAÇÃO

Dados Internacionais de Catalogação na Publicação (CIP)

Cereja, William Roberto
Todos os textos 7 [livro eletrônico] : uma proposta de produção textual a partir de gêneros e projetos : ensino fundamental : anos finais / William Cereja, Carolina Dias Vianna, Paula Baracat. -- 7. ed. -- São Paulo : SOMOS Sistemas de Ensino, 2024.
PDF

Bibliografia
ISBN 978-65-5945-138-8 (aluno)
ISBN 978-65-5945-142-5 (professor)

1. Língua portuguesa (Ensino Fundamental) 2. Língua portuguesa - Composição e exercícios (Ensino Fundamental) I. Título II. Vianna, Carolina Assis Dias III. Grande, Paula Baracat de

23-1478 CDD 372.61

Angélica Ilacqua – Bibliotecária – CRB-8/7057

2024

Apresentação

Caro estudante,

Cada um de nós tem muitos meios para se expressar: o gesto, o olhar, a palavra... Ah, as palavras...

Pontes de comunicação com o mundo e de interação entre as pessoas, as palavras chegam até nós pela fala e pela escrita. Elas vêm de viva voz ou registradas em livros, jornais, revistas. Vêm por telefone, pelo correio, pelas redes sociais, por *e-mail*, pelos aplicativos de mensagens, etc. Vêm a todo momento: em histórias de nosso povo ou de países distantes; em quadrinhos que nos divertem; em poemas que nos fazem pensar e sentir emoções talvez nunca experimentadas; em propagandas, cartões, cartas e notícias.

Assim como vêm, as palavras também vão: nas exposições orais que fazemos, nas histórias que contamos, nas opiniões que damos sobre as coisas simples e complexas que nos cercam. Vão nos textos em que convidamos, informamos, protestamos, reivindicamos...

Este livro traz algumas ferramentas que vão ajudá-lo a lidar com as palavras e os textos — orais, escritos e também aqueles em que linguagens são combinadas — nas mais diferentes situações.

Para se apropriar das palavras, basta que você tenha o desejo de explorar os múltiplos caminhos da linguagem e a disposição para realizar projetos, como varal de poesia e livro de histórias, declamar poemas, fazer pesquisas e entrevistas, apresentar um seminário, participar de debates, entre outros.

Esperamos que, por meio de seus textos, você possa agir e interagir com outras pessoas, argumentar e persuadir, reivindicar e protestar, informar sobre o mundo que o cerca ou relatar suas vivências e sensações particulares, transmitir conhecimentos e narrar histórias, fazer seu interlocutor ler por prazer, imaginar, sonhar, se divertir, se emocionar.

Um abraço,
Os Autores.

SUMÁRIO

UNIDADE

1 A aventura da palavra

Esta unidade de ensino contempla:

9 habilidades da BNCC

Habilidades do campo artístico literário, com foco na criação de poemas e na interpretação e análise de efeitos de sentido decorrentes do uso de diversos recursos expressivos.

2 gêneros textuais

Poema e cordel.

3 recursos: Para falar com expressividade, Para escrever com estilo e Para falar e escrever com adequação

Declamação de poemas; figuras de linguagem e variedades linguísticas.

65 atividades: compreensão, interpretação, oralidade e escrita

Diversas atividades individuais e em grupo; propostas de produção de vários poemas.

Projeto: Oficina de Criação

Participar com os colegas da organização de um sarau, com exposição de ilustrações, apresentação de jogral, declamações de poemas e lançamento de uma antologia de poemas da turma.

Semente

Quando você tentou me calar
e tirou de mim as palavras,
meu corpo virou poesia.
Minhas curvas mudaram.
Hoje sou versos e estrofes,
cicatrizes e histórias,
de uma arte que você nunca
realmente conseguiu entender.

[...]

Com a ajuda das palavras,
eu me reconstruí.
Sem seus moldes.
Sem suas correções.
Minha única
linguagem é o amor.
E os créditos
são todos meus.

Porque, se fosse por você,
eu ainda estaria enterrada no chão.

Mas eu sou semente
e sei me plantar sozinha.

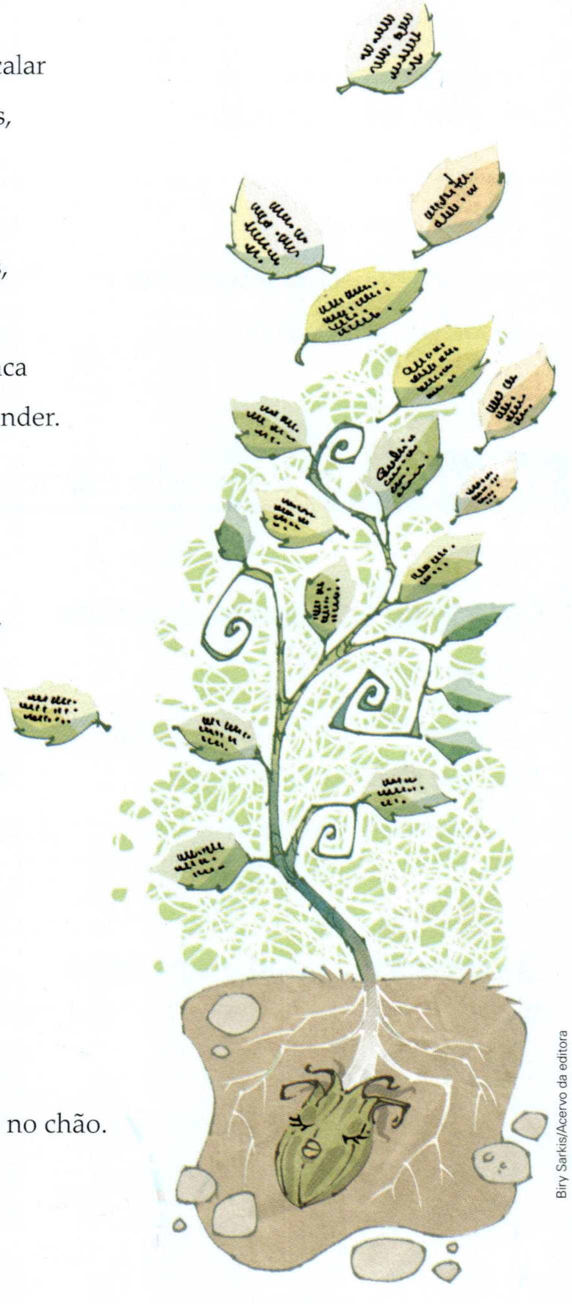

Biry Sarkis/Acervo da editora

(Bruna Vieira. *Meu corpo virou poesia*. São Paulo: Seguinte, 2021. p. 46; 48-49.)

FIQUE LIGADO! *Pesquise!*

Para você viajar por meio da imaginação e das palavras, sugerimos:

Além das palavras, de Terence Davies; *Paterson*, de Jim Jarmusch; *Palavras que borbulham como refrigerante*, de Kyohei Ishiguro; *O último poema*, de Mirela Kruel; *Sociedade dos poetas mortos*, de Peter Weir; *O carteiro e o poeta*, de Michael Radford; *O inventor de ilusões*, de Steven Soderbergh; *Império do Sol*, de Steven Spielberg.

Moviestore Collection Ltd/Alamy/Fotoarena

Cena do filme *Além das palavras*, de Terence Davies.

Reprodução/Editora Seguinte

Meu corpo virou poesia, de Bruna Vieira (Seguinte); *A lua no cinema e outros poemas*, org. por Eucanaã Ferraz (Seguinte); *Toda poesia*, de Ferreira Gullar (Companhia das Letras); *Cordelinho*, de Chico Salles (Rovelle); *111 poemas para crianças e 33 ciberpoemas e uma fábula virtual*, de Sérgio Capparelli (L&PM); *Lili inventa o mundo*, de Mario Quintana (Global); *Vejam como eu sei escrever*, de José Paulo Paes (Ática); *Rimas do país das maravilhas*, de Lewis Carroll (Ática); *Poemas com sol e sons — Poesia latino-americana para meninas e meninos*, vários autores (Melhoramentos); *Brincando de amor*, de Ilka Brunhilde Laurito (Moderna); *Amor adolescente* e *Cantigas de adolescer*, de Elias José (Atual); *Antologia escolar de poemas para a juventude*, de Henriqueta Lisboa (Ediouro); *Viva a poesia viva*, de Ulisses Tavares (Saraiva); *Versos para os pais lerem aos filhos em noites de luar*, de José Jorge Letria (Peirópolis); *Alice no país da poesia*, de Elias José (Peirópolis).

- www.jornaldepoesia.jor.br/infan.html
- www.arnaldoantunes.com.br
- https://ims.com.br/titular-colecao/mario-quintana/
- www.ablc.com.br/o-cordel/cordeis-digitalizados/

Veja e ouça declamações de poemas:

- https://www.youtube.com/watch?v=7RmX_LzPOP4
- https://www.youtube.com/watch?v=G3LIMueC124

Pesquise na internet:

- declamações de Paulo Autran e Maria Bethânia, entre outros artistas;
- declamações de cordelistas brasileiros, entre os quais o poeta Bráulio Bessa.

FIQUE LIGADO! *Escreva!*

Lembre-se de um poema de que tenha gostado muito, seja por sua sonoridade, seja por seu conteúdo. Copie-o com capricho em uma folha de papel branco ou colorido, de modo que sobrem espaços nas laterais e embaixo. Nesses espaços, faça ilustrações, usando desenhos ou colagens. Afixe seu poema no mural da sala de aula, a fim de que a magia da poesia perdure enquanto você realiza as atividades propostas nesta unidade.

DE OLHO NO GÊNERO

Você já ouviu ou leu estes versos?

"[...]
Recria tua vida, sempre, sempre.
Remove pedras e planta roseiras e faz doces. Recomeça.
Faz de tua vida mesquinha
um poema.
E viverás no coração dos jovens
e na memória das gerações que hão de vir.
[...]"

(Cora Coralina. Aninha e suas pedras. *Vintém de cobre*: meias confissões de Aninha. 6. ed. São Paulo: Global, 1997. p. 139.)

Biry Sarkis/Acervo da editora

"E agora, José?
A festa acabou,
a luz apagou,
o povo sumiu,
a noite esfriou,
e agora, José?
[...]"

(Carlos Drummond de Andrade. José. *Antologia poética*. Rio de Janeiro: Record, 2010. p. 30.)

"Eu possa me dizer do amor (que tive):
Que não seja imortal, posto que é chama
Mas que seja infinito enquanto dure."

(Vinicius de Moraes. Soneto de fidelidade. *Nova antologia poética*. São Paulo: Companhia das Letras, 2005. p. 40.)

Os versos que você leu são fragmentos de poemas muito famosos da língua portuguesa. Você já conhecia algum deles? Ou os poetas que os escreveram? Que outros versos você conhece?

Lembre-se de poemas, quadrinhas e parlendas e recite-os ou cante-os para o professor e os colegas.

No dia combinado com o professor, traga para a aula livros de poemas. Troque os livros com os colegas, leia alguns poemas e converse sobre eles, falando de suas impressões e experiências. Escolha um deles e leia-o para a turma. Depois, leia os textos a seguir.

Poesia, poema...

O que é poesia? Para que serve a poesia? Muitos poetas já tentaram responder a essas perguntas, mas talvez ninguém consiga dar respostas definitivas a elas.

A poesia é nossa velha conhecida. Há poesia nas canções de ninar, nas cantigas de roda, nos trava-línguas, nas parlendas, nos provérbios, nas quadrinhas populares, nas propagandas, nas letras de música, nos hinos dos times de futebol, nas cartas ou bilhetes dos apaixonados, nos livros... Também há poesia no canto do repentista nordestino, nas disputas de *slam*, no enredo da escola de samba, na voz do *rapper* do grande centro urbano, nos pregões dos feirantes e dos camelôs.

Mônico Reis/Acervo do cartunista

Caricatura da escritora e poetisa Cora Coralina, feita pelo artista plástico Mônico Reis.

O poema é uma composição poética em versos. Alguns poemas têm uma linguagem muito simples; outros, uma linguagem mais trabalhada, mais bonita, mais expressiva. Alguns nos divertem por sua musicalidade, pelos trocadilhos e jogos de palavras; outros nos agradam pelas ideias e pelos sentimentos que expressam; uns nos permitem brincar; outros nos emocionam, nos fazem refletir ou nos levam a experimentar novos e variados sentimentos.

Em versos, toda a produção literária

Ainda hoje há comunidades primitivas que não conhecem a escrita, mas em cuja cultura a poesia foi sempre cultivada. O poeta mexicano Octavio Paz chega mesmo a suspeitar de que a poesia seja anterior à invenção da palavra.

Os primeiros grandes poetas de que se tem registro surgiram na Grécia antiga e deixaram ao mundo um extraordinário legado poético.

E da Grécia vem a divisão da produção literária em três grandes gêneros: o lírico, o épico e o dramático.

De acordo com essa divisão, o gênero lírico compreende os poemas que falam das emoções e dos sentimentos: o amor, a dor, a tristeza, a alegria. O épico consiste nos poemas narrativos que cantam os feitos heroicos de um povo, as guerras e as conquistas da pátria, para engrandecê-la e marcar sua identidade cultural. O dramático compreende os textos feitos para o teatro, nos quais os conflitos da sociedade são mostrados ora de maneira trágica (a tragédia), ora de maneira cômica (a comédia).

Um mundo de poemas

O poeta grego Homero, a quem é atribuída a autoria do poema épico *A Odisseia*, e o poeta romano Virgílio, autor do poema épico *Eneida*, influenciaram escritores europeus que também se propuseram a registrar em suas obras a cultura e a língua de seus povos. Inspirados na tradição clássica, destacaram-se Dante, na Itália; Shakespeare, na Inglaterra; Goethe, na Alemanha; Cervantes, na Espanha; e Camões, em Portugal.

ART Collection/Alamy/Fotoarena

Voo de Eneias de Troia (1598), de Federico Barocci.

Aedos e trovadores

Na Grécia antiga, quando ainda não havia escrita, os aedos recitavam e cantavam poemas acompanhados pelo som da lira. Muitos deles tinham uma memória prodigiosa e conseguiam declamar longos poemas.

Na Idade Média, havia os jograis, pessoas de origem humilde que, como cantores ambulantes, viajavam pelo país e se apresentavam em feiras, em troca de comida e abrigo. E havia também os trovadores, nobres que, nas cortes, liam em voz alta seus poemas, acompanhados pelo som de instrumentos musicais como a lira, a flauta, a cítara ou a viola. Nessa época, poucas pessoas sabiam ler, e o registro dos textos era feito à mão. Os jograis e os trovadores exerceram, assim, o papel de difusores da poesia.

Os trovadores de hoje são os cantores e os compositores de música popular, que, nos versos de suas canções, tratam de assuntos que vão de sentimentos pessoais a problemas sociais, miséria e preconceito.

OFICINA DE CRIAÇÃO

Projeto » Sarau *Poesia de toda forma*

Nesta unidade, você e os colegas vão organizar o sarau **Poesia de toda forma**. Nesse evento, haverá o lançamento de uma antologia de poemas da turma, declamação de poemas e cordéis, exposição de ilustrações e desenhos e apresentação de um jogral. Todo o material será produzido regularmente nas aulas ao longo desta unidade.

CAPÍTULO 1 O poema (I)

O GÊNERO EM FOCO

Leia o poema de Gastão Cruz.

Canção dos dias grandes

A tarde não termina
porque o dia se esquece
de correr a cortina
pra que ele próprio cesse

É dia é dia ainda
vamos brincar correr
depois será bem-vinda
a noite que vier

E um frio tão fino
tão pouco já, tão leve
joga com o menino
no crepúsculo breve

Biry Sarkis/Acervo da editora

(*In:* Eucanaã Ferraz (org.). *A lua no cinema e outros poemas*. São Paulo: Companhia das Letras, 2011. p. 19.)

1. **Poema** é um texto feito em versos. **Verso** é cada linha do poema. Quantos versos tem o poema "Canção dos dias grandes", de Gastão Cruz?

____

2. Um conjunto de versos chama-se **estrofe**. Uma linha em branco separa uma estrofe da outra.

a) Quantas estrofes tem o poema?

____

b) Quantos versos há em cada estrofe?

____

3. Quando você canta uma canção qualquer, certamente a canta em determinado ritmo musical. Um poema também tem **ritmo**, que resulta da alternância entre sílabas átonas (fracas) e sílabas tônicas (fortes). Leia em voz alta os seguintes versos do poema, pronunciando de maneira mais forte as sílabas destacadas.

"É **di**a é dia a**in**da
vamos brincar cor**rer**
de**pois** será bem-**vin**da
a **noi**te que vi**er**"

Agora, leia estes outros versos do poema e marque as sílabas fortes.

"E um frio tão fino
tão pouco já, tão leve
joga com o menino
no crepúsculo breve"

___

4. Releia os versos da primeira estrofe:

"A tarde não termina
porque o dia se esquece
de correr a cortina
pra que ele próprio cesse"

a) Que semelhança há entre as palavras **termina** e **cortina** e entre as palavras **esquece** e **cesse** quanto à sonoridade?

___

b) Essas palavras, por apresentar sons semelhantes, rimam entre si. Conclua: O que é **rima**?

___

___

c) Identifique, na segunda estrofe do poema, uma palavra que rime com **ainda** e outra que rime com **correr**.

___

___

Quem foi

Gastão Cruz

Gabo Morales/Folhapress

O poeta e crítico literário Gastão Cruz (1941-2022) nasceu em Faro, Portugal. Aos 20 anos, estreou na literatura com o livro *A morte percutiva*. Com cerca de vinte títulos de poesia publicados, ganhou o Grande Prêmio de Poesia da Associação Portuguesa de Escritores (APE) pelo livro *Rua de Portugal* (2002), em que revisitou sua infância e a casa (já inexistente) onde nasceu. Sua obra mais famosa é a antologia de poemas *Observação do verão*, lançada em 2011.

5. A repetição é um recurso linguístico bastante utilizado em poemas para construir efeitos de sentido.

a) Identifique, no poema em estudo, uma palavra e uma expressão que se repetem.

b) Troque ideias com os colegas e o professor e conclua: Quais efeitos de sentido essas repetições constroem no poema?

6. O poema é um gênero textual capaz de expressar ideias e sentimentos. Além da construção de efeitos de sentido pela sonoridade resultante do ritmo e das rimas, o poema constrói imagens ao ampliar as possibilidades de significação de palavras, expressões e frases, explorando o **sentido figurado**, isto é, o sentido menos corriqueiro delas, menos objetivo. A **personificação**, por exemplo, é um recurso que atribui linguagem, sentimentos e/ou ações próprios de seres humanos a seres inanimados ou irracionais.

a) Identifique um exemplo de personificação na primeira estrofe do poema.

b) Identifique um exemplo de personificação na última estrofe do poema.

c) Que outra imagem ou expressão no sentido figurado você identifica na última estrofe? Explique-a em uma linguagem objetiva.

7. Observe o título do poema.

a) Qual é a razão dada, no poema, para o fato de a tarde não terminar?

b) Como seriam os "dias grandes"?

c) Troque ideias com os colegas e responda: Há dias mais curtos e dias mais longos? Por quê?

8. Releia a segunda estrofe:

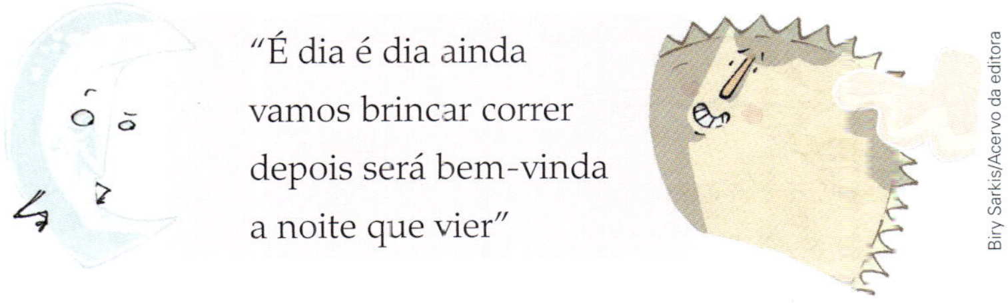

"É dia é dia ainda
vamos brincar correr
depois será bem-vinda
a noite que vier"

a) Identifique o verso em que há um convite.

____

b) Levante hipóteses: Quem é o eu lírico (a voz que fala) no poema?

____

____

____

____

9. Observe a linguagem do poema.

a) Ela está de acordo com a norma-padrão?

____

b) Ela é predominantemente subjetiva ou objetiva?

____

10. Com a orientação do professor, reúna-se com alguns colegas para resumir as características básicas do poema. Em seguida, preencha as lacunas do quadro a seguir:

Poema: construção e recursos expressivos	
Quem são os interlocutores do poema?	
Qual é o objetivo do poema?	
Onde o poema circula?	
Quais temas são abordados nos poemas?	
Como é a estrutura do poema?	
Como se caracteriza a linguagem do poema?	

Esquentando os motores

A fim de se desinibir, soltar a imaginação e se divertir, realize no caderno as atividades propostas a seguir, individualmente ou em grupo, conforme a orientação do professor.

1. Leia estes versos de Sérgio Capparelli:

Jean Galvão/Arquivo da editora

Quando eu era pequenino
Vivia de pernas pro ar,
Mas agora que sou grande
Só me mandam trabalhar.

Quando eu era pequenino
Vivia a jogar bola,
Mas agora que sou grande
"Menino, vá pra escola!"

Quando eu era pequenino
[...]

(*111 poemas para crianças*. 9. ed. Porto Alegre: L&PM, 2008. p. 70.)

Dê continuidade ao poema de Sérgio Capparelli escrevendo no caderno pelo menos mais duas estrofes. O primeiro verso de cada estrofe será sempre "Quando eu era pequenino" e o terceiro verso, "Mas agora que sou grande". Faça os dois versos novos rimarem entre si.

2. Leia estes outros versos de Sérgio Capparelli:

Jean Galvão/Arquivo da editora

Esquisitices

Eu hoje acordei
Muito esquisito.

Já comi o pé da mesa
E bebi café com mosquito
Fui à praia e no mar.
Pesquei um peixe frito

Eu hoje acordei
Muito esquisito.

Dei bom-dia pra cavalo
E relinchei pro cabrito,
Me pendurei no varal:
Logo que estiver seco, grito!

Eu hoje acordei
Muito esquisito.

[...]

(*111 poemas para crianças*. 9. ed. Porto Alegre: L&PM, 2008. p. 86.)

Dê continuidade ao poema de Sérgio Capparelli criando mais duas estrofes. Depois da primeira estrofe, reproduza o refrão “Eu hoje acordei / Muito esquisito”. Mantenha as rimas em **-ito**, conforme os versos originais do poema.

3. Reunidos com os colegas, escolham uma canção atual que todos conheçam. A seguir, escrevam um poema cujos versos se “encaixem” na melodia da canção escolhida. Vocês podem criar um texto que brinque com a sonoridade das palavras ou que faça uma crítica bem-humorada a um programa de televisão do momento, à situação política do país ou a um problema de seu bairro, da escola, etc.

   Terminado o texto, deem um título a ele. Depois, com a orientação do professor, cantem para os colegas da turma a canção com a nova letra.

4. Inspire-se em algum poema lido neste capítulo e crie outra obra de arte: desenho, pintura, ilustração digital, dança ou animação.

Poetas em ação!

Ao final desta unidade, você e os colegas vão organizar o sarau **Poesia de toda forma**, no qual haverá o lançamento de uma antologia de poemas, declamações e um jogral.

Agora chegou o momento de você criar os próprios poemas. Para isso, escolha um dos temas a seguir ou outro que prefira.

- Infância
- Caminhos
- Amizade
- A lua
- O mar
- O sonho

Antes de iniciar a escrita, inspire-se nos poemas a seguir.

aqui

nesta pedra

alguém sentou
olhando o mar

o mar
não parou
pra ser olhado

foi mar
pra tudo quanto é lado

(Paulo Leminski. *Toda poesia*. São Paulo: Companhia das Letras, 2013. p. 68.)

Jean Galvão/Arquivo da editora

Dorme ruazinha...

Dorme, ruazinha... É tudo escuro...
E os meus passos, quem é que pode ouvi-los?
Dorme o teu sono sossegado e puro,
Com teus lampiões, com teus jardins tranquilos...

Dorme... Não há ladrões, eu te asseguro...
Nem guardas para acaso persegui-los...
Na noite alta, como sobre um muro,
As estrelinhas cantam como grilos...

O vento está dormindo na calçada,
O vento enovelou-se como um cão...
Dorme, ruazinha... Não há nada...

Só os meus passos... Mas tão leves são
Que até parecem, pela madrugada,
Os da minha futura assombração...

(Mario Quintana. *Nova antologia poética*. 11. ed. São Paulo: Globo, 2005. p. 39.)

Amanhece
Vaga-lume encerra
Sua conversa com as estrelas.
Orvalho se acomoda
No colo do gramado.

Coruja retorna
De suas andanças.
A madrugada cutuca o galo,
No mourão, empoleirado.

A lua adormece.

O sol aparece,
E inté parece que acende sua luz
Bem mais cedo
Do que o resto do mundo
Está acostumado.

(Lalau e Laurabeatriz. *Caminho da roça*. São Paulo: Scipione, 2012. p. 6.)

Jean Galvão/Arquivo da editora

Viagem

Quem lê vai em frente
quem escreve vai também
O poeta segue contente
quando dirige esse trem.

Piauííííííííí! Piauííííííííí!
Toca o apito da estação
bem na hora de partir.
Lá vai o trem... vamos também...

Você entra, sai e brinca
com palavras em movimento.
Para. À esquerda. À direita.
Poesia a gente inventa.

(Fernando Paixão. *Varal de poesia*. São Paulo: Ática, 2005. p. 53.)

Jean Galvão/Arquivo da editora

Planejamento do texto

- Leve em conta o perfil de seus leitores: jovens como você, professores e funcionários da escola, familiares e amigos.
- Pense sobre o que vai escrever e quais imagens você pode criar para construir sentidos poéticos para o tema.
- Decida se pretende organizar o texto em estrofes.
- Planeje como será o ritmo do poema, se terá rimas, repetições, etc.

Escrita

- Escreva seu texto em versos.
- Com base no planejado, organize (ou não) o poema em estrofes.
- Prefira frases curtas, considerando que, em poemas, o mínimo de palavras deve dizer o máximo.
- Procure dar ritmo ao poema, escolhendo termos que evidenciem a sonoridade das palavras.
- As rimas não são obrigatórias, mas tente usá-las no final dos versos.
- Procure empregar palavras, expressões e frases em sentido figurado, ou seja, com sentidos diferentes do usual.
- Dê um título sugestivo ao seu poema.

Revisão e reescrita

Antes de finalizar a escrita, observe se o poema:

- está escrito em versos;
- apresenta recursos próprios da poesia: ritmo, rimas, imagens;
- tem frases curtas;
- também apresenta linguagem figurada e rica em sentidos;
- recebeu um título sugestivo;
- apresenta uma linguagem de acordo com a norma-padrão ou, então, adequada às intenções do poema.

Faça as modificações necessárias e finalize seu poema. Se quiser, ilustre-o.

Declamando poemas

Você já ouviu alguém declamar bem um poema? Bom declamador é aquele que tem um pouco de ator e outro tanto de poeta, isto é, que sabe não apenas falar, mas também interpretar um texto com emoção.

Por isso, para declamar bem um texto poético, é necessário, além de compreendê-lo, admirá-lo. Quando declamamos um poema, estamos mostrando aos nossos ouvintes o modo como o compreendemos e o sentimos.

Ao contrário do que muitos pensam, declamar bem um poema não significa falar alto demais ou gesticular exageradamente. O declamador deve falar com uma aparente naturalidade, como se estivesse conversando com uma pessoa amiga. Mas, na realidade, deve empregar conscientemente cada uma das técnicas que aprendeu: entonação, pausas, altura de voz, etc.

Fly View Productions/Getty Images

Com a orientação do professor, assista na plataforma Plurall ao vídeo "O poema declamado" e observe as técnicas empregadas pelo declamador.

Depois, escolha para declamar um dos poemas que produziu neste capítulo ou um dos poemas a seguir.

Dia de sol

Um dia sem sol
é um dia sem açúcar
nem sal.

Um dia sem sol
é picolé sem gelo,
é noite sem lua,
é história parada,
é fada enfadada,
é bruxa dorminhoca,
é domingo sem mesada,
é boletim com vermelha,
é um galo mudo,
é fantasma aposentado,
é falta de graça em tudo.

Um dia de sol
é um presente dos céus!

Filipe Rocha/Acervo da editora

(Elias José. *Amor adolescente*. São Paulo: Atual, 2009. p. 41.)

Filipe Rocha/Acervo da editora

Beija-flor

Beija-flor pequenininho
que beija a flor com carinho
me dá um pouco de amor,
que hoje estou tão sozinho...
Beija-flor pequenininho,
é certo que não sou flor,
mas eu quero um beijinho
que hoje estou tão sozinho...

(Roseana Murray. *In*: Vera Aguiar (coord.). *Poesia fora da estante*. Porto Alegre: Projeto, 1995. p. 79.)

meus amigos

meus amigos
quando me dão a mão
sempre deixam
outra coisa

presença
olhar
lembrança calor

meus amigos
quando me dão
deixam na minha
a sua mão

Filipe Rocha/Acervo da editora

(Paulo Leminski. *In*: Eucanaã Ferraz (org.). *A lua no cinema e outros poemas*. São Paulo: Companhia das Letras, 2011. p. 29.)

Escolhido o poema, é hora de começar o trabalho de declamação. Siga estas orientações:

Planejamento da declamação

- Leia o texto várias vezes, tentando primeiramente compreendê-lo. Depois, tente memorizá-lo.
- Enquanto lê, procure buscar a voz do eu lírico do poema, como se fosse você quem estivesse criando e declamando o texto simultaneamente.
- Durante a declamação, mire um ponto no fundo da sala ou do auditório. Assim, sua voz soará mais alta, preenchendo melhor o ambiente.

- Valorize sinais de pontuação, como vírgulas e pontos (respeitando as pausas). Dê mais expressividade às frases com pontos de exclamação e de interrogação.
- Manifeste pela voz os sentimentos que quer passar ao público (dor, alegria, reflexão, entusiasmo, dúvida, medo, entre outros), dependendo do que é declamado.
- Quando sentir que a voz está adequada, busque também expressões faciais e gestuais que reforcem o que está sendo dito. Não exagere fazendo caretas ou gesticulando demais. Os gestos devem apenas complementar o que é falado.
- Se quiser, você poderá pensar num fundo musical que tenha relação com o conteúdo do poema, desde que não atrapalhe a declamação.
- Depois, convide um(a) colega para ensaiar com você, de modo que um declame para o(a) outro(a). Ouça as sugestões e aprimore sua declamação. Quando julgar que está adequada, peça a esse(a) colega que grave um vídeo. Depois, assista à gravação.

Assistindo à declamação, aprimorando-a e apresentando-a

- Assista ao vídeo e observe se a declamação ainda pode ser melhorada, considerando as orientações anteriores.
- Anote a minutagem em que você identificou problemas e marque no texto a parte da declamação em que deve ser feita alguma modificação.
- Ensaie a declamação outras vezes, até sentir que os problemas foram corrigidos.
- Peça a alguém que filme sua declamação e assista novamente a ela. Repita o procedimento quantas vezes forem necessárias.
- Por fim, apresente sua declamação à turma, conforme orientação do professor.

  As declamações serão apresentadas no dia do sarau da turma, no capítulo **Oficina de Criação**.

Reprodução/Freepik.com

Figuras de linguagem

Leia este poema de José Jorge Letria e André Letria. Veja como, nos versos a seguir, os trechos destacados extrapolam o sentido corriqueiro das palavras.

Versos para os pais lerem aos filhos em noites de luar

Com **versos da cor da lua**
és tão grande e pequenino
como esta página branca
em que leio o teu destino.
Dorme agora sossegado
como as nuvens à noitinha
que eu fico aqui a teu lado
com a tua mão na minha.

[...]

Com **versos da cor do mar**
é que pinto o teu sorriso
porque gosto de pintar
quando o amor é preciso.
E **o amor é uma asa**
esvoaçando sobre nós
a polvilhar de ternura
os timbres da nossa voz.

Com versos feitos de sonho
é que eu te faço sonhar
que és golfinho e rouxinol
ou peixe de prata a brilhar.
E cada linha que tu lês
é perfeita como o traço
de um pintor que te envolve
com as cores de um abraço.

[...]

(*Versos para os pais lerem aos filhos em noites de luar*. São Paulo: Peirópolis, 2010.)

Jean Galvão/Arquivo da editora

Troque ideias com os colegas e responda oralmente:

1. Qual é o sentido da imagem "versos da cor da lua"?
2. E da comparação "és [...] como esta página branca"?
3. E da comparação "dorme [...] como as nuvens à noitinha"?
4. Qual é o conceito de amor expresso nos versos "E o amor é uma asa esvoaçando sobre nós"?

Ao atribuir cor aos versos ("versos da cor da lua"), ao estabelecer comparações entre o filho e a página de papel ou entre o sono do filho e o sono das nuvens à noitinha, assim como ao dizer que "o amor é uma asa", os autores fazem uso de uma **linguagem figurada**, rica em sentidos, pouco objetiva, diferente da linguagem que costumeiramente usamos no dia a dia. Para isso, lançam mão de recursos conhecidos como **figuras de linguagem**, muito frequentes na linguagem poética, mas que também podem ser encontrados com facilidade na linguagem publicitária, nas anedotas, nas tirinhas e, às vezes, até na linguagem cotidiana.

Figuras de linguagem são recursos linguísticos utilizados na construção de textos com a finalidade de torná-los mais expressivos.

A seguir, conheça algumas das figuras de linguagem mais utilizadas.

Metáfora e comparação

Observe estes versos do poema de José Jorge Letria e André Letria:

"E o amor é uma asa
esvoaçando sobre nós"

Nesses versos, ao aproximar duas realidades distintas (amor e asa), emprega-se uma **metáfora**. A metáfora ocorre quando se emprega uma palavra com sentido diferente daquele que lhe é mais comum, sendo o novo sentido resultante de uma relação de semelhança dessa palavra com outra. Veja outra metáfora do poema:

"[Tu] és golfinho e rouxinol
Ou peixe de prata a brilhar"

Agora, compare esses versos com metáforas a estes, do mesmo poema:

- "és tão grande e pequenino
como esta página branca"
- "Dorme agora sossegado
como as nuvens à noitinha"

Metáfora visual

A metáfora também pode ocorrer na linguagem visual e é frequentemente empregada na publicidade. No cartaz da campanha publicitária a seguir, a imagem de um globo terrestre nas mãos de uma pessoa materializa visualmente o fato de que a preservação da natureza depende de nós, seres humanos.

beboy/Shutterstock

(Disponível em: https://www.behance.net/gallery/10262873/Camapanha-do-Dia-Mundial-do-Meio-Ambiente-Hypermarcas. Acesso em: 10/1/2023.)

Note que, nessas duas situações, também ocorre a aproximação entre dois seres ou elementos em razão de semelhança, atribuindo-se a um características do outro. Porém, nelas ocorre a **comparação**. Na comparação, diferentemente da metáfora, sempre aparecem termos comparativos, entre eles **como**, **tal qual**, **semelhante a**, **que nem**. No poema, as metáforas se tornariam comparações, caso houvesse um elemento comparativo explícito, como "O amor é como uma asa" e "Tu és como um golfinho e rouxinol".

Personificação ou prosopopeia

Leia esta tira de Quino:

© Joaquín Salvador Lavado (Quino)/Fotoarena

(*Toda Mafalda*. 2. ed. São Paulo: Martins Fontes, 1993. p. 77.)

Observe que, na tira, para construir um sentido irônico e crítico, Quino deu ao globo terrestre um tratamento próprio de um ser humano. A personagem Mafalda diz ao amigo "Psiu! Fala baixo! Tem um doente em casa!" e a imagem mostra o globo "deitado", convalescendo. Nesse caso, dizemos que o globo terrestre foi personificado.

Considera-se que há **personificação** ou **prosopopeia** quando se atribuem linguagem, sentimentos e/ou ações próprios de seres humanos a seres inanimados ou irracionais.

Veja outro exemplo em linguagem verbal, observando como a cômoda é humanizada neste texto de Mario Quintana:

Só para si

Dona Cômoda tem três gavetas. E um ar confortável de senhora rica. Nas gavetas guarda coisas de outros tempos, só para si. Foi sempre assim, dona Cômoda: gorda, fechada, egoísta.

(*In*: *Varal de poesia*. São Paulo: Ática, 2005. p. 24.)

Jean Galvão/Arquivo da editora

Antítese

Leia o poema a seguir, criado na forma de adivinhas, e tente descobrir as respostas.

Jean Galvão/Arquivo da editora

Duas adivinhas

1

Subo e desço o dia inteiro
no dentista e no barbeiro.
Se elétrica, logo mato.
Mas na eleição me cobiça
todo e qualquer candidato.

2

Do direito faço esquerdo
do esquerdo faço direito.
Bonito me acha bonito
feio me acha sempre feio.
O de fora ponho dentro
mas meu dentro está lá fora.
Quem sou eu? Me diga agora.

(José Paulo Paes. *In*: *Varal de poesia*. São Paulo: Ática, 2005. p. 8.)

Observe que, na construção do texto, foram empregados pares de palavras com sentidos opostos, contrastando as ideias — **subo** e **desço**, **direito** e **esquerdo**, **bonito** e **feio** e **dentro** e **fora**. Esse recurso é chamado de **antítese**.

Aliteração e assonância

Leia estes versos de Mario Quintana:

Jean Galvão/Arquivo da editora

Que dança que não se dança?
Que trança não se destrança?
O grito que voou mais alto
Foi um grito de criança.
[...]

(Canção de domingo. *In*: *Varal de poesia*. São Paulo: Ática, 2005. p. 51.)

Note que a sonoridade desses versos se deve, em parte, à repetição de alguns sons consonantais:

- som de /s/, presente em **dança**, **trança**, **destrança** e **criança**;
- sons de /d/ e /t/, presentes em **dança**, **trança**, **destrança**, **grito**, **alto**.

Quando um mesmo som consonantal se repete várias vezes, criando um efeito sonoro, chamamos esse recurso de **aliteração**. Porém, quando a repetição é de sons vocálicos, chamamos esse recurso de **assonância**.

Observe nestes versos da canção "Uns", de Caetano Veloso, exemplos de assonância, com a repetição de sons vocálicos nasais, e de aliteração, com a repetição do som de /s/:

[...]
uns cem
uns sem
uns vêm
uns têm
[...]

(*In*: Eucanaã Ferraz (org.). *A lua no cinema e outros poemas*. São Paulo: Companhia das Letras, 2011. p. 31.)

Inversão

Leia estes versos de Ferreira Gullar:

Não há vagas

O preço do feijão
não cabe no poema. O preço
do arroz
não cabe no poema.
Não cabem no poema o gás
a luz o telefone
a sonegação
do leite
da carne
do açúcar
do pão
[...]

foxie/Shutterstock

(*In*: Vários autores. *50 poemas de revolta*. São Paulo: Companhia das Letras, 2017. p. 53.)

Observe que os quatro primeiros versos do poema apresentam uma sequência gramatical comum, que consiste em apresentar primeiramente o sujeito (o assunto de que se fala, nesse caso) e depois o verbo: "**O preço do feijão** não **cabe**". A partir do 5º verso, entretanto, ocorre uma **inversão** na ordem natural da frase, pois a forma verbal **cabem** vem antes do sujeito: "**o gás a luz o telefone a sonegação do leite da carne do açúcar do pão**". Assim, considera-se que há inversão quando os termos da frase são colocados em uma sequência diferente da ordem sujeito + predicado.

EXERCÍCIOS

Leia este poema de Vinicius de Moraes:

aurora, com movimento (posto 3)

A linha móvel do horizonte
atira para cima o sol em **diabolô**
os ventos de longe
agitam docemente os cabelos da rocha
passam em fachos o primeiro automóvel, a última estrela
a mulher que avança
parece criar esferas exaltadas pelo espaço
os pescadores puxando o arrastão parecem mover o mundo
o cardume de botos na distância parece mover o mar.

Jean Galvão/ Acervo d

(*In*: Eucanaã Ferraz (org.). *A lua no cinema e outros poemas*. São Paulo: Companhia das Letras, 2011. p. 99.)

diabolô: brinquedo que consiste em segurar, num cordão atado nas extremidades, uma espécie de carretel.

1. Compare o título ao restante do poema e responda às questões, justificando suas respostas com elementos do texto.

a) Qual é o lugar descrito pelo poema?

b) Em que momento do dia ocorrem as ações descritas?

2. O poema transmite a ideia de um mundo em movimento, que acorda para o dia.

a) Que formas verbais empregadas no texto expressam a ideia de movimento?

b) A **personificação** também assume um papel importante para construir as imagens de movimento e vida. Identifique no poema exemplos de personificação.

3. Observe este verso do poema:

> "passam em fachos o primeiro automóvel, a última estrela"

Do ponto de vista da construção, há nesse verso uma inversão.

a) Qual seria a ordem direta dos termos desse enunciado?

b) Compare sua resposta anterior ao verso original e levante hipóteses: Considerando o conteúdo global do poema, por que o poeta teria optado pela ordem indireta do verso em vez da ordem direta?

c) O verso também apresenta uma imagem, com rica sugestão visual. Explique o sentido da expressão **passam em fachos** no contexto.

Leia este anúncio publicitário:

(Disponível em: http://breaksms.blogspot.com/2010/04/briefing-iv-premio-all-type.html. Acesso em: 19/3/2023.)

4. O anúncio apresenta uma figura de linguagem muito comum na literatura e na publicidade: a **antítese**. Identifique a antítese no anúncio e explique como ela é construída.

5. Na parte de baixo do anúncio se lê: "Participe do IV Prêmio All-Type de Criação Publicitária. O tema é 'Dia do Silêncio'.".

a) Conclua: Qual é a finalidade do anúncio?

b) Explique o sentido da frase "Fale baixinho, mas em alto e bom som" no contexto.

6. Leia este poema de Cacaso:

Cavalo-marinho

Galopa cavalo-marinho
Me ensina o caminho
Que devo tomar
Solta as crinas no vento
Galopa no vento
Cavalo do mar

(*In*: Ruth Rocha (org.). *Poemas que escolhi para as crianças*. São Paulo: Moderna, 2013. p. 13.)

Jean Galvão/ Acervo da editora

O poema apresenta uma rica sonoridade por causa do ritmo e da **aliteração**. Identifique a aliteração no poema e explique como ela é constituída.

7. Leia agora este poema de Patativa do Assaré:

Jean Galvão/ Acervo da editora

O sertão

O Sertão é livro aberto
Onde lemos o poema
Da mais rica inspiração.
Vivo dentro do sertão
E o sertão dentro de mim.
Adoro as suas belezas
Que valem mais que as riquezas
Dos reinados de Aladim.

(*In*: *Poemas que escolhi para as crianças*. São Paulo: Moderna, 2013. p. 92.)

a) Para definir o que é o sertão, o eu lírico do poema utiliza uma **metáfora**. Identifique-a e explique seu sentido no contexto.

b) Para destacar as qualidades do sertão, é empregada uma **comparação**. Identifique-a.

CAPÍTULO

2 O poema (II)

O GÊNERO EM FOCO

Leia este poema de Paulo Leminski:

a lua no cinema

A lua foi ao cinema,
passava um filme engraçado,
a história de uma estrela
que não tinha namorado.

Não tinha porque era apenas
uma estrela bem pequena,
dessas que, quando apagam,
ninguém vai dizer que pena!

Era uma estrela sozinha,
ninguém olhava pra ela,
e toda a luz que ela tinha
cabia numa janela.

A lua ficou tão triste
com aquela história de amor,
que até hoje a lua insiste:
— Amanheça, por favor!

(*Toda poesia*. São Paulo: Companhia das Letras, 2013. p. 199.)

1. O poema narra uma pequena história, cuja personagem central é a lua.

a) Indique o tipo de filme que a lua foi ver no cinema:
- comédia pastelão
- drama romântico
- aventura aterrorizante
- suspense policial

b) Indique o sentido da palavra **engraçado** na 1ª estrofe do poema:
- humorístico
- divertido
- diferente
- crítico

2. A lua e a estrela são personificadas no poema, pois têm ações e sentimentos que são próprios de seres humanos, e não de astros.

a) Identifique essas ações e sentimentos.

____

____

____

____

b) Qual é o nome da figura de linguagem que designa o tratamento dado à lua e à estrela?

____

____

Quem foi Paulo Leminski

Dico Kremer/Acervo do poeta

Paulo Leminski (1944-1989) nasceu em Curitiba. Foi poeta, tradutor, ensaísta e letrista de canções.

Sua poesia é marcada pela coloquialidade, pelo humor e pelo experimentalismo estético dos anos 1970. Sua obra influenciou e ainda tem influenciado muitos poetas brasileiros.

As obras do poeta publicadas em vida foram reunidas na edição *Toda poesia*, da editora Companhia das Letras.

O poema "A lua no cinema" é bastante musical, e isso se deve ao emprego de alguns recursos como métrica, ritmo e rimas. A **métrica** de um poema é dada pelo número de sílabas poéticas de cada verso. Leia o boxe a seguir.

Como contar as sílabas poéticas de um verso

Antes de ser escrita para ser lida, a poesia era cantada ou declamada para ser ouvida. Isso se deve à origem oral da poesia: a métrica dos versos está relacionada com o modo de falar/cantar o poema; por isso, quando falamos, é comum haver elisão, isto é, a supressão de algumas vogais átonas no final das palavras. **Escandir** (ou fazer a **escansão** de) um verso é contar o número de sílabas poéticas que ele apresenta. Na escansão, as vogais átonas do final de uma palavra e do começo de outra se juntam. Além disso, a contagem é feita até a última sílaba tônica do verso. Veja a diferença entre a contagem de sílabas gramaticais de um verso e a contagem de suas sílabas poéticas:

1 2 3 4 5 6 7 8 9 10
pas | sa | va | um | fil | me | en | gra | ça | do = 10 sílabas gramaticais

1 2 3 4 5 6 7
pas | sa | va um | fil | me en | gra | ça | do = 7 sílabas poéticas

3. Faça a escansão dos versos do poema "A lua no cinema" e responda: Que métrica predomina no poema?

4. O ritmo de um verso é construído pela sequência de sílabas tônicas (fortes) e sílabas átonas (fracas). Veja o ritmo dos dois primeiros versos do poema:

A | **LU** | a | foi | ao | ci | **NE** | ma
A T A A A A T
pas | **SA** | va um | fil | me en | gra | **ÇA** | do
A T A A A A T

Note que o ritmo desses versos é construído com a tonicidade recaindo sobre a 2ª e a 7ª sílabas poéticas.

Examine os versos da última estrofe do poema e verifique se eles seguem o mesmo ritmo ou se sofrem variações.

Curiosidades sobre poesia & cia.

Você sabia que:

- o verso de 5 sílabas poéticas é chamado de **redondilha menor** e o de 7 sílabas é chamado de **redondilha maior**?
- **decassílabo** é o nome do verso com 10 sílabas poéticas?
- as redondilhas surgiram em Portugal no século XII, durante a Idade Média, quando a língua portuguesa ainda estava se formando?
- as redondilhas são a métrica mais usada nas cantigas de roda, nos repentes, no cordel e no *rap*?
- o poema *Os lusíadas*, de Luís de Camões, apresenta 1 102 estrofes, todas com 8 versos decassílabos cada uma?

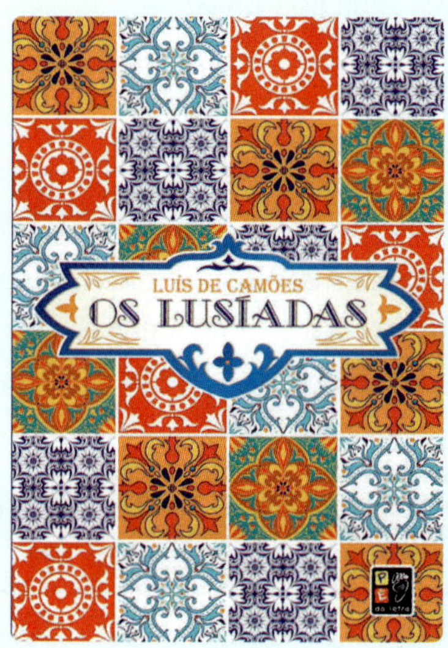

Reprodução/Editora Pé da Letra

Capa do livro *Os lusíadas*, poema épico de Luís de Camões.

5. As rimas de um poema são as semelhanças sonoras que ocorrem, geralmente, no final dos versos. Veja as rimas da 1ª estrofe do poema.

"A lua foi ao cin**ema**
passava um filme engraç**ado**
a história de uma estr**ela**
que não tinha namor**ado**."

As rimas ocorrem perfeitamente entre o 2º e o 4º versos da estrofe. Entre o 1º e o 3º versos, ocorre semelhança quanto às vogais, o que também contribui para a sonoridade do poema.

Faça o levantamento de rimas nas outras estrofes do poema e verifique se existem diferenças em relação à 1ª estrofe.

____

____

____

____

6. A lua ficou triste ao ver o filme sobre a estrela. Considerando esse sentimento, explique o último verso do poema "— Amanheça, por favor!".

____

____

Versos brancos

Nos poemas, a rima não é obrigatória. Versos que não rimam são chamados de **versos brancos** ou **soltos**.

Leia o poema "Lá em casa", de Carlos Rodrigues Brandão, e observe o emprego de versos brancos.

Lá em casa

Um raio de sol
entrou pela janela
e clareou o escuro
de amarelo

Pela varanda
chegou a luz do dia
e revestiu de claro
o quanto havia

Da chaminé
choveu um arco-íris
e aquarelou de alegre
o que era triste

Chegou do Oriente
um pôr de sol
e salpicou a tarde
de ouro em pó

(*O jardim de todos*. Campinas: Autores Associados, 2004. p. 57.)

Jean Galvão/Arquivo da editora

AGORA É A SUA VEZ

Esquentando os motores

A fim de se desinibir e soltar a imaginação, realize as atividades propostas a seguir, individualmente ou em grupo, conforme a orientação do professor.

1. O poema "Sonhar", de Bráulio Bessa, tenta definir o que é sonhar, brincando com a palavra **meio**. Leia-o, considerando que foram suprimidas algumas palavras da 2ª e da 3ª estrofes.

Sonhar

Sonhar é verbo, é seguir,
é pensar, é inspirar,
é fazer força, insistir,
é lutar, é transpirar.
São mil verbos que vêm antes
do verbo realizar.

Sonhar é ser sempre meio,
É ser meio indeciso,
Meio __________, meio __________,
É ser meio __________.
Meio __________, meio __________,
É ter só meio __________.

Biry Sarkis/Acervo da editora

Sonhar é ser meio __________
É ser meio __________,
Trapaceando o real.
Pra ser meio __________.
Na vida, bom é ser meio,
Não tem graça ser __________.

O inteiro é o completo,
não carece acrescentar,
é sem graça, é insosso,
é não ter por que lutar.
Quem é meio é quase inteiro
e o quase nos faz sonhar.
[...]

(*Poesia que transforma*. Rio de Janeiro: Sextante, 2018. p. 30. *E-book*.)

Complete as lacunas da 2ª e 3ª estrofes do poema, mantendo o ritmo e a coerência do texto. Se quiser, crie também outras estrofes, mantendo a ideia de definir o que é sonhar. Depois de pronto, leia seu poema para a turma, compartilhando as soluções que encontrou.

2. Observe o esquema de rimas na 1ª estrofe do poema "As fases da lua", de Sérgio Capparelli, e crie os últimos versos das demais estrofes, procurando manter a rima.

As fases da lua

A lua
Aluada
Estuda
Tabuada

A lua
Luneta
Estuda
____

A lua
De mel
Estuda
____

A lua
Lunática
Estuda
____

(*111 poemas para crianças*. 9. ed. Porto Alegre: L&PM, 2008. p. 135.)

Jean Galvão/Arquivo da editora

3. Ao longo de anos, o professor colombiano Javier Naranjo coletou definições de diferentes termos, criadas por seus alunos, o que resultou no livro *Casa das estrelas: o universo pelo olhar das crianças*, no qual apresenta o conjunto dessas definições, algumas bastante poéticas e inusitadas. Leia algumas delas:

ADULTO
Pessoa que, em toda coisa que fala, vem primeiro ela.
(*Andrés Felipe Bedoya, 8 anos*)

ÁGUA
Transparência que podemos tomar.
(*Tatiana Ramírez, 7 anos*)

BRANCO
O branco é uma cor que não pinta
(*Jonathan de Jesús Ramírez, 11 anos*)

CÉU
De onde sai o dia.
(*Duván Arnulfo Arango, 8 anos*)

LUA
É o que nos dá a noite.
(*Leidy Johanna García, 8 anos*)

MÃE
Mãe entende e depois se deita pra dormir.
(*Juan Daniel Alzate, 6 anos*)

PAI
É uma pessoa muito especial porque tinha a gente no coração quando a gente estava na barriga.
(*Luisa Fernanda Borrero, 9 anos*)

PAZ
Quando alguém se perdoa.
(*Juan Camilo Hurtado, 8 anos*)

TEMPO
Algo que acontece para lembrar.
(*Jorge Armando, 8 anos*)

UNIVERSO
Casa das estrelas.
(*Carlos Gómez, 12 anos*)

(Javier Naranjo. *Casa das estrelas: o universo pelo olhar das crianças*. 2. ed. São Paulo: Planeta, 2019. p. 20, 28, 34, 53, 79, 83, 104, 105, 129, 137.)

Que tal criar algumas definições poéticas, como os alunos de Javier Naranjo?

- dor
- fotografia
- escola
- futuro

- pai
- saudade

Caso queiram, vocês podem pensar em outros termos para criar mais definições e integrá-las à antologia de poemas da turma, a ser lançado no capítulo **Oficina de Criação**, ao final desta unidade. Algumas definições podem ser selecionadas e lidas durante o sarau.

Poetas em ação!

Você já sabe que, no final desta unidade, a turma vai organizar o sarau **Poesia de toda forma**. Para compor a antologia que será lançada no evento, desenvolva ao menos duas das três propostas de produção de poemas apresentadas a seguir. Se possível, empregue tudo o que aprendeu até aqui: métrica, ritmo, rimas, aliterações, metáforas, etc.

Proposta 1

O tema **família** já inspirou muitos poetas. Em alguns poemas, de forma sentimental; em outros, de forma brincalhona e divertida. Escreva você também um poema com base no tema **família** ou, se preferir, restrinja o tema a **pai**, **mãe**, **irmãos**, **avós**, etc. Dê um título ao seu poema. Mas, antes, leia quatro poemas para se inspirar:

Mãe

De patins, de bicicleta,
de carro, de avião,
nas asas da borboleta
e nos olhos do gavião;
de barco, de velocípedes,
a cavalo num trovão,
nas cores do arco-íris,
no rugido de um leão;
na graça de um golfinho
e no germinar do grão.
teu nome eu trago, mãe,
na palma da minha mão.

Biry Sarkis/Acervo da editora

(Sérgio Capparelli. *In*: Vera Aguiar (coord.). *Poesia fora da estante*. Porto Alegre: Projeto, 1995. p. 106.)

Mãe

Biry Sarkis/Acervo da editora

Minha mãe, sei que na vida
é teu amor que me diz
qual a estrada mais florida
que me leva a ser feliz.
O mundo é tão grande, mãe!
E a vida não vale um triz.
O sonho que a gente sonha
é falso, não tem raiz.

Ah! minha mãe, minha vida
só pede paz, e não bis.
Só teu amor me convida
para ser bom e feliz.

(Gilberto Mendonça Teles. *Hora aberta*. São Paulo: Vozes, 2003.)

minha mãe dizia

— ferve, água!
— frita, ovo!
— pinga, pia!

e tudo obedecia

(Paulo Leminski. *Toda poesia*. São Paulo: Companhia das Letras, 2013. p. 39.)

Biry Sarkis/Acervo da editora

Novos (velhos) hobbies

Visitar a casa dos meus pais
e abrir um álbum de fotos da infância
listar todas as coisas que eu amava fazer
e que, seja pelo motivo que for,
foram ficando de lado.

Eu dançava,
eu pintava,
eu tirava fotos pra ninguém mais ver.

Percorro o caminho de volta
com o sentimento de que,
sempre que eu esquecer o que me faz feliz,
a resposta estará guardada ali.

Biry Sarkis/Acervo da editora

(Bruna Vieira. *Meu corpo virou poesia*. São Paulo: Seguinte, 2021. p. 163.)

Proposta 2

Tudo o que está à nossa volta pode virar poesia: um objeto, uma lembrança, uma pessoa, uma cena do cotidiano, um sentimento... Veja, por exemplo, como a poetisa Roseana Murray extrai poesia de uma loja de flores e como o poeta Mario Quintana cria poesia pela observação de um fenômeno da natureza: a garoa.

A florista

Na loja de flores
orquídeas, margaridas,
cravos, rosas e camélias.
Azuis, vermelhas, amarelas,
varrem para longe
o tédio da tarde.

É o campo que invade
esse pequeno espaço
com suas aquarelas.

Para a florista
as flores são como beijos
são como filhas
são como fadas disfarçadas.

(Roseana Murray. *Artes e ofícios*. São Paulo: FTD, 1994. p. 38.)

Canção de garoa

Em cima do meu telhado
Pirulin lulin lulin,
Um anjo, todo molhado,
Soluça no seu flautim.

O relógio vai bater:
As molas rangem sem fim.
O retrato na parede
Fica olhando para mim.

E chove sem saber por quê...
E tudo foi sempre assim!
Parece que vou sofrer;
Pirulin lulin lulin...

(Mario Quintana. *Nova antologia poética: Mario Quintana*. São Paulo: Globo, 2007. p. 155.)

A exemplo desses dois artistas, crie você também um poema, pela observação de um simples objeto, de uma cena do cotidiano ou de um fato corriqueiro.

Proposta 3

Escreva mais um poema, desta vez com base em um tema de sua preferência. Não se esqueça de empregar algumas das técnicas que aprendeu.

Planejamento do texto

- Leve em conta o perfil de seus leitores: jovens como você, professores e funcionários da escola, familiares e amigos.
- Pense sobre o que vai escrever e quais imagens você pode criar para construir sentidos poéticos para o tema.
- Decida se pretende organizar o texto em estrofes.
- Planeje como será o ritmo do poema, se terá rimas, repetições, etc.

Escrita

- Escreva seu texto em versos.
- Com base no que foi planejado, organize (ou não) o poema em estrofes.
- Prefira frases curtas, considerando que, em poemas, o mínimo de palavras deve dizer o máximo.
- Procure dar ritmo ao poema, escolhendo termos que evidenciem a sonoridade das palavras.
- As rimas não são obrigatórias, mas tente usá-las no final dos versos.
- Procure empregar palavras, expressões e frases em sentido figurado.
- Dê um título ao seu poema.

Revisão e reescrita

Antes de finalizar a escrita, observe se o poema:

- está escrito em versos;
- apresenta recursos próprios da poesia: ritmo, rimas, imagens;
- tem frases curtas;
- também apresenta linguagem figurada e rica em sentidos;
- recebeu um título;
- apresenta uma linguagem de acordo com a norma-padrão ou, então, adequada às intenções do poema.

Faça as modificações necessárias e finalize seu poema. Se quiser, ilustre-o.

CAPÍTULO

3 O cordel

O GÊNERO EM FOCO

Leia, a seguir, um fragmento do folheto de cordel *Conheça Caruaru*, produzido pelo poeta Manoel Basílio de Lima:

I
Caruaru se destaca
Devido a sua grandeza,
Seu comércio, sua indústria
É uma fonte de riqueza,
Por isso chama o turista
Para ver sua beleza

[...]

XVI
Venha pra Caruaru
Conhecer nosso São João,
Comer canjica e pamonha
Batata doce e pirão,
Dançar a noite todinha
E pegar o Sol com a mão.

XVII
Durante o círculo junino
Há um grande movimento,
Comidas regionais
Se come todo momento,
Quer ver bonito é altura
Da fogueira do convento

XVIII
Se você não veio ainda
À capital do forró
Não precisa ficar triste
Se por aqui chegar só,
Na hora que entrar na dança
Encontrar logo um xodó.

[...]

XX
Venha para Caruaru
Sentir um prazer profundo,
Dançar a cada minuto
Não parar nenhum segundo,
Para depois levar saudades
Do maior São João do mundo

Cesar Diniz/Pulsar Imagens

Apresentação da quadrilha Dona Ciça, de Arapiraca (AL), no evento São João do Reencontro, em Caruaru (PE), em junho de 2022.

1. O texto que você leu é um recorte do folheto *Conheça Caruaru*, que contêm, entre outras estrofes, a primeira e a última da versão integral. Observe a numeração contida no texto e responda:

a) Quantas estrofes do folheto são apresentadas no recorte?

____

b) Quantas estrofes o folheto contém ao todo?

____

2. Releia a 1ª estrofe do cordel. Nela, ficam claros o tema e o objetivo central do texto.

a) Qual é o objetivo principal do folheto? Destaque um trecho dessa estrofe que justifique sua resposta.

b) Leia a seguir alguns dos temas abordados pela literatura de cordel e marque aquele apresentado no cordel em estudo.

- aventura da cavalaria medieval
- história de amor
- histórias de herói
- temas religiosos e comerciais
- história de figuras históricas ou lendárias
- história de contos maravilhosos
- acontecimentos políticos e catástrofes

3. Observe a primeira e a última capas do folheto em estudo.

Reprodução/Acervo particular

Reprodução/Acervo particular

a) Elas confirmam ou negam suas respostas à questão 2? Justifique com base no texto.

b) Que relação existe entre a imagem da primeira capa do folheto e o conteúdo que ele veicula?

Você conhece literatura de cordel? O cordel é um tipo de poesia popular muito comum em vários estados do Norte e do Nordeste brasileiros. Surgiu no século XIX e até hoje é produzido oralmente e, depois, impresso em pequenos folhetos, ilustrados com xilogravura (estampa obtida com a técnica de produzir gravuras em relevo sobre madeira). O nome dado a essa poesia se deve ao modo de expor os folhetos: pendurados em uma corda fina ou um barbante, isto é, em um cordel, como na imagem a seguir.

Renato Luiz Ferreira/Folhapress

Folhetos expostos tradicionalmente em cordéis.

Os temas do cordel são variados: aventuras da cavalaria medieval, histórias de amor, histórias de heróis, contos maravilhosos e narrativas com figuras históricas ou lendárias, como Lampião e Maria Bonita. Com o tempo, o cordel também passou a tratar de temas do cotidiano, como acontecimentos políticos e catástrofes, e, por vezes, aborda temas religiosos e comerciais.

4. Releia estes versos da 2ª estrofe:

"XVI
Venha pra Caruaru
Conhecer nosso São João,
Comer canjica e pamonha
Batata doce e pirão,
Dançar a noite todinha
E pegar o Sol com a mão.""

O último verso apresenta um sentido figurado, isto é, um sentido poético, diferente do uso mais objetivo e direto da linguagem. Explique o sentido do último verso no contexto.

5. Para convencer o leitor a visitar Caruaru, o folheto utiliza alguns argumentos. Que tipo de argumento foi utilizado em cada estrofe? Associe as colunas, utilizando os códigos abaixo.

A – comida típica
B – dança
C – amor
D – música
E – festa
F – progresso

( ) estrofe I
( ) estrofe XVI
( ) estrofe XVII
( ) estrofe XVIII
( ) estrofe XX

6. O cordel apresenta uma estrutura relativamente fixa, com pequenas variações. Observe como o poema é construído.

a) Quantos versos tem cada estrofe?

b) Faça a escansão de alguns versos. Que métrica eles apresentam? Como se chama esse tipo de verso?

c) Como ocorrem as rimas no poema?

7. O cordel geralmente apresenta uma linguagem regional, muito próxima da fala típica da região onde é produzido. Além disso, como o texto é criado para ser declamado, é comum apresentar marcas de oralidade e informalidade. Observe a linguagem do cordel lido.

a) Identifique nele termos e expressões regionais.

b) A linguagem é formal ou informal? Comprove sua resposta com exemplos do texto.

c) Considerando a situação de produção do texto — isto é, quem escreveu, para quem escreveu, com que finalidade, etc. —, levante hipóteses e responda: Por que, nesse cordel, há apenas algumas marcas de informalidade e da fala regional?

AGORA É A SUA VEZ

Esquentando os motores

1. Como vimos, em geral, o cordel é primeiramente declamado, ou seja, produzido oralmente, para depois ser escrito. Que tal assistir a algumas declamações de cordel?

- "Bráulio Bessa faz cordel sobre os padrões de beleza": https://www.youtube.com/watch?v=YCkYowDc1NA&list=RDLVnpErliDE1xg&index=6. Acesso em: 3/2/2023.
- "Paulinho Ferreira declama Patativa do Assaré" (a partir de 2 minutos do vídeo): https://www.youtube.com/watch?v=OzMKN-rdWGs. Acesso em: 3/2/2023.

Luciano Joaquim/Shutterstock

Pesquise outras declamações de cordel.

2. Reúna-se com alguns colegas para ler um trecho do cordel do poeta Mundim do Vale, que orienta os poetas aprendizes sobre como fazer literatura de cordel.

Receita para cordel

O verso para cordel
Fica bem em **septilha**,
Mas faltando ingrediente
Faça por essa receita
Que fica uma maravilha.

Não esqueça de botar
Um pouco de alegria,
Humor é fundamental
Para a boa poesia,
Se o colega duvidar
Confirme com Zé Maria.

[...]

Desenvolva seu cordel
Com humildade e amor,
Coloque tempero bom
Para agradar o leitor,
Pois ele é quem avalia
A receita do autor.

Se você tem esse dom
Só precisa aprimorar,
Se nasceu pra ser poeta
A rima não vai faltar,
Você acha inspiração
Sem precisar se esforçar.

Uma pitada de rima
Você tem que acrescentar,
Métrica se faz relevante
Para o verso não quebrar,
Na cobertura uma capa
Para melhor ilustrar.

[...]

septilha: estrofe de sete versos.

Jean Galvão/ Acervo da editora

Disponível em: http://mundocordel.blogspot.com/p/cordeis-na-web.html. Acesso em: 3/2/2023.)

Inspirados nas declamações a que assistiram, formem grupos e preparem-se para declamar o cordel "Receita para cordel". Vocês podem alternar as estrofes entre os membros do grupo para que todos declamem.

Poetas em ação!

Você já sabe que, no final desta unidade, você e os colegas vão organizar um sarau, um evento para o lançamento de uma antologia de poemas da turma, com uma instalação de literatura de cordel.

Então, chegou a sua vez de criar poemas de cordel a fim de apresentá-los no evento.

A seguir, há três propostas de produção de cordel. Se possível, desenvolva todas elas ou siga a orientação de seu professor.

SeventyFour/Shutterstock

Proposta 1

Leia o texto "Aprendendo a cordelizar", de Chico Salles, que exemplifica como rimar no cordel em estrofes de seis versos (sextilhas).

Aprendendo a cordelizar

métrica em sextilhas obedecendo ao critério obrigatório das rimas:

O melhor lugar do mundo
É o Rio **de Janeiro**
Tem verão, tem carnaval
E futebol **o ano inteiro**
Seu lugar na minha vida
Será sempre o **primeiro**.
O melhor lugar do mundo
É o Rio **Grande do Norte**
Tem verão, tem carnaval
E futebol **como suporte**
Seu lugar na minha vida
Será sempre **muito forte**.

(*Cordelinho*. Rio de Janeiro. Rovelle, 2000.)

Jean Galvão/Acervo da editora

Seguindo o exemplo do poeta, escreva você também um cordel sobre o "melhor lugar do mundo" para você, que pode ser a cidade ou o Estado em que você vive, sua casa, um lugar especial que conheceu, etc. Tente seguir o critério formal recomendado pelo poeta: versos metrificados com 7 sílabas poéticas em estrofes de seis versos cada uma, com rimas no 2º, no 4º e no 6º versos.

Proposta 2

Como você já viu, o cordel, assim como qualquer poema, pode nascer das coisas simples do dia a dia. Basta ser um bom observador e captar, por exemplo, um fato curioso, um comportamento ou um jeito de ser especial das pessoas de um lugar. Veja, por exemplo, como a poetisa cearense Josenir A. de Lacerda, fazendo uso de septilhas, criou seu cordel com base na linguagem típica dos cearenses.

O linguajar cearense

Todo poeta de fato
É grande observador
Seja da rua ou do mato
Seja leigo ou professor
Faz verdadeira pesquisa
Vasto estudo realiza
Buscando essência e teor

Por esse nato talento
Na hora de versejar
Busca o tema e o momento
Visa o leitor agradar
Não sente conformação
Se não passa a emoção
Que dentro do peito está

Neste cordel-dicionário
Eu pretendo registrar
O rico vocabulário
Da criação popular
No Ceará garimpei
Juntei tudo, compilei
Ao leitor quero ofertar

Se alguém é desligado
É chamado de bocó
Broco, lerdo e abestado
Azuado ou brocoió
Arigó e Zé Mané
Sonso, atruado, bilé
Pomba lesa e zuruó

Artigo novo é zerado
Armadilha é arapuca
O doido é abirobado
Invencionice é infuca
O matuto é mucureba
Qualquer ferida é pereba
Mosquito grande é mutuca

[...]

(Disponível em: http://mundocordel.blogspot.com/2008/11/cordel-e-cears.html. Acesso em: 19/3/2023.)

Jean Galvão/Arquivo da editora

Tomando como exemplo esses versos, crie você também um poema de cordel (com, pelo menos, três estrofes) sobre o tema **A língua da minha gente**, fazendo uso de palavras e expressões típicas da variedade linguística de sua região. Podem ser regionalismos, gírias, expressões antigas, enfim, o jeito como seu povo fala.

Se preferir, poderá também optar por fazer um cordel usando o vocabulário dos internautas da sua geração, descrevendo o modo como falam ou teclam e demonstrando quais são os termos mais utilizados e seu significado.

Proposta 3

Escreva um poema de cordel sobre um dos temas sugeridos a seguir ou escolha livremente outro tema de sua preferência.

- Chapeuzinho Vermelho no sertão
- “Água mole em pedra dura tanto bate até que fura” ou outro provérbio popular
- Um acontecimento inesperado
- O lixo
- O Brasil que eu sonho

Caso você goste de desenhar, produza ilustrações para os cordéis lidos e para os criados pela turma. Se preferir, faça desenhos inspirados nas xilogravuras.

bproject7/Shutterstock

Animação em cordel

Confira como as ilustrações de xilogravura ganharam vida na animação *Pendurei poesia: o conto animado em cordel*, de Gleison Oliveira.

Acesse pelo *QR code* ou pelo *link*: https://www.youtube.com/watch?v=9cCVbcGud74. Acesso em: 3/2/2023.

Planejamento do texto

- Leve em conta o perfil de seus leitores/ouvintes: jovens como você, visitantes do sarau, professores e funcionários da escola.
- Planeje a estrutura de seu cordel: quantas estrofes terá, se as estrofes terão 6 ou 7 versos.
- As rimas devem seguir o padrão: nas sextilhas, rimam o 2º, o 4º e o 6º versos; nas septilhas, rimam o 2º, o 4º e o 7º versos.

Escrita

- Escreva seus versos em estrofes, de acordo com seu planejamento.
- Lembre-se de rimar os versos, a depender do número de versos por estrofe.
- Se possível, utilize a métrica convencional do cordel — a redondilha maior —, mas não deixe essa preocupação intimidar seu trabalho. Deixe o verso fluir naturalmente, orientado pelo ritmo.
- Empregue uma linguagem simples, acessível aos seus leitores.
- Busque musicalidade, ritmo, fluência, lembrando que o cordel é feito para ser declamado, e não lido.
- Utilize os recursos poéticos que aprendeu: metáfora, aliteração, assonância, ritmo, etc.

Revisão e reescrita

Antes de finalizar seu texto, verifique se:

- o poema está organizado em estrofes de 6 ou 7 versos;
- os versos seguem o esquema de rimas convencional;
- os versos apresentam bom ritmo e fluidez na fala;
- a métrica está correta, caso tenha se proposto a usar o recurso poético redondilha maior;
- a linguagem é adequada ao público leitor.

ramonparaiba/Shutterstock

Concluídas a revisão e a reescrita do cordel, com a orientação do professor, leia o poema para a turma. Depois, guarde-o para apresentar no sarau que vai ocorrer ao final desta unidade.

Para falar e escrever com **ADEQUAÇÃO**

Variedades linguísticas

Ao estudar o cordel, neste capítulo, você percebeu que muitos cordéis utilizam uma linguagem próxima da fala de algumas regiões do Brasil. Termos e expressões como **xodó** e **pegar o Sol com a mão** são típicos da fala de algumas cidades do Nordeste.

Leia a seguinte postagem de rede social e alguns de seus comentários:

Reprodução/Instagram

(Disponível em: https://www.instagram.com/p/CMhkP3ShbZI/?utm_source=ig_web_copy_link. Acesso em: 3/2/2023.)

Reprodução/Instagram

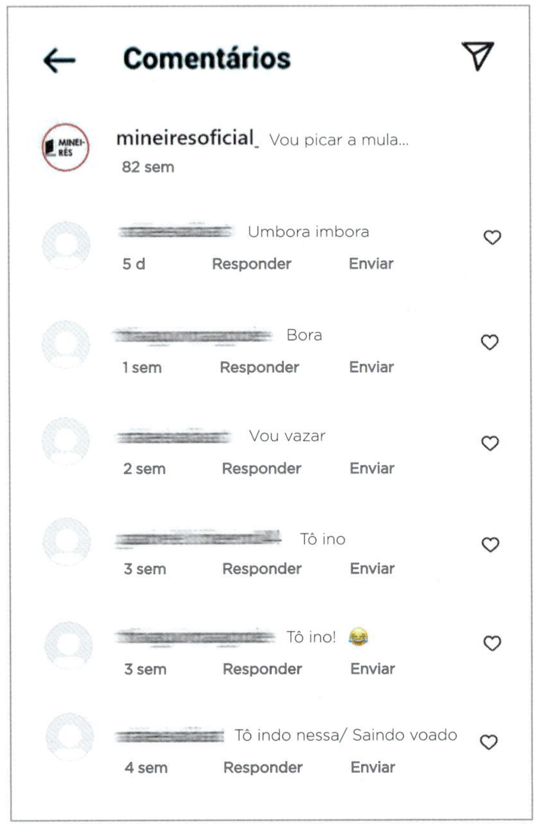

1. Sobre os comentários:

a) Você identifica alguma maneira de falar "Estou indo embora" semelhante ao usado em sua região? Qual?

b) Se você fosse comentar a postagem sem repetir os outros comentários, como seria seu comentário?

Na internet, circulam muitos textos que se inspiram em falas regionais para construir humor. Leia os textos a seguir.

I.

Reprodução/www.qualeagiria.com.br

(Disponível em: https://qualeagiria.com.br/giria/me-caiu-os-butia-do-bolso/. Acesso em: 3/2/2023.)

II.

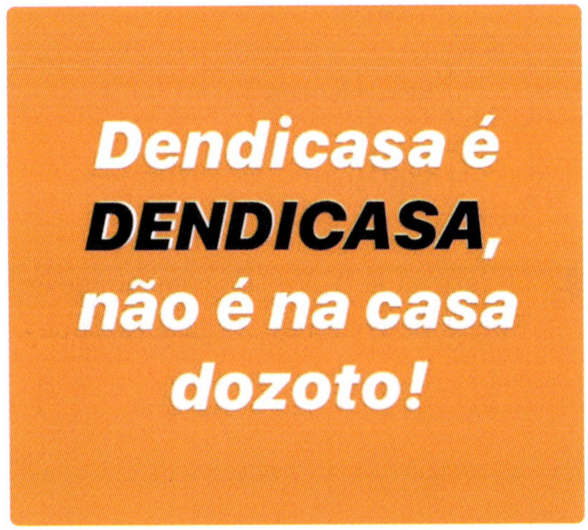

Reprodução/Instagram

(Disponível em: https://www.instagram.com/p/B-HkIVGAkUN/?utm_source=ig_web_copy_link. Acesso em: 3/2/2023.)

III.

Reprodução/Instagram

(Disponível em: https://www.instagram.com/stories/highlights/17872352566449146/. Acesso em: 3/2/2023.)

IV.

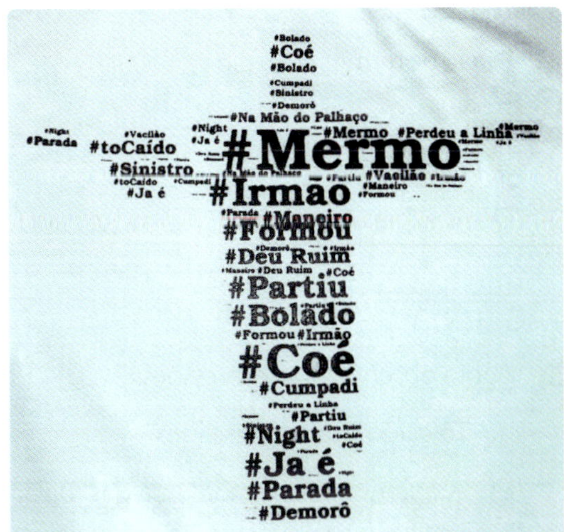

Reprodução/www.diariodorio.com

(Disponível em: https://diariodorio.com/cronicas-cariocas-a-saopaulizacao-das-girias-do-rio-de-janeiro-2/. Acesso em: 3/2/2023.)

V.

Reprodução/www.lolesporte.com

(Disponível em: https://www.lolesporte.com/forum/viewtopic.php?t=73994. Acesso em: 3/2/2023.)

VI.

Reprodução/www.gungaporanga.com.br

(Disponível em: https://gungaporanga.com.br/blog/novidade/avia-venha-conhecer-as-girias-alagoanas/. Acesso em: 3/2/2023.)

2. Troque ideias com os colegas e o professor, faça uma breve pesquisa, se julgar necessário, e estabeleça a relação correta entre os textos lidos e os estados listados a seguir.

- [ ] Alagoas
- [ ] Rio de Janeiro
- [ ] São Paulo
- [ ] Rio Grande do Sul
- [ ] Bahia
- [ ] Minas Gerais

3. Os textos I, III, IV, V e VI se utilizam de imagens relacionadas aos Estados em que encontramos esses falares. Troque ideias com os colegas e explique a relação das imagens com os locais.

____

____

____

____

4. Releia os termos a seguir:

dendicasa – dozoto – celoko

Quais expressões foram aglutinadas para formar cada um dos termos?

____

5. Agora observe estas expressões:

I. **Tô** caído / **tamos** lascados

II. me **caiu** os butiá do bolso

a) A quem se refere cada uma das formas verbais em destaque, isto é, qual é o sujeito de cada uma delas? Justifique sua resposta.

____

____

b) Os tópicos a seguir descrevem o papel dos termos em destaque nas frases em estudo. Associe cada um deles às expressões I ou II:

- [ ] Trata-se de uma expressão regional, típica de um Estado brasileiro.
- [ ] Não é uma ocorrência de uma variedade linguística específica, mas se trata de um uso recorrente em todo o Brasil, geralmente em situações de comunicação menos formais.
- [ ] O plural é marcado apenas no artigo inicial, mantendo-se o substantivo e o verbo na forma singular.
- [ ] Cai a sílaba átona inicial e se mantêm as desinências de número e pessoa nas formas verbais.
- [ ] O sujeito posposto, isto é, posicionado após o verbo, favorece a manutenção da forma verbal no singular.

6. Troque ideias com os colegas e o professor e, coletivamente, listem alguns termos específicos da região onde vocês vivem. Caso queiram, associem imagens a alguns desses termos, de forma semelhante aos textos estudados, para construir humor ou outros efeitos de sentido.

Os textos produzidos podem ser expostos no sarau **Poesia de toda forma**, em um cantinho denominado **A poesia da nossa fala de cada dia**.

Tipos de variação linguística

Como você percebeu no estudo anterior, o português falado no Brasil varia de acordo com a região onde é falado. Essa é apenas uma das formas de variação do português brasileiro, algumas das quais você conhecerá a seguir.

Variação pelo lugar ou região

Das diferenças geográficas podem surgir variações linguísticas. Por exemplo, algumas cidades do interior usam uma variedade linguística diferente da falada na capital. Ou o português falado em uma região do país, como a Sul, é diferente do português falado em outra região, como a Nordeste. Ou, ainda, o português falado no Brasil é diferente do falado em Portugal ou nos países africanos de língua portuguesa, como Angola, Moçambique e Cabo Verde. As diferenças podem ser quanto ao som (pronúncia), quanto ao vocabulário e até quanto a construções frasais. Veja ao lado um exemplo no cartum do quadrinista argentino Quino.

© Joaquín Salvador Lavado (Quino)/Fotoarena

Ao ser publicado em Portugal, o texto desse cartum foi traduzido do espanhol para o português lusitano. Dificilmente o texto do balão seria traduzido da mesma maneira para o português brasileiro, pois a expressão **dizer-to** soa extremamente tradicional e formal para nós, uma vez que a forma **to**, resultante da contração de **te + o**, está em desuso e tende à extinção no Brasil.

O português na ilha da Madeira

O brasileiro que vai à ilha da Madeira tem a impressão de que ouve um português igual ao falado em Portugal. No entanto, há muitas diferenças entre o português falado na ilha e o falado no continente. Conheça algumas das palavras e expressões madeirenses:

abelhinha: automóvel, táxi
à pata: a pé
canalha: conjunto de crianças
catchu: bola de futebol
fazer ramelas: fazer inveja
joeira: papagaio, pipa
menino: pessoa inteligente, esperta
penca: nariz

Balate Dorin/Shutterstock

Variação pela escolaridade e/ou estrato social

No Brasil, há diferenças entre as formas de falar das pessoas mais escolarizadas (que são, geralmente, também as pessoas que detêm maior poder econômico) e as das pessoas menos escolarizadas.

A variedade do português em geral falada por pessoas que frequentaram a escola por menos tempo já foi bastante estudada por linguistas importantes, entre eles o professor Ataliba Castilho, que, em suas gramáticas, descreve as regras seguidas por diferentes variedades linguísticas do português brasileiro.

Ao ouvir canções de Adoniran Barbosa, como "Saudosa maloca" ou "Samba do Arnesto", por exemplo, você pode ter uma ideia de algumas das características dessa variedade, uma vez que canções como essas buscam representar certas ocorrências típicas desse jeito de falar. Veja:

Reprodução/Acervo particular

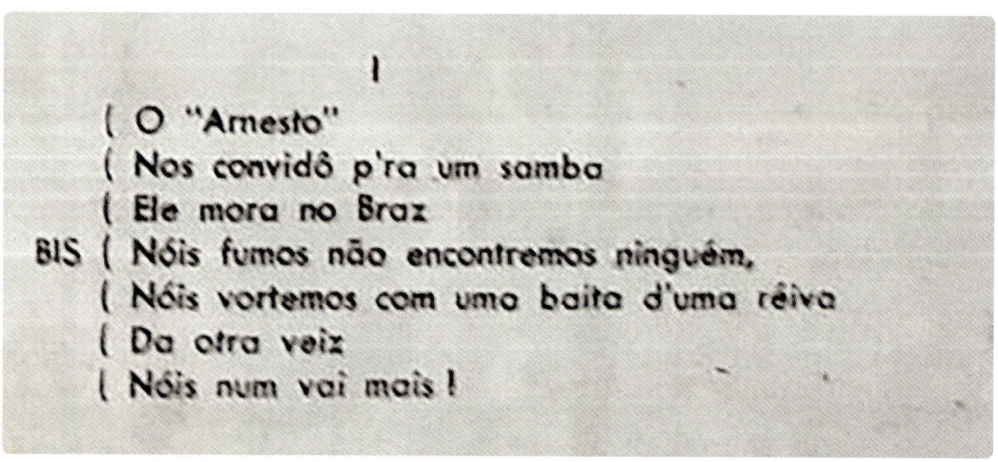
I

(O "Arnesto"
(Nos convidô p'ra um samba
(Ele mora no Braz
BIS (Nóis fumos não encontremos ninguém,
(Nóis vortemos com uma baita d'uma rêiva
(Da otra veiz
(Nóis num vai mais !

Imagem original da letra da canção de Adoniran Barbosa, extraída da primeira partitura do "Samba do Arnesto".

(Disponível em: https://www.flickr.com/photos/andersoncolombo/21528113955. Acesso em: 23/1/2019.)

Variação histórica

Com o passar do tempo, uma língua vai sofrendo modificações.

Leia esta adivinha e tente descobrir a resposta.

> O que é, o que é?
> Mil damas mui formosas
> Vi de súbito nascer;
> Rubras, rubras como rosas,
> Para em breve fenecer.
>
> (Da tradição popular.)

Nos versos da adivinha, respondida por crianças de forma corriqueira muitos anos atrás, há duas palavras que não são mais empregadas cotidianamente nos dias de hoje: **rubra** e **fenecer**. **Rubra** significa "vermelha", e **fenecer** quer dizer "morrer".

Essas palavras não são mais utilizadas no dia a dia, como eram à época em que essa adivinha era conhecida no universo infantil; portanto, as crianças de hoje não escutam esses termos e também não reconhecem o significado deles. O mesmo ocorre quando pessoas idosas se deparam com palavras novas, incorporadas mais recentemente ao português, e não compreendem seu significado.

Variação estilística: os graus de monitoramento

Geralmente, de forma consciente ou até mesmo sem perceber, mudamos nosso jeito de falar dependendo da situação de comunicação na qual estamos inseridos. Por exemplo, quando falamos para um público desconhecido; quando participamos de uma entrevista de emprego; quando conversamos com pessoas mais escolarizadas do que nós ou com pessoas que ocupam algum cargo mais elevado. Nessas situações, monitoramos mais o que dizemos, evitando gírias e palavras ou expressões que demonstrem intimidade com o interlocutor, como **galera**, **pra caramba**, **curtir**, **é um saco**, etc.

Quando isso ocorre, dizemos que a situação social na qual usamos a língua apresenta maior grau de formalidade. Quando, por outro lado, não sentimos necessidade de monitorar tanto nossos usos da língua, dizemos que se trata de uma situação social informal.

Os níveis de formalidade ou informalidade independem dos outros tipos de variação: podemos utilizar uma variedade regional tanto em situações formais quanto em situações informais, se o contexto maior do evento assim permitir. Da mesma forma, podemos usar a língua escrita ou a língua falada de maneira menos ou mais formal, e assim sucessivamente.

Variação pelo meio

Fala e escrita são meios diferentes pelos quais uma língua pode ser utilizada, em diferentes formas de interação. Textos orais e escritos são produzidos em contextos menos ou mais espontâneos, dependendo dos interlocutores envolvidos, da situação de comunicação na qual eles se engajam, da relação que mantêm entre si, entre diversos outros fatores.

Embora, em princípio, a língua oral possa ser considerada mais espontânea do que a língua escrita, uma palestra proferida oralmente a um grande público é geralmente muito mais planejada (e, muitas vezes, tem por base um texto previamente escrito ou textos escritos de apoio) do que um bilhete escrito para um colega de turma em um pedaço de uma folha de caderno ou do que uma mensagem de texto enviada por uma rede social para alguém muito próximo.

Em situações formais de produção de textos escritos, temos a oportunidade de monitorar mais aquilo que escrevemos, podemos editar, cortar, substituir palavras, reescrever nosso texto, tentando deixar a sua versão oficial mais eficiente para o propósito que temos com ele.

Já as conversas orais informais seguem outro padrão, uma vez que os interlocutores estão simultaneamente presentes no momento da interação. Daí ser comum, esperada e até desejável a presença de repetições, reformulações, correções, acréscimos em nossas falas em situações como essas.

EXERCÍCIOS

1. Leia, a seguir, a transcrição de um trecho de uma conferência do escritor Ariano Suassuna.

"Vai gente na minha casa me jogá coisa na cara. Eu tenho um azar pra isso da peste. Num sei se acontece com vocês. Eu num vô na car de ninguém aperriá ninguém pra convertê ninguém a coisa nenhua. Mar na minha casa de vez em quando baxa um. [...] A mim ninguém me enrola, não. Eu sou um sertanejo, tenho os olho aberto pra essas besteira todinha. E já vi muita gente, já vi muita gente chegá lá no Nordeste e me profetizá 'olhe, ocê dá tanta importância a ao folheto de cordel, o folheto de de cordel vai se acabá'. Uns dez ou doze desses que já fôru, já já embarcáru e e o e o cordel tá lá, viu, tá certo?"

(Transcrito do vídeo disponível no YouTube pelo *link* https://www.youtube.com/watch?v=BCW4ZGyxWhI. Acesso em: 21/3/2023.)

Eder Chiodetto/Folhapress

a) A transcrição lida foi feita utilizando-se as convenções gráficas e ortográficas correntes do português escrito, tendo sido a ortografia padrão alterada para mostrar aspectos mais salientes da variedade linguística utilizada pelo autor. Relacione cada conjunto de ocorrências a seguir a sua devida descrição:

I. jogá / convertê / chegá / profetizá

II. vô / baxa

III. da peste / aperriá

IV. car / nenhua

V. os olho aberto / essas besteira todinha

VI. fôru / embarcáru

( ) Exemplos típicos da fala brasileira, em qualquer variedade linguística, que mostram a queda da semivogal na pronúncia dos ditongos decrescentes, terminados em **u** ou **i**.

( ) Exemplos típicos da fala brasileira, em qualquer variedade linguística, da eliminação do som do **r** final na pronúncia das formas verbais no infinitivo.

( ) Reprodução ortográfica de alguns sons típicos das variedades linguísticas de algumas regiões brasileiras, entre elas o Nordeste, de onde vem o autor.

( ) Exemplos típicos da fala brasileira, em qualquer variedade linguística, da redução da terminação átona **-ram** para **-ru**, nas formas verbais conjugadas na 3ª pessoa do plural do pretérito perfeito.

( ) Exemplos de termos pertencentes a uma variedade regional, típica do Nordeste brasileiro, região de origem do autor.

( ) Exemplos de concordância feita com a marcação do plural apenas no primeiro termo da expressão, recurso típico de algumas variedades linguísticas do português brasileiro.

b) Troque ideias com os colegas e o professor: Vocês utilizam em sua fala algum dos termos ou das construções empregadas por Ariano Suassuna? E quanto à pronúncia, conseguem perceber alguma semelhança ou diferença?

Leia o meme abaixo e o boxe "A gíria". Em seguida, responda às questões 2 e 3.

2. O texto verbal da parte superior do meme faz uso de uma gíria.

a) Qual é ela e qual é o seu significado?

b) Qual é a relação dessa gíria com a imagem de fundo do meme?

3. O texto da parte inferior do meme constrói efeito de humor ao criar outras palavras com base nessa gíria.

a) Quais são essas palavras?

b) Como foram formadas essas palavras com base na gíria em estudo? Qual é o significado de cada uma delas e a que classe gramatical elas pertencem? Justifique suas respostas.

c) Seguindo a mesma lógica, crie outros termos derivados dessa mesma palavra, indicando seus sentidos.

Kristel Segeren/Shutterstock

(Disponível em: http://etudoimprovisoentendeu.blogspot.com/2015/10/. Acesso em: 24/1/2019.)

A gíria

Você já deve ter notado que alguns grupos sociais — por exemplo, o dos jogadores de futebol, o dos policiais, o dos esqueitistas, o dos surfistas, o dos funkeiros, o dos estudantes — usam na fala certas palavras e expressões que lhes são próprias. Esse tipo de variedade linguística é chamado de **gíria**.

Geralmente criada por um grupo social ou profissional, a gíria, por sua expressividade, pode tanto desaparecer rapidamente quanto se estender à linguagem de todas as camadas sociais. A palavra **legal** ("de acordo com a lei"), por exemplo, passou a ser usada pelos jovens como sinônimo de **bom**, **certo**, **sem problemas**. Com o tempo, acabou sendo usada por todos os grupos sociais e hoje já é registrada no dicionário com esses sentidos.

Gíria dos esqueitistas

apavorar: humilhar o grupo.

atravessar: atrapalhar quem está andando de esqueite.

bafão ou **garganta:** esqueitista que fala muito e anda mal.

banks: pista no formato de uma concha com a parte convexa voltada para cima.

bowl: pista com o formato de uma cápsula com a parte convexa voltada para cima.

carvings: manobras em curva.

corner: cantos da pista usados para manobras em curva.

dar área: ir embora.

drenado: empolgado, vibrante.

estrelinha: pessoa que anda bem e quer se mostrar.

(Kárin Fusaro. *Gírias de todas as tribos*. São Paulo: Panda, 2001. p. 105.)

4. Há alguns pronomes e expressões de tratamento, como **tu**, **você**, **o senhor**, **a senhora**, que usamos com frequência. São comuns no convívio familiar — com pais e parentes — e no convívio social — com vizinhos, professores e funcionários da escola e pessoas que nos prestam serviços. Troque ideias com os colegas:

a) Como você trata seus familiares mais velhos, como pais, avós e tios: por **tu**, por **você** ou por **senhor(a)**?

b) E pessoas mais velhas que não pertencem à família, você as chama de **tu**, de **você** ou de **senhor(a)**? Por quê?

c) Em que situações você considera que o emprego de **senhor(a)** é obrigatório?

5. A língua portuguesa é a língua oficial do Brasil, de Portugal, Angola, Moçambique, Cabo Verde, Macau, São Tomé e Príncipe e Guiné-Bissau. Embora a língua seja a mesma, há muitas variações de um país para outro. Por exemplo, você sabia que, em Portugal, **sorvete** é **gelado**, e **esparadrapo** é **adesivo**?

Troque ideias com os colegas e tente descobrir a correspondência entre estas palavras:

Brasil	**Portugal**
bermuda	fita-cola
pênalti	sebenta
durex	sandes
legal	pastilha elástica
gol	castigo máximo
turma	calção
chiclete	giro, gira
apostila	golo
sanduíche	malta

Jean Galvão/ Acervo da editora

(Mario Prata. *Dicionário de português*: schifaizfavoire. 20. ed. São Paulo: Globo, 2000.)

6. Na década de 1960, a televisão apresentava um programa musical chamado *Jovem Guarda*, liderado pelo cantor e compositor Roberto Carlos, que popularizou então um grande número de gírias, hoje em desuso. Converse com seus pais e avós para procurar saber o significado destas gírias ou pesquise na internet.

a) bacana

____

b) boko-moko

____

c) É uma brasa, mora!

____

d) papo-firme

____

e) bicho

____

f) carango

____

g) tremendão

____

Arquivo/Estadão Conteúdo/AE

Apresentação do programa televisivo *Jovem Guarda*, exibido pela TV Record, em São Paulo (SP), em 18 de agosto de 1967.

OFICINA DE CRIAÇÃO

Projeto » Sarau *Poesia de toda forma*

Nesta **Oficina de Criação**, você e os colegas vão organizar o sarau **Poesia de toda forma**, um evento para o lançamento de uma antologia de poemas da turma, com uma instalação de literatura de cordel, declamações, exposição de desenhos e ilustrações e apresentação de um jogral.

Por isso, é necessário combinar o dia, o horário e o local do sarau com o professor e fazer previamente o convite a familiares, amigos, colegas de outras turmas, professores e funcionários.

1. Montando a antologia de poemas da turma

- Troque ideias com os colegas e o professor sobre os critérios de seleção dos poemas que vocês produziram nesta unidade. Por exemplo, cada aluno pode participar da antologia com um único poema, com dois poemas ou com três.
- Em seguida, decidam a forma de reunir e editar o material. Por exemplo, cada aluno pode apresentar seus textos já digitados e ilustrados com desenhos feitos com lápis de cor, guache, etc.
- Os textos poderão ser reunidos pela ordem alfabética dos nomes dos autores ou seguir um critério diferente.
- Escolham um colega da turma para produzir a capa do livro, que deve conter um título. Pode ser, por exemplo, **Antologia de poemas do 7º A**, ou um título mais poético, que vocês venham a escolher.
- Levem o material a uma papelaria para a colocação de espiral e providenciem, pelo menos, uma cópia para cada aluno. Se no dia da mostra vocês quiserem oferecer um exemplar para seus pais ou para um(a) amigo(a), providenciem cópias a mais.

2. Preparando a instalação de cordel

- Reúnam os poemas de cordel que vocês criaram no capítulo 3 e, com o auxílio do professor de Arte, preparem-se para produzir folhetos com esse material.
- Vocês poderão criar um folheto para o poema de cada autor ou produzir um único folheto por grupo de quatro ou cinco integrantes, abrangendo poemas de todos os autores.
- Preparem uma capa para o folheto e, se possível, reproduzam nela uma xilogravura.
- As folhas do folheto de cordel geralmente são grampeadas no centro, na marca da dobra.
- Prontos os folhetos, guardem-nos para expor na instalação.

3. Montando o espaço para o sarau

- No dia do sarau, disponham as antologias sobre mesas colocadas em pontos estratégicos, de modo que os visitantes possam abrir os livros e ler os textos.
- Ao lado dos livros, ponham algumas mesas e cadeiras para que os visitantes possam também se sentar e ler ou, eventualmente, para vocês autografarem os exemplares extras e ofertarem a familiares e amigos.
- Preparem outra mesa com hastes laterais bem afixadas e capazes de suportar peso. Nas hastes, amarrem vários cordões (barbante ou cordão de varal) e pendurem os folhetos de cordel, prendendo-os com pregadores.

- Sobre as mesas, disponham alguns folhetos de cordel produzidos pela turma e, caso consigam obter alguns exemplares originais trazidos do Norte e do Nordeste brasileiros, exponham-nos junto aos de vocês, para que os visitantes possam manuseá-los e lê-los.
- Escolham um local para a declamação. Para isso podem ser utilizados um pequeno palco ou uma caixa firme. Disponham cadeiras ou um tapete com almofadas em frente ao local para acomodar o público.

Filipe Rocha/Acervo da editora

4. Jogral

Com a orientação do professor, preparem o jogral do poema a seguir e o apresentem na mostra.

Um jeito bom de brincar

Comeu muito? Teve azia?
Levou um pito da tia?
Tirou nota que não queria?
Caiu problema que não sabia?
BRINQUE DE POESIA.
Adora o sorriso da Maria?
Viu na praça quem queria?
A garota fez que não o via?
Amou as férias na Bahia?
BRINQUE DE POESIA.
A roda-gigante só tremia?
O seu gato só ronca e mia?
Viu um leão loiro na padaria?
Riu de um palhaço que não ria?
BRINQUE DE POESIA.
Curte a natureza em harmonia?
Ouve os pássaros em cantoria?
Ama as ondas do mar em calmaria?
Olha a vida com muita alegria?
BRINQUE DE POESIA.
Quer rimar noite com dia?
Descobriu das palavras a melodia?
Gosta de embarcar na fantasia?
Cedo, tarde, noite, todo dia:
BRINQUE DE POESIA.

(Elias José. *Um jeito bom de brincar*. São Paulo: FTD, 2002. p. 46-47.)

Se quiserem, preparem outras leituras em forma de jogral para apresentar na mostra. Sugerimos os poemas "O trem de ferro" e "O sino de Belém", de Manuel Bandeira, ou "Noite de São João", de Jorge de Lima.

5. Declamações

- Apresentem na mostra a declamação do poema que vocês prepararam no capítulo 1. A música para acompanhar a apresentação pode ser gravada ou cantada por colegas do grupo.
- Memorizem e apresentem os cordéis que vocês criaram no capítulo 3.
- Selecionem dois ou três poemas de um poeta apreciado pelo grupo. Sugerimos Carlos Drummond de Andrade, Cora Coralina, Mario Quintana, Vinicius de Moraes, Adélia Prado, Manuel Bandeira, Cecília Meireles, Ferreira Gullar, Paulo Leminski. Um ou dois alunos memorizam os poemas e preparam a declamação, seguindo as orientações dadas no capítulo 1 desta unidade. Outros preparam uma expressão corporal ou uma dança e um fundo musical para acompanhar a declamação.

UNIDADE 2

Por dentro dos fatos

Esta unidade de ensino contempla:

18 habilidades da BNCC

Habilidades do campo jornalístico-midiático, com foco na criação de notícias e entrevistas.

5 gêneros textuais

Notícia escrita, notícia audiovisual, notícia oral, entrevista escrita e entrevista oral.

2 recursos: Para escrever com adequação e expressividade

Impessoalidade e objetividade em textos jornalísticos; títulos e legendas.

66 atividades: compreensão, interpretação, oralidade e escrita

Diversas atividades individuais e em grupo; propostas de criação de notícias e entrevistas para a produção de um jornal.

Projeto: Oficina de Criação

Participar com os colegas da produção de um jornal multimídia, com notícias e entrevistas.

"Eu acho que sempre quis ser jornalista, desde criança. [...] Eu pensava que ser adulto e jornalista era algo muito bom, você conhecia pessoas, lugares, tinha muitas histórias para contar. Além disso, cresci nas redações dos jornais, nos corredores do sindicato. Me sinto jornalista desde criança, para mim era algo natural. Mas sempre quis trabalhar em televisão, até porque já tinha um pai com um nome muito forte, que tinha passado pelas redações dos principais impressos e eu precisava trilhar meu próprio caminho. [...] Nunca me arrependi da escolha e nunca pensei em fazer outra coisa. [...]

Eu sempre acreditei no jornalismo com uma missão social: a de informar para ajudar a população, ou para denunciar, ou para ser a ponte para lutar por direitos. Não podemos nos calar e não podem nos calar. Sabemos que sem uma imprensa livre não existe democracia. Claro que, como em todas as profissões, há todos os tipos de profissionais. Mas procuro estar perto daqueles que pensam como eu, que amam esta profissão e acreditam que é possível fazer a diferença – nem que seja para melhorar a vida de uma única pessoa. Hoje, nossa maior missão é lutar contra *fake news* e pela liberdade de imprensa."

Mariana Kotscho, jornalista.
(Disponível em: https://www.portaldosjornalistas.com.br/especial-jornalismo-nas-veias-jornalista-precisa-se-posicionar-sempre-ricardo-mariana-kotscho/.)

Biry Sarkis/Acervo da editora

FIQUE LIGADO! *Pesquise!*

Para você saber mais sobre jornalismo e ficar por dentro do que acontece, sugerimos:

Contra a parede, de Paulo Pons; *Mil vezes boa noite*, de Erik Poppe; *Quase famosos*, de Cameron Crowe e Ian Bryce; *O jornal*, de Ron Howard; *Nos bastidores da notícia*, de James L. Brooks; *Spotlight - Segredos revelados*, de Tom McCarthy; *O sal da Terra*, de Wim Wenders e Juliano Salgado.

Reprodução/Fafilmes/Pax Filmes

Reprodução/Editora L&PM

Histórias que os jornais não contam, de Moacyr Scliar (L&PM); *A arte de entrevistar bem*, de Thaís Oyama (Contexto); *Da minha terra à Terra*, de Sebastião Salgado e Isabelle Francq (Paralela); *O outro jornal do menininho*, de Nani (Record); *Jornal falado*, de Antonieta Dias de Moraes (Global); *Jornalismo*, de André Carvalho e Sebastião Martins (Lê); *Jornal da Idade da Pedra*, de Fiona MacDonald (Dimensão); *Jornal dos astecas*, de Philip Steele (Dimensão); *Jornal do Egito*, de Scott Steedman (Dimensão); *Jornal de Roma*, de Philip de Souza e Andrew Langley (Dimensão); *Jornal da Grécia*, de Philip Steele e Anton Powell (Dimensão); *Criatividade com jornal*, de Elisabete Almeida (Paulinas); *Senta que lá vem história!*, de Flavio de Souza (Atual).

- www.uol.com.br/fsp
- www.oglobo.globo.com
- https://www.jb.com.br/
- http://veja.abril.com.br/
- https://www.jornaljoca.com.br/wp-content/uploads/2019/09/Criancas_Como_fazer_bkp.pdf

"O jornal", de Gilberto Gil; "Banca de jornal", de Tom Zé; "Último romance", da banda Los Hermanos; "Tédio", da banda Biquíni Cavadão; "Acredite ou não", de Lenine.

FIQUE LIGADO! *Escreva!*

Acesse portais de notícias, consulte jornais impressos, assista a jornais televisivos ou ouça jornais radiofônicos. Selecione uma notícia que, em sua opinião, é de interesse público e escreva o fato noticiado em uma folha. Depois, seguindo a orientação do professor, troque seu texto com um colega.

DE OLHO NOS GÊNEROS

Provavelmente, você e sua família costumam acompanhar, em parte ou integralmente, noticiários de rádio ou TV. Troque ideias com os colegas:

- Qual é a notícia do momento, veiculada em jornal, rádio ou TV, que tem causado mais comentários em sua casa?
- De qual dos noticiários veiculados pela TV você mais gosta? Por quê?

Amanita Silvicora/Shutterstock

No dia combinado com o professor, traga para a sala de aula recortes de notícias e de entrevistas publicadas em jornais e revistas. Troque esse material com os colegas, leia uma notícia e uma entrevista e converse sobre elas, comentando os fatos relatados, por que a notícia e a entrevista que você leu, e não outras, lhe chamaram mais a atenção, etc. Depois, leia os textos a seguir.

Em dia com o que acontece no mundo

Todos nós gostamos muito de novidades, principalmente daquelas que se relacionam a fatos do cotidiano, nacionais e internacionais, a descobertas científicas, a eventos culturais, a acontecimentos esportivos, a personalidades artísticas e políticas, etc. Os fatos novos são noticiados em jornais, revistas, rádio, TV, *sites* e comentados em toda parte: em casa, na escola, no trabalho, na rua, nas redes sociais.

Fernando Favoretto/Criar Imagem

Os **gêneros textuais jornalísticos**, como a notícia, a reportagem e a entrevista, foram criados para tornar públicos os fatos que são de interesse da população.

Notícia e entrevista

A **notícia** é a matéria-prima do jornalismo. É um gênero textual jornalístico que divulga acontecimentos socialmente reconhecidos como merecedores de publicação em uma mídia. Fatos políticos, sociais, econômicos, culturais e científicos podem ser notícia desde que interessem às pessoas e sejam significativos para determinado veículo da imprensa. Uma notícia relata aquilo que é anormal ou de grande impacto social, como tragédias, guerras, acidentes, corrupção, etc.

A **entrevista**, por sua vez, é um gênero textual que reproduz uma conversa entre um representante de determinado veículo de comunicação e uma pessoa de destaque na sociedade. O assunto abordado na conversa geralmente está relacionado à atividade do entrevistado, a seus planos, ideias e opiniões.

Sharomka/Shutterstock

Um tipo muito usual de entrevista é o que ajuda a compor uma notícia. Nesse caso, o jornalista entrevista pessoas envolvidas direta ou indiretamente com o fato noticiado e cita trechos da entrevista para dar maior veracidade ao fato, elucidar uma situação, apresentar uma visão diferente, etc.

O que é notícia?

Há mais de cem anos, um editor de um antigo jornal de Nova York, *The Sun*, definiu o que é notícia, em qualquer época, ao afirmar: "Quando um cachorro morde um homem, isso não é notícia. Mas, quando um homem morde um cachorro, isso é notícia".

(Chris e Ray Harris. *Faça seu próprio jornal*. Campinas: Papirus, 1993. p. 10.)

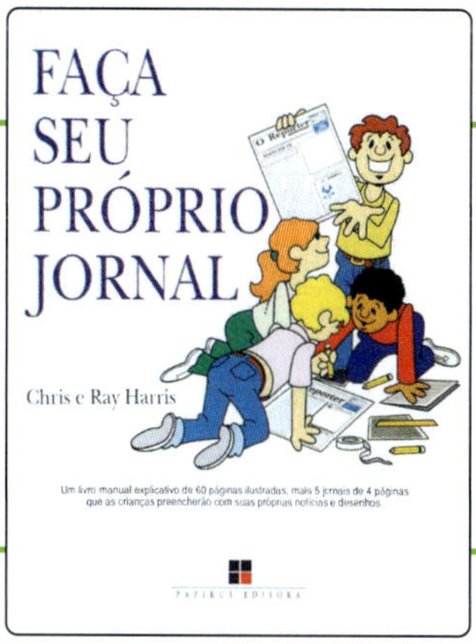

Reprodução/Editora Papirus

Um pouco de história

As notícias já existiam muito antes do surgimento dos jornais, das revistas, do rádio, da televisão e da internet. Antes da invenção desses veículos, elas eram divulgadas oralmente, boca a boca. Movidos pela necessidade de fazer comércio, os homens venciam consideráveis distâncias: a pé, a cavalo ou em embarcações. Na volta, além de mercadorias, traziam informações dos lugares por onde tinham passado.

Havia as informações oficiais, originárias da nobreza e do clero, como decretos, sermões e proclamações, que eram faladas ou lidas por autoridades em locais públicos, como feiras, praças e igrejas, e existiam as mensagens fornecidas por mensageiros, pessoas confiáveis enviadas por autoridades a lugares distantes para levar notícias.

O jornal teve origem na Antiguidade, na Roma antiga, com a publicação da *Acta Diurna*, por iniciativa de Júlio César. A prensa móvel, inventada por Gutenberg no século XV, facilitou a produção de jornais e de outras publicações.

Entretanto, somente com a Revolução Industrial, no século XVIII, o jornal ganhou formato semelhante ao atual e consolidou-se como a principal fonte de informação da sociedade ocidental.

Alamy/Fotoarena

Prensa inglesa do século XIX.

OFICINA DE CRIAÇÃO

Projeto » Multinotícias

Nesta unidade, você e os colegas vão participar da produção de um jornal multimídia, com notícias e entrevistas. Todo o material será produzido regularmente nas aulas.

CAPÍTULO 1

A notícia em diferentes mídias

O GÊNERO EM FOCO

Neste capítulo, você vai ler uma notícia veiculada em um jornal impresso. Antes, leia a primeira página do jornal em que ela foi publicada:

FOLHA DE S.PAULO

DESDE 1921 ★★★ UM JORNAL A SERVIÇO DA DEMOCRACIA

ANO 102 ★ Nº 34.039 | SEGUNDA-FEIRA, 13 DE JUNHO DE 2022 | R$ 5,00

Escritoras reunidas em arquibancada do estádio do Pacaembu, no último dia da Feira do Livro Mariana Vieira Elek/Divulgação

Polícia acha no AM pertences de repórter e indigenista

Roupas e mochila com objetos pessoais amarrada em árvore submersa são de Pereira e Phillips

Uma equipe de mergulhadores do Corpo de Bombeiros do Amazonas localizou uma mochila e objetos pessoais do indigenista Bruno Pereira e ao jornalista Dom Phillips, desaparecidos desde o domingo retrasado (5) a região do vale do Javari.

Os pertences estavam submersos em área às margens do rio Itaquaí que havia sido isolada para exame neste final de semana.

Segundo a Polícia Federal, foram encontrados um cartão de saúde de Pereira e roupas do indigenista.

Foram localizadas ainda a mochila, botas e roupas do jornalista britânico. Um notebook também foi citado pelos inicialmente bombeiros, mas não pelos policiais.

A busca pela dupla gerou atenção internacional.

Ela mobiliza equipes da polícia estadual, da Federal e das Forças Armadas, e está concentrada no trecho de rio pelo qual eles deveriam ter chegado a seu destino na segunda-feira (6).

Uma pessoa foi presa até aqui. O indigenista, que trabalhou para a Funai, já havia sofrido ameaças na região.

A família do detido, contudo, afirma que ele não tem nada a ver com o sumiço da dupla. Ele, por sua vez, diz que foi torturado pela PM amazonense ao ser preso.

A Folha refez a rota presumida dos desaparecidos. Em uma vila pela qual passaram no dia em que sumiram, Pereira tentou contatar o tio do suspeito, que afirmou ter sido procurado para discutir a pesca de pirarucu na região. Política A6

Ilustrada C2

Um grande dia em SP

Mais de 400 escritoras se reuniram no Pacaembu para uma foto que registrasse a produção literária feminina do país. O número fez com que o clique fosse transferido de uma escadaria externa para uma arquibancada do estádio.

Cotidiano B2

Após dois anos, São João de Caruaru volta com forró e muita comida

Tec A16

Recrutadores passam a usar apps de mensagem para achar candidatos

Esporte B5

Tenista Bia Haddad ganha título inédito no Reino Unido e vai estrear no top 40

EDITORIAIS A2

É o empobrecimento
Acerca de queda desigual da renda nos domicílios.

Suspeitos de sempre
Sobre normas do STJ para as abordagens policiais.

São João de Caruaru teve 80 mil presentes entre sexta (10) e sábado (11) Sérgio Figueirêdo/Folhapress

Cotas raciais em faculdade pública têm apoio de 50%

Metade da população se diz favorável às cotas para negros, pardos e indígenas em universidades públicas, medida introduzida por lei federal há uma década.

Afirmaram ser contra a medida 34%. O apoio é maior, 60%, entre quem tem filhos em escola particular.

Os dados são pesquisa feita pelo Datafolha em parceria com a Unicamp para as entidades não governamentais Ação Educativa e Cenpec, promotoras de cotas.

A margem de erro do levantamento é de dois pontos percentuais para mais ou menos. Cotidiano B1

Alckmin não mina objeção a Lula, dizem ruralistas

Nomes do setor dizem que proximidade do ex-governador de SP com o agronegócio não basta e descartam apoio à chapa. Membros da bancada ruralista e empresários listam medidas do governo Bolsonaro que ampliaram a boa avaliação de sua gestão no campo, apesar dos percalços ligados à imagem do país no exterior devido à questão ambiental. Mercado A12

ENTREVISTA DA 2ª
Yago Martins

Presidente usou temores do evangélico em seu favor

Apoiador arrependido de Bolsonaro, o pastor batista e youtuber Yago Martins afirma que ele governou tão mal quanto o PT. Seu sucesso entre evangélicos vem de "urgência apocalíptica" forjada. "Medos razoavelmente legítimos do crente comum chegam ao nível da neurose", diz. A12

Empresas de energia ampliam suas carteiras
Folhainvest A18

Acordo no Senado dos EUA propõe restrição a armas
Mundo A10

Pleito legislativo tem empate entre Macron e esquerda
Mundo A11

Defesa fez 88 questões sobre urnas ao TSE

Trazidas pelo TSE para opinar sobre eleições, devido à pressão de Bolsonaro, as Forças Armadas já fizeram 88 questões sobre o tema à corte. Segundo consulta via Lei de Acesso à Informação, foram as únicas do tipo pós-redemocratização. Política A4

Marcia Castro

Expansão urbana cria paraíso para disseminar Aedes

O Brasil enfrenta aumento nos casos de dengue. Fatores climáticos contam, mas a disseminação do mosquito *Aedes aegypti* se deve também à expansão desordenada de centros urbanos. Cotidiano B3

ISSN 1414-5723

Escritoras reunidas em arquibancada do estádio do Pacaembu, no último dia da Feira do Livro.

Esporte B5
Tenista Bia Haddad ganha título inédito no Reino Unido e vai estrear no top 40

Foto da primeira página do jornal impresso *Folha de S.Paulo*, publicado em 13/6/2022.

1. Na primeira página dos jornais impressos, são dadas algumas informações sobre o veículo de imprensa, a data da publicação, as principais notícias do dia, etc.

a) Qual é o nome do jornal?

____

b) Em que dia esse número foi publicado?

____

c) Por que a data é importante em um jornal?

____

____

2. Sobre as notícias em destaque:

a) No jornal reproduzido na página anterior, qual é a manchete (principal notícia) do dia?

____

b) Por meio de qual(is) recurso(s) gráfico(s) você reconheceu a manchete do dia?

____

____

c) Troque ideias com os colegas e levantem hipóteses: Por que a foto no topo da página, à esquerda, não se refere à manchete do dia?

____

____

____

____

3. Geralmente, os jornais impressos são organizados em **cadernos**, que são seções diárias ou semanais dos jornais dirigidas à cobertura de política, economia, cotidiano, lazer, etc. Com base nisso, observe, na página reproduzida, a coluna à esquerda e responda:

a) Caso você estivesse com o jornal em mãos, em qual caderno e em qual página você encontraria a notícia sobre a vitória da tenista Bia Haddad?

____

b) Levante hipóteses: Do que trata o caderno indicado por você no item **a**?

____

Notícia escrita

A **notícia** escrita é composta basicamente de quatro partes: um título objetivo e curto, também chamado de **manchete**, um **subtítulo** opcional, o **lide** (*lead*) e o **corpo** da notícia.

O lide geralmente é o primeiro parágrafo da notícia, responsável por apresentar um resumo de poucas linhas do fato noticiado, no qual aparecem respostas às questões que são fundamentais no jornalismo: **o quê** (fato principal), **quem** (pessoas, instituições, animais, objetos, etc.), **quando** (tempo), **onde** (lugar), **como** e **por quê**.

Leia, a seguir, uma das notícias que foram destacadas na primeira página do jornal impresso.

FOLHA DE S.PAULO SEGUNDA-FEIRA, 13 DE JUNHO DE 2022 **B5**

esporte

Bia Haddad vence 1º WTA 250 da carreira e entra no top 40

Tenista repetiu feito de Maria Esther Bueno e ainda levou o torneio de duplas

SÃO PAULO A paulista Bia Haddad Maia conquistou seu primeiro título WTA 250 de simples na carreira. A brasileira ergueu o troféu depois de derrotar a americana Alison Riske, neste domingo (12), na final do torneio disputado em Nottingham, Inglaterra.

Bia, que iniciou a jornada no 48º lugar do ranking de simples mundial, se recuperou de uma quebra no terceiro set para derrotar a 40ª colocada por 2 sets a 1 (6/4, 1/6 e 6/3). Com a vitória, a brasileira entrará pela primeira vez no top 40 da WTA, na próxima atualização da lista.

Depois da final de simples, a tenista ainda coroou o fim de semana com o título do torneio de duplas. A brasileira e a chinesa Zhang Shuai derrotaram na decisão a americana Caroline Dolehide e a romena Monica Niculescu, por 2 sets a 0, parciais de 7/6 (2) e 6/3.

Nas quartas de final de simples, ponto alto da campanha em Nottingham, a brasileira derrotou a grega Maria Sakkari, número 5 do ranking de simples da WTA. Foi a quinta vitória consecutiva de Bia contra tenistas entre as cinco melhores do mundo.

Jason Cairnduff/Reuters

Bia Haddad, 26, beija o troféu conquistado.

Em seu site oficial, a organização destacou a primeira brasileira a chegar a uma final de simples na grama, em um torneio de elite, desde que Maria Esther Bueno fora vice-campeã em Chestnut Hill, em 1968.

Ao vencer a final deste domingo, Bia quebrou o jejum de 54 anos sem títulos femininos brasileiros neste tipo de piso, desde Maria Esther, em Manchester, também em 1968.

Antes desse fim de semana, Bia havia chegado a uma final de WTA 250, há cinco anos, mas ficou com o segundo lugar em competição disputada na quadra dura, em Seul, na Coreia do Sul.

"É louco, porque nunca pensei em minha vida que meu primeiro título seria na grama. Por isso, cheguei aqui sem nenhuma expectativa. Vim para melhorar meu jogo, dando meu 100% a cada ponto. Só queria lutar, e acho que por isso cheguei mais forte para esta final", disse Bia.

A organização também destacou a grande temporada da paulista de 26 anos. Em maio, Bia já havia vencido seu primeiro torneio de WTA 125, em Saint-Malo, e chegado à final em Paris, na mesma categoria, quando entrou pela primeira vez no top 50 do ranking.

Este foi também o primeiro título brasileiro no circuito feminino de simples desde que Teliana Pereira triunfou em Florianópolis, em 2015.

Além de Teliana e, agora, Bia, apenas Maria Esther e Niege Dias haviam conquistado títulos no primeiro escalão do circuito mundial.

Após a competição em Nottingham, Bia segue na Inglaterra para tentar dar sequência à boa fase em mais um WTA 250, ainda nesta semana, em Birmingham. E, depois, em Wimbledon. O Grand Slam acontece entre os dias 27 de junho e 10 de julho.

(*Folha de S.Paulo*, 13/6/2022, B5.)

1. Sobre o fato noticiado, identifique:

a) o fato principal:

____

Mikael Damkier/Shutterstock

b) quem:

____

c) quando:

____

d) onde:

____

e) como:

____

f) por quê:

____

2. A quais partes ou parágrafos do texto você recorreu para responder aos itens da questão 1?

3. Ao relatar um fato, o(a) jornalista pode proceder de duas formas: de modo impessoal e objetivo, isto é, sem se envolver nem opinar, ou de modo pessoal e subjetivo, isto é, envolvendo-se e emitindo opinião. A notícia em estudo foi relatada predominantemente de que modo? Marque a resposta correta.

☐ Impessoal, conforme demonstram o emprego dos verbos na 3ª pessoa e a ausência de opiniões do(a) jornalista.

☐ Pessoal, conforme demonstram o emprego de verbos na 1ª pessoa e a presença de opiniões do(a) jornalista.

4. Notícias são textos que divulgam para a população, em geral, um fato recente de interesse público.

a) O que há de especial no fato noticiado? Por que ele é considerado de interesse público?

b) No subtítulo da notícia, a conquista da brasileira é considerada um **feito**. A escolha desse termo produz que efeito de sentido?

c) No trecho "Depois da final de simples, a tenista ainda coroou o final de semana com o título do torneio de duplas", quais palavras ou expressões reforçam a importância da vitória de Bia Haddad?

Shaun Brooks/Action Plus Sports Images/Alamy/Fotoarena

A brasileira Beatriz Haddad e a chinesa Zhang Shuai comemoram a vitória na final de duplas feminina na Inglaterra, em 2022.

Sobre as vozes citadas na notícia, responda às questões 5 a 7.

5. Ao longo do texto, a notícia cita a fala de uma pessoa envolvida no fato noticiado.

a) Quem é ela?

Sergey Nivens/Shutterstock

b) Quais recursos linguísticos foram empregados para marcar essa fala no texto?

c) Há uma expressão informal que indica a emoção da pessoa envolvida. Identifique essa expressão.

6. Além da fala de uma pessoa, a notícia cita a voz de uma organização.

a) Qual é a organização?

b) Em quais parágrafos a voz da organização é citada?

c) Com base na notícia em estudo, deduza: Qual é a relação entre essa organização e o fato noticiado? Justifique sua resposta com trechos do texto.

7. Para apresentar as duas vozes na notícia, o(a) jornalista utiliza verbos *dicendi*, que introduzem as falas direta ou indiretamente.

a) Quais são esses verbos?

b) Na notícia, houve a repetição de um verbo *dicendi*. Quais outros verbos poderiam evitar essa repetição?

c) Qual fala foi reportada de maneira direta? E de maneira indireta?

8. A notícia é acompanhada de uma fotografia e uma legenda descritiva. Converse com os colegas e responda:

a) Você acha que é importante haver uma fotografia que mostre parte do fato noticiado? Por quê?

____

____

b) Levante hipóteses: Por que essa fotografia foi escolhida?

____

____

Notícia audiovisual

Agora, assista a uma notícia audiovisual sobre o mesmo fato e responda às questões a seguir.

Reprodução/CNN Brasil

(Bia Haddad vence o 1º título na elite do tênis. *CNN Brasil,* 12/6/2022. Disponível em: https://ne-np.facebook.com/cnnbrasil/videos/bia-haddad-vence-1%C2%BA-t%C3%ADtulo-na-elite-do-t%C3%AAnis/560187482436104/. Acesso em: 12/2/2023.)

1. Comparando a notícia escrita à audiovisual, há algumas diferenças quanto ao conteúdo noticiado. Identifique a seguir as informações que aparecem apenas na notícia escrita (E), apenas na notícia audiovisual (A) e em ambas as notícias (EA).

☐ Bia Haddad conquistou seu primeiro título nos principais campeonatos de tênis.

☐ Bia também venceu o mesmo campeonato em duplas.

☐ A organização WTA destacou em seu *site* o bom ano da atleta.

☐ O primeiro *set* da final foi equilibrado.

☐ A vitória de Bia quebrou um jejum de 54 anos sem títulos para o Brasil na elite do tênis na grama.

☐ A tenista afirmou que chegou sem expectativas ao torneio na grama.

☐ Bia agradeceu a torcida brasileira presente.

2. A notícia audiovisual traz imagens da jornalista que apresenta o telejornal, chamada de **âncora**, e da partida final do campeonato vencido pela brasileira.

a) Em quais momentos da notícia a jornalista aparece?

b) Durante a exibição de imagens do campeonato, quem relata a notícia?

c) Em sua opinião, o que as imagens do jogo proporcionam ao espectador?

3. No caso da notícia a que você assistiu, a própria apresentadora do jornal relata o fato noticiado.

Troque ideias com os colegas e responda oralmente: Você já assistiu a um jornal televisivo em que há mais profissionais envolvidos na transmissão de notícias? Descreva aos colegas como era o jornal.

Gorodenkoff/Shutterstock

4. Observe a linguagem da apresentadora da notícia.

a) Ela é mais ou menos formal que a linguagem adotada na notícia escrita? É mais ou menos impessoal? Dê exemplos que comprovem sua resposta.

b) A linguagem está de acordo com a norma-padrão?

c) Qual é o tempo verbal predominantemente utilizado?

Notícia oral

A notícia também pode ser veiculada oralmente. Essa possibilidade nasceu com o rádio e as emissoras radiofônicas. Hoje, o formato oral de vários gêneros jornalísticos, como notícias, entrevistas e reportagens, é disponibilizado em arquivo de áudio na internet: o ***podcast***. As próprias emissoras de rádio publicam seus programas ou parte deles em *sites* e aplicativos de áudio.

Para conhecer esse formato, ouça a seguinte notícia sobre a tenista brasileira Bia Haddad em outro torneio:

Bia Haddad

Bia Haddad ocupa a melhor posição (27º) para uma mulher brasileira no ranking da WTA. *CBN*, 26/6/2022. Disponível em: https://cbn.globoradio.globo.com/media/audio/379508/bia-haddad-ocupa-melhor-posicao-27-para-uma-mulher.htm. Acesso em: 12/2/2023.

Com a orientação do professor, reúna-se com alguns colegas para preencher as lacunas do quadro a seguir com as principais características do gênero notícia.

Notícia: construção e recursos expressivos	
Quem são os interlocutores da notícia?	
Qual é o objetivo da notícia?	
Onde a notícia circula?	
Quais temas são abordados na notícia?	
Como é a estrutura da notícia?	
Como se caracteriza a linguagem da notícia?	

AGORA É A SUA VEZ

Como você sabe, ao final desta unidade, você e os colegas vão produzir um jornal multimídia, no qual apresentarão notícias e entrevistas de interesse da comunidade escolar. A seguir, há duas propostas de produção de notícias que farão parte desse jornal.

Vocês podem decidir, com o professor, qual será escrita e qual será oral, gravada em vídeo e/ou em áudio.

Proposta 1

Escreva ou grave uma notícia sobre um fato ocorrido recentemente no Brasil ou no mundo. Ela pode se referir à política nacional ou internacional, à economia, ao meio ambiente, à saúde, à educação, aos esportes, às artes em geral, etc.

Proposta 2

Escreva ou grave uma notícia sobre um fato ocorrido recentemente na escola ou em seu bairro. Exemplos de fatos de interesse público:

- **na escola**: um campeonato esportivo, a compra de livros para a biblioteca, uma feira de livros ou de Ciências, uma festa, uma visita, uma excursão, etc.;
- **no bairro**: um *show* musical, a inauguração de uma praça ou de um centro esportivo, a abertura de um estabelecimento comercial, uma festa de rua, etc.

Planejamento do texto escrito, oral e audiovisual

Stigur Már Karlsson /Heimsmyndir/Getty Images

- Procure se informar sobre o assunto a ser abordado. Leia jornais, revistas e *sites* confiáveis. Converse com algumas pessoas ligadas ao fato que será noticiado (ou, caso não tenha acesso direto a elas, pesquise depoimentos dos envolvidos sobre o fato), a fim de coletar mais informações. Verifique em mais de uma fonte a veracidade dos fatos.
- Ao realizar suas pesquisas, garanta que as informações obtidas possam responder às perguntas básicas da notícia: o quê?, quem?, quando?, onde?, como? e por quê?. Anote o nome dos entrevistados. Se possível, grave cada conversa para poder citar as falas do entrevistado, caso julgue pertinente, ou para usar trechos delas em uma notícia oral.
- Se a notícia escolhida for feita em formato de vídeo, considere a possibilidade de filmar a conversa (leia **Roteiro para a notícia oral e audiovisual,** na página 75).
- Tire fotos ou faça imagens em vídeo que possam retratar parte da notícia.
- Tenha em mente o leitor ou o espectador de sua produção e o nível de formalidade desejado para o jornal: se mais descontraído, mais próximo do público, ou mais formal, com maior objetividade e distanciamento.

Escrita

- Escreva com simplicidade. Tanto na notícia para mídia impressa quanto no texto base para a notícia oral ou audiovisual, use a ordem direta (sujeito, verbo e complementos); sempre que possível, empregue uma palavra em vez de duas ou mais; crie parágrafos com poucas frases; prefira frases curtas, com duas ou três linhas no máximo; empregue o vocabulário comum; evite palavras difíceis, termos coloquiais, gírias, superlativos e adjetivos desnecessários.
- Inicie a escrita pelo lide, destacando de forma resumida as informações mais relevantes, que respondam às perguntas: o quê?, quem?, quando?, onde?, como? e por quê?.
- Dê à notícia um título que chame a atenção do leitor ou espectador e, ao mesmo tempo, funcione como um resumo do assunto.
- Se quiser, crie também um subtítulo para a notícia.
- Para a versão em áudio ou vídeo, crie uma introdução para a notícia, a ser falada pelo âncora do jornal antes da entrada do repórter.
- No primeiro parágrafo da notícia escrita ou na primeira entrada do repórter na versão em áudio ou vídeo, apresente as informações que considerar mais interessantes ou mais esclarecedoras para o leitor/espectador. A seguir, no corpo da notícia, desenvolva as informações coletadas, usando trechos de falas e de conversas com as pessoas envolvidas no fato noticiado.
- Tente incorporar citações dos entrevistados ou de especialistas na área relacionada ao assunto da notícia.
- Utilize uma linguagem predominantemente impessoal, com verbos na 3ª pessoa, e limite-se a informar, sem emitir sua opinião sobre o fato.
- Empregue verbos predominantemente no presente ou no pretérito perfeito do modo indicativo, dependendo do contexto.
- Empregue uma variedade linguística de acordo com a norma-padrão.
- Crie legenda informativa para as imagens selecionadas para compor a notícia nos formatos impresso e audiovisual.
- Caso seja relevante, introduza mapas, gráficos ou infográficos relacionados ao fato noticiado.

Revisão e reescrita

Antes de finalizar o texto da notícia escrita, verifique se:

- o texto apresenta a estrutura típica da notícia: título, subtítulo, lide no parágrafo inicial e corpo ou desenvolvimento nos parágrafos seguintes;
- o lide menciona a maior parte das informações relacionadas ao fato ocorrido: o quê?, quem?, quando?, onde?, como? e por quê?;
- a linguagem está clara, objetiva, impessoal e adequada ao perfil dos leitores;
- a variedade linguística empregada está de acordo com a norma-padrão e com o veículo.

Faça as alterações necessárias e digite o texto para utilizá-lo no jornal multimídia.

Morsa Images/Getty Images

Roteiro para a notícia oral e audiovisual

Reunidos em grupos, organizem um roteiro para os formatos de notícia em vídeo — audiovisual — e em áudio — *podcast*. Considerem as seguintes orientações:

- Decidam se haverá um ou dois âncoras.
- Se houver repórteres, decidam quem fará cada um dos papéis.
- No caso da notícia em vídeo, planejem o figurino de âncoras e repórteres de acordo com a formalidade do jornal: mais formal ou mais descontraído. Pensem também no cenário de fundo para os âncoras.
- Decidam se haverá gravações de cenas e entrevistas para compor a notícia e onde as gravações vão acontecer.
- Escrevam, em tópicos, o que cada âncora e repórter vai falar. Geralmente, o âncora anuncia o nome do repórter antes de sua entrada. Lembrem-se de usar uma variedade da língua de acordo com a norma-padrão.
- Indiquem, no roteiro, a ordem das falas, das entradas de cada participante e das falas de entrevistados. No caso da notícia audiovisual, planejem as cenas que serão gravadas e a ordem em que deverão aparecer.

Videocasts e *podcasts*

São cada vez mais comuns os *videocasts*, programas veiculados em dois formatos: em vídeo e áudio.

Geralmente, a gravação é realizada de maneira audiovisual e disponibilizada em canais de vídeo na internet. A parte do áudio da mesma gravação também pode ser disponibilizada em aplicativos de música e *podcasts*.

Outro exemplo similar é o caso de programas radiofônicos transmitidos em vídeo ao vivo, por meio de plataformas *on-line*.

LightField Studios/Shutterstock

- Durante as gravações, cuidem da entonação e do ritmo da voz, para que as falas fiquem claras aos ouvintes e espectadores.
- No caso da notícia em vídeo, cuidem também da postura, dos gestos e das expressões faciais. A notícia é um texto que busca a imparcialidade, por isso gestos e expressões que mostrem a opinião do jornalista devem ser evitados.
- Confiram se a qualidade do som e/ou da imagem está adequada. Se necessário, corrijam o problema e gravem novamente.
- Usem um *software* para editar todo o material gravado. Se necessário, peçam ajuda para o professor de Informática ou de Robótica.
- Durante a edição, confiram se as passagens do âncora para o repórter estão claras e bem-feitas e se os entrevistados estão identificados.
- Há aplicativos e programas na internet que permitem extrair o áudio de um vídeo. Assim, se for da preferência do grupo, vocês podem gravar as notícias no formato audiovisual e depois extrair o áudio para compor um *podcast*.

Caia Image/Getty Images

Impessoalidade e objetividade em textos jornalísticos

Você estudou, neste capítulo, versões de uma mesma notícia em diferentes mídias e, analisando algumas construções linguísticas, percebeu que os textos de notícias geralmente buscam ser objetivos e imparciais.

Leia o texto a seguir, retirado de um *blog* sobre esportes.

Redes sociais nas Olimpíadas: ninguém se prepara para o inédito, e disso eu entendo bem

Com o intuito de aproximar e humanizar, mídias geram também polêmicas e mostram que a novidade vem carregada de respostas vazias

29/07/2021
Por Ana Thaís Matos
Comentarista do Grupo Globo

kovop/Shutterstock

A Olimpíada de Tóquio tem sido um marco para a comunicação através das redes sociais. [...] A preparação da maioria (talvez todos os atletas que disputam os Jogos) passou por contato via redes sociais. Está tudo ali, o tempo todo, só que não existe uma cartilha de como usar. O que é de bom senso, o que passa do tom, qual é o comportamento esperado de um atleta olímpico? É o mesmo que o nosso, simples mortais, motoboys de confusão na internet?

Uma das preocupações do Comitê Olímpico Brasileiro antes dos jogos era justamente o uso das redes, e confesso que desconheço se fizeram algo pra orientar os atletas. Até esse momento me parece que está cada um por si, enfrentando, num momento de enorme pressão, críticas, cobranças, excesso de elogios e o que mais couber em poucos caracteres. Nos aproximar da humanidade de um atleta é curioso, vimos o medalhista de prata no skate street Kelvin Hoefler na solidão das decisões entre uma bateria e outra, em contato com a treinadora (e também esposa) Paula Negrão. O celular na mão também me chamou atenção após a apresentação da também medalha de prata da ginástica Rebeca Andrade. Enquanto esperava pelo pódio, tentava entrar em contato com a mãe. Na entrevista, confirmou que a mãe não atendeu, mas mandou uma mensagem de áudio em forma de abraço.

Mas nem tudo tem sido positivo no uso das redes. Vimos a skatista Letícia Bufoni, na véspera da prova feminina, entrar em polêmica ao responder seguidores sobre parabenizar ou não a medalha de prata de Kelvin. A resposta gerou, é claro, polêmica. Letícia sem querer ou não, trouxe pra ela uma energia que não precisava. Num país onde as mulheres não podem errar, Letícia não só errou, mas não soube lidar com o momento tão positivo da estreia da modalidade nos Jogos. De repente, as redes sociais dela foram tomadas por agressões de todos os lados. E no dia que era para a mídia estar toda falando sobre a chegada imponente do skate na agenda olímpica, passamos o dia atrás de entender que clima era aquele com a novata delegação brasileira.

Olha, quem escreve sobre polêmicas em redes sociais sou eu, uma profissional forjada na internet. Usuária desde os tempos de Orkut e que não só viu, mas sentiu, a forma como essas polêmicas mais atrapalham do que ajudam. E olha, de treta em rede social eu sou infelizmente phD. Eu sempre fui combativa, também já errei e magoei muita gente por ali.

[...]

As polêmicas envolvendo Letícia Bufoni, a goleira Bárbara, o surfista Kanoa Igarashi me levaram até a minha história e sobre como não foram (fomos) preparados para o novo, para o inédito. E não porque erraram com a gente, é que a novidade não tem manual, nossa nota de corte também é novidade. No auge das nossas conquistas, contribuímos para as vulnerabilidades das nossas emoções. Então, da janela, eu digo, pensem, repensem, olhem os erros dos outros (eu tenho uma coleção deles por aí, ontem mesmo eu errei), mas não consuma a energia negativa que essas polêmicas vazias reservam.

(Disponível em: https://ge.globo.com/blogs/blog-da-ana-thais/post/2021/07/29/redes-sociais-nas-olimpiadas-ninguem-se-prepara-para-o-inedito-e-disso-eu-entendo-bem.ghtml. Acesso em: 30/3/2023.)

1. Sobre o texto lido, responda:

a) Que assunto ele aborda?

---

b) Ele foi escrito em 1ª ou 3ª pessoa? Justifique sua resposta.

---

c) Trata-se de uma visão pessoal ou impessoal sobre o assunto? Justifique sua resposta.

---

2. No primeiro parágrafo, a autora do texto faz perguntas.

a) A quem essas perguntas são direcionadas?

---

b) Troque ideias com os colegas e responda: Qual é o papel dessas perguntas na construção do texto?

---

3. A autora do texto posiciona-se sobre o fato de os atletas utilizarem as redes sociais durante os jogos olímpicos e trocarem mensagens com o público em geral.

a) Qual é a opinião da autora?

---

b) Quais são os exemplos utilizados pela autora para mostrar o uso recorrente do celular e das redes sociais durante os jogos olímpicos?

4. Releia o seguinte trecho do texto:

> "Olha, quem escreve sobre polêmicas em redes sociais sou eu, uma profissional forjada na internet. Usuária desde os tempos de Orkut e que não só viu, mas sentiu, a forma como essas polêmicas mais atrapalham do que ajudam. E olha, de treta em rede social eu sou infelizmente phD. Eu sempre fui combativa, também já errei e magoei muita gente por ali".

Em termos de recepção do texto pelo público, qual é o efeito de a autora se apresentar como "uma profissional forjada na internet" e assumir que já errou e magoou pessoas pelas redes sociais?

5. A opinião da autora do texto não é expressa apenas quando ela enuncia em 1ª pessoa seus julgamentos. Assinale as alternativas em que a expressão destacada também revela uma opinião da autora:

- [ ] "**Está tudo ali**, o tempo todo, só que não existe uma cartilha de como usar."
- [ ] "Nos aproximar da humanidade de um atleta **é curioso** [...]."
- [ ] "A resposta gerou, **é claro**, polêmica."
- [ ] "E no dia que era para a mídia estar toda falando sobre a chegada **imponente** do skate na agenda olímpica [...]."
- [ ] "[...] passamos o dia atrás de entender que clima era aquele com a **novata** delegação brasileira."

6. Compare o texto do *blog* ao da notícia em mídia impressa com base no ponto de vista da objetividade/subjetividade e da impessoalidade/pessoalidade da linguagem. Para isso, leve em consideração a função social desses textos.

Ao escrever uma notícia, geralmente o jornalista tem a intenção de narrar os fatos aos leitores por meio de uma visão o mais impessoal e objetiva possível. Daí serem comuns, como vimos, o emprego de verbos na 3ª pessoa e o distanciamento do autor do texto, com o uso mais criterioso de formas adjetivas e adverbiais que denotem uma opinião pessoal. Assim, quando se compara o texto de uma notícia com textos claramente pessoais, como uma postagem em um *blog* ou opiniões de pessoas entrevistadas, fica evidente a diferença nas estruturas linguísticas utilizadas.

Isso ocorre porque se pressupõe que a função de um veículo de comunicação seja noticiar os fatos como eles aconteceram, de forma impessoal e objetiva. É importante observar, no entanto, que a total impessoalidade e a neutralidade plena não existem no jornalismo. As palavras e as construções linguísticas empregadas no texto já mostram um ponto de vista do autor e contribuem para a construção de sentidos sobre o fato noticiado.

Observe as manchetes a seguir, todas relacionadas à participação da seleção brasileira de futebol masculino na Copa do Mundo de 2022:

Ricardo Moraes/Reuters/Fotoarena

Seleção brasileira masculina de futebol na Copa do Mundo de 2022.

COPA DO MUNDO 2022 SELEÇÃO BRASILEIRA

Tite encerra ciclo como o 3º técnico a perder duas Copas com a seleção brasileira

Treinador, que teve só 6 derrotas em 81 partidas e faturou a Copa América-2019, iguala-se a Telê Santana e Zagallo

Reprodução/Folhapress

(Disponível em: https://www1.folha.uol.com.br/esporte/2022/12/tite-encerra-ciclo-como-o-3o-tecnico-a-perder-duas-copas-com-a-selecao-brasileira.shtml. Acesso em: 13/2/2023.)

Brasil é eliminado da Copa do Mundo em mais um fracasso contra europeus em quartas de final

Croácia elimina seleção brasileira e vai às semifinais contra Argentina ou Holanda

Por Redação do ge — Doha, Catar
09/12/2022 14h47 · Atualizado há 2 meses

Reprodução/www.ge.globo.com

(Disponível em: https://interior.ne10.uol.com.br/esportes/2022/12/15138613-brasil-eliminado-da-copa-2022-tite-decepciona-e-causa-revolta-entenda-futuro-do-tecnico-apos-a-copa-do-mundo-2022.html. Acesso em: 13/2/2023.)

O POVO Notícias Esportes Divirta-se Vida & Arte Copa do Mundo 2022 Assine

Início Copa do Mundo 2022 ›

Brasil é eliminado da Copa do Mundo nas quartas pela segunda vez seguida

Em 2018, seleção brasileira também foi eliminada por uma equipe europeia nessa mesma fase do Mundial

15:34 | Dez. 09, 2022 Autor Iara Costa Tipo Notícia

Reprodução/www.opovo.com.br

(Disponível em: https://www.opovo.com.br/copa-do-mundo-2022/2022/12/09/brasil-e-eliminado-da-copa-do-mundo-nas-quartas-pela-segunda-vez-seguida.html. Acesso em: 13/2/2023.)

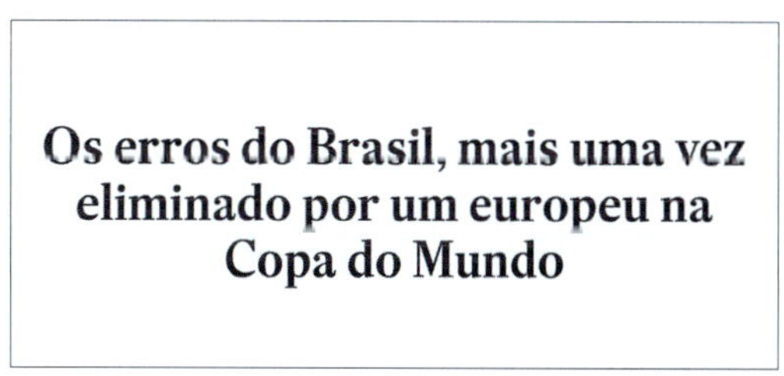
Os erros do Brasil, mais uma vez eliminado por um europeu na Copa do Mundo

Reprodução/Estadão Conteúdo

(Disponível em: https://www.estadao.com.br/esportes/futebol/os-erros-do-brasil-mais-uma-vez-eliminado-por-um-europeu-na-copa-do-mundo/. Acesso em: 13/2/2023.)

Em todas as manchetes lidas foi utilizada uma estrutura impessoal, sem o emprego da 1ª pessoa e sem a explicitação da voz do autor. Ao noticiar o mesmo fato, entretanto, cada veículo de comunicação, tendo em vista seus interesses, seu público, sua especialidade, entre outros fatores, imprime uma perspectiva ao texto, ainda que sua estrutura seja construída de forma impessoal, como as manchetes lidas: na primeira, o veículo destaca que Tite é o terceiro técnico a perder duas Copas do Mundo no comando da seleção brasileira; na segunda manchete, a palavra *fracasso* mostra a avaliação negativa do autor do texto sobre a derrota da seleção brasileira; a terceira dá ênfase ao fato de a seleção ter sido eliminada na mesma etapa pela segunda vez seguida; e a quarta manchete salienta os erros do time e o fato de o Brasil ter sido eliminado novamente por um time do continente europeu.

Há outros gêneros jornalísticos que possibilitam a seus autores se expressar de forma mais subjetiva do que a observada no texto da notícia. Entre esses outros textos estão, por exemplo, os artigos de opinião (que, em geral, são escritos por colunistas fixos ou especialistas convidados pelos veículos de comunicação), as reportagens e as entrevistas. Há, ainda, o editorial, que, embora não exponha um ponto de vista pessoal de quem escreve o texto, contém explicitamente o ponto de vista institucional do veículo de comunicação que o publica.

Vale observar que o grau de impessoalidade e de objetividade de um texto jornalístico também varia de acordo com as características do veículo de comunicação e da imagem que este pretende construir perante seus leitores.

Fabio Principe/Shutterstock

EXERCÍCIOS

Leia as manchetes a seguir, todas publicadas no mesmo dia, em referência a um mesmo fato ocorrido no Estado do Pará.

Famílias de camponeses ocupam fazenda em Itupiranga, no Pará

(Disponível em: https://g1.globo.com/a/para/noticia/2019/01/14/familias-do-movimento-sem-terra-ocupam-fazenda-no-interior-do-pa.ghtml. Acesso em: 26/1/2019.)

HOMENS ARMADOS INVADEM FAZENDA NO PARÁ E FAZEM FUNCIONÁRIOS REFÉNS

(Disponível em: https://canalrural.uol.com.br/programas/informacao/mercado-e-cia/para/. Acesso em: 26/1/2019.)

TERRORISTAS DO "CAMPO", DA UNC, INVADEM FAZENDA E FAZEM 10 REFÉNS NO PARÁ

(Disponível em: https://redebrasil.net/terroristas-do-campo-da-unc-invadem-fazenda-e-fazem-10-refens-no-para/. Acesso em: 26/1/2019.)

Extremistas armados invadem fazenda no Pará e fazem reféns

(Disponível em: https://renovamidia.com.br/extremistas-armados-invadem-fazenda-no-para-e-fazem-refens/. Acesso em: 26/1/2019.)

ITUPIRANGA: União Nacional Camponesa ocupou Fazenda Novo Mundo

(Disponível em: https://www.folhadobico.com.br/01/2019/itupiranga-uniao-nacional-camponesa-ocupou-fazenda-novo-mundo.php. Acesso em: 26/1/2019.)

COMUNISTAS DA UNIÃO NACIONAL CAMPONESA (UNC) ARMADOS INVADEM FAZENDA NO PARÁ E FAZEM REFÉNS

(Disponível em: https://amigosdadireita.blogspot.com/2019/01/comunistas-da-uniao-nacional-camponesa.html. Acesso em: 26/1/2019.)

1. Que palavras ou expressões foram utilizadas em cada uma das manchetes para se referir:

a) às pessoas responsáveis pela ação descrita?

wellphoto/Shutterstock

b) às ações realizadas por essas pessoas?

c) ao local onde o fato ocorreu?

2. Troque ideias com os colegas e o professor:

a) As manchetes lidas foram construídas com uma linguagem impessoal ou pessoal? Objetiva ou subjetiva? Justifique sua resposta.

b) Que elementos permitem perceber o ponto de vista dos veículos de comunicação responsáveis pelas manchetes lidas? Justifique sua resposta.

Leia os dois textos a seguir e responda às questões 3 a 6.

Texto 1

Editorial

O grande papel do esporte na vida dos jovens

Leia opinião do Jornal NH desta sexta-feira, 20 de janeiro de 2017

19/01/2017 22:25 23/01/2017 10:39

A foto principal de capa da edição de ontem mostrou uma tenista disputando um belo campeonato para crianças e adolescentes, em Novo Hamburgo. A imagem é significativa e nos lembra a grande importância que tem a relação do jovem com o esporte. E, certamente, a conclusão é de que esta relação deve ser incentivada nas mais diferentes modalidades do esporte e em todas as camadas sociais, com ênfase nas mais desprotegidas. No País do futebol, precisamos estimular além dele e, dentre outros, o basquete, vôlei, judô, handebol, tênis, e, importante destacar, o atletismo em suas diferentes vertentes, como as corridas, os saltos, os arremessos e a natação com seus vários estilos. Isto porque atletismo e natação permitem treinamento e resultados que podem ser aferidos individualmente.

[...]

(Disponível em: https://www.jornalnh.com.br/_conteudo/2017/01/noticias/opiniao/2061412-o-grande-papel-do-esporte-na-vida-dos-jovens.html. Acesso em: 14/2/2023.)

Texto 2

Reprodução/Acervo pessoal

BLOG DO MARCIO ATALLA

Esporte é importante não só para o corpo do adolescente: entenda benefícios

Marcio Atalla

13/6/2019 04h00

Ser um adolescente fisicamente ativo não é apenas bom, é excelente, é fundamental, principalmente para a formação do adulto que está por vir. Nessa fase de construção da autoestima praticar atividade física, fazer algum esporte, transforma de maneira positiva a autoconfiança, o adolescente passa a acreditar mais em si e em sua capacidade de realizar coisas. [...]

Junto a isso, vem o poder de sociabilização que só o esporte (e quem já fez esporte na vida sabe disso) consegue fazer entre as pessoas, criando amigos, grupos, um *network*, também importante para a vida profissional, ligando pessoas com interesses comuns dentro e fora da atividade esportiva. [...]

Até aqui falei apenas de aspectos da saúde emocional. Nem cheguei a citar o aspecto mental, ligado a cognição, por exemplo. Na capacidade, já cientificamente comprovada, que a atividade física tem de multiplicar, ou seja, criar novos neurônios. E ainda, na melhora do foco, da capacidade de raciocínio, da capacidade de improvisar, de criar, de fazer táticas e recriar táticas quando as primeiras dão errado, de tomar decisões.

[...]

Então, os adolescentes têm que decidir hoje como vão querer passar esses anos de vida, lá na frente, com 80, 90 anos, em que estarão vivos sim, e que serão pura e simplesmente o resultado do que fizeram e construíram ao longo de suas vidas.

(Disponível em: https://marcioatalla.blogosfera.uol.com.br/2019/06/13/esporte-e-importante-nao-so-para-o-corpo-do-adolescente-entenda-beneficios/. Acesso em: 6/3/2023.)

3. Os dois textos se assemelham em relação ao assunto abordado. Qual é a semelhança?

4. Observe o contexto de publicação dos textos lidos.

a) A que gênero eles pertencem?

b) Um dos textos apresenta, na parte superior, a imagem do autor do texto. Levante hipóteses: Por que esse recurso visual foi usado?

5. Pode-se considerar que os dois textos contêm o ponto de vista de seus autores, embora o explicitem por meio de estratégias diferentes.

a) Qual é a relação entre a função social de cada um desses textos e o fato de eles explicitarem um ponto de vista?

b) Qual deles faz uso da 1ª pessoa do plural? Justifique sua resposta com um exemplo do texto.

c) Qual deles faz uso da 1ª pessoa do singular? Justifique sua resposta com um exemplo do texto.

d) Uma maneira de explicitar um ponto de vista é usar adjetivos e advérbios que mostrem sua avaliação sobre um tema. Identifique em cada texto alguns adjetivos e advérbios empregados com essa função.

6. Ao expor seu ponto de vista, o autor de um dos textos sugere ações para estimular a prática esportiva, enquanto o outro autor destaca a responsabilidade do leitor em relação à decisão de praticar esportes. Identifique termos e expressões utilizados para construir essas sugestões e para indicar a decisão do leitor.

DE OLHO NA AGENDA 2030 DA ONU

Saúde e bem-estar

A Agenda 2030 da Organização das Nações Unidas (ONU), criada em 2015, é um plano de ação elaborado por líderes de diversos países para promover uma vida digna e erradicar desigualdades sociais. Ela estabelece, em âmbito global, 17 Objetivos de Desenvolvimento Sustentável (ODS), a fim de que a sociedade trilhe um caminho sustentável, buscando a concretização dos direitos humanos, a erradicação da pobreza e a promoção de uma vida digna para todos, com educação, igualdade e consciência ambiental. Como você já sabe, um desses 17 objetivos é **Saúde e Bem-Estar**.

Reprodução/ONU

Por meio de notícias, reportagens e entrevistas com especialistas, é amplamente divulgada na sociedade a importância de realizar atividade física para que se tenha uma boa saúde física e mental e qualidade de vida. Como vimos, para crianças e adolescentes, a atividade física também é importante. Porém, será que são recomendados os mesmos exercícios físicos para todas as faixas etárias?

Você e os colegas vão fazer uma pesquisa com os alunos da escola sobre a prática de atividade física. Em seguida, tabulem os dados coletados e produzam gráficos para divulgar o resultado no jornal da turma, que será publicado na **Oficina de Criação**, ao final desta unidade.

Para isso, elaborem um questionário sobre os hábitos e a rotina de atividade física dos alunos da escola. Vejam um exemplo de questionário:

Pesquisa sobre atividade física na infância e na adolescência

1. Qual é sua idade?
( ) de 6 a 10 anos ( ) de 11 a 14 anos ( ) de 15 a 18 anos

2. Você pratica atividade física?
( ) sim ( ) não

3. Com qual frequência você se exercita?
( ) 1 vez na semana ( ) 3 vezes na semana
( ) 2 vezes na semana ( ) 4 vezes ou mais na semana

4. Qual(is) tipo(s) de atividade física você pratica?
( ) esporte coletivo ( ) ciclismo
( ) musculação ( ) natação
( ) dança ( ) artes marciais
( ) caminhada ( ) outro. Qual?

Nakigitsune-sa na/Shutterstock

Se quiserem veicular no jornal alguns dados relacionados com o tema, confiram algumas sugestões de *sites* para buscar mais informações:

- https://g1.globo.com/bemestar/
- https://super.abril.com.br/saude/
- https://www.uol.com.br/vivabem/
- https://drauziovarella.uol.com.br/

Vocês também podem entrevistar profissionais (médicos, educadores físicos, fisioterapeutas).

CAPÍTULO 2

A entrevista oral

O GÊNERO EM FOCO

Leia a seguir a transcrição de um trecho de uma entrevista feita com a bióloga e ativista ambiental Karina Penha:

Entrevistadora: Diante da emergência climática, o ativismo torna-se essencial para imprimir o senso de urgência necessário para a transição para uma sociedade justa, sustentável e de baixo carbono. Quem mais será impactado pelos eventos extremos é também quem menos contribui para o aquecimento do planeta.

Para falar sobre isso, temos a honra de receber aqui no *Clima Sem Fake* a bióloga, ambientalista e ativista maranhense Karina Penha, coordenadora de mobilização da campanha "Amazônia de Pé" no **NOSSAS**. Karina, seja muito bem-vinda aqui no *Clima Sem Fake* é um prazer tê-la aqui [...].

Reprodução/Youtube/Climainfo.org.br

Conta pra gente o que você espera da COP27?

Karina: Aqui no NOSSAS eu sou coordenadora de mobilização, como já foi falado, e hoje a nossa principal campanha é... que tem a pauta ambiental, socioambiental, climática é... no ar é "Amazônia de pé" e ela é uma campanha que tem uuu...uma... força de mobilização muito grande. A campanha "Amazônia de pé" é uma campanha que ela busca a criação de um projeto de lei de iniciativa popular que pra ser é... considerado né... pra... que ele chegue ao Congresso e passe pelo mesmo trâmite de um projeto de lei normal, que é entregue por um parlamentar, ele precisa de um milhão e meio de assinaturas de pessoas físicas. E esse projeto é... ele envolve essa campanha, porque a gente quer falar com as pessoas sobre a Amazônia em um ano muito crucial e importante né, na verdade eu acho que todos os próximos anos vão ser anos muito importantes, né, a gente tá vivendo aí uma crise climática que nos dá a data né, que nos dá dados, então a gente sabe que a gente precisa agir com muita urgência e por isso a campanha "Amazônia de pé", ela vem com essa força de mobilização, mostrando que todas as pessoas podem agir pela Ama... pela Amazônia [...].

AMAZÔNIA DE PÉ

Reprodução/Amazônia de Pé

E a gente conseguiu mobilizar dois grandes festivais, um no Rio de Janeiro e um em Santarém, é... mas participamos de dezenas de outras ações, mais de 600 ações foram cadastradas né pra gente falar sobre a Amazônia e com isso e a gente já tem... dessas fichas né, a gente já tem 30 mil fichas que já foram entregues né, assinaturas que já foram entregues e a gente já tem mais de um milhão e meio de assinaturas sendo coletadas pelo Brasil. Então os resultados são muito bons e a gente sabe que tem um caminho ainda muito grande pela frente mas a gente tá bem animado com... a forma como as pessoas estão recebendo e participando da campanha também.

Entrevistadora: Bom, é... e você especificamente vem desse ativismo de base, né, atuando em uma região periférica do, do Maranhão ao mesmo tempo em que cada vez mais tá ocupando fóruns e espaços nacionais e internacionais. Eu queria ouvir você um pouquinho sobre como você vê hoje o combate à emergência climática, olhando tanto dessa perspectiva local, do território, quanto nessas esferas federal e global.

Reprodução/Acervo pessoal

Karina Penha, coordenadora de mobilização no NOSSAS.

Karina: é, eu sou... eu sempre falo, né, ativista climática por necessidades, a gente se descobriu assim, né, a gente eu falo porque eu faço parte da construção desse movimento de juventude dos últimos cinco anos, seis anos em que a gente já atua aqui no Brasil mas que na verdade foi um movimento que nos últimos dois anos teve uma visibilidade muito grande, em especial por esse movimento da Greta, mas que ele já existia há muito tempo né e agora com, com as greves também e com o posicionamento mais... de pessoas mais novas, adolescentes, crianças, né, que falam sobre a questão ambiental e climática também. Mas essa sempre foi assim uma pauta de vida minha e aí eu falo da região amazônica, né, falo aqui do Maranhão mas a gente hoje, né, cada vez mais tá descobrindo o quanto a Amazônia é plural e eu falo muito desse contexto da Amazônia periférica também, que é onde eu moro hoje atualmente, mas venho desse contexto de vida de... de pessoas que viveram da pesca, da quebra de coco, então tem muito essa vertente de várias amazônias que perpassam assim um pouco da minha vida mesmo, do meu histórico. Mas... essa atuação ela sempre teve presente frequente e eu acho que muito dessa atuação também é seguindo aquilo de que é muito necessário, porque a gente é... age localmente né... é... porque assim a gente vai tá atuando globalmente também. [...] Minha atuação é muito diversa, né. Eu tenho tido a oportunidade de estar em vários lugares com várias representações, mas o foco do meu trabalho né sempre foi também as juventudes e entender como a gente consegue trazer mais diversidades para esses espaços, levando mais vozes né [...].

Entrevistadora: Maravilha, Karina. Eu queria te pedir assim... que mensagem que você daria para outros ativistas que como você também estão buscando soluções concretas e estão botando a mão na massa aí é... no ativismo e pra avançar na agenda, né?

Karina: Bom, eu diria que vale muito a pena sim o que a gente faz, sabe? Eu sempre fico muito feliz quando a gente tá em espaços e a gente começa todo mundo a falar sobre o que tá fazendo e eu sempre fico "olha o tanto de coisa que a gente tá fazendo". Eu tenho muita esperança que a gente vai ver essas mudanças acontecerem assim ainda na nossa geração, ou seja, enquanto a gente tiver aqui assim... a gente vai ver essas mudanças acontecerem e que a gente também tenha um cuidado especial com cada pessoa, sabe... que cada ativista se cuide também, isso é importante [...] o mundo conta com a gente e a gente precisa estar aqui, a gente precisa dialogar, a gente precisa buscar o diálogo é... e também agir com ativismo quando for necessário, sabendo que a gente tá ali fazendo algo que é do nosso direito... então é se cuidar para cuidar do que é nosso também né... pra lutar pelos pelo nosso presente e pelo nosso futuro a gente tem que tá bem também.

Entrevistadora: Karina, eu te agradeço imensamente pela entrevista, muito obrigada, foi um prazer ter você aqui no *Clima Sem Fake* e... boa sorte e parabéns pelo seu trabalho, viu.

Karina: obrigada, gente, obrigada pelo convite. Té mais

(Entrevista concedida ao programa *Clima Sem Fake*. Canal ClimaInfo, 3/11/2022. Disponível em: https://www.youtube.com/watch?v=_Tlq_iylLrU. Acesso em: 14/2/2023.)

NOSSAS: organização sem fins lucrativos comprometida com o fortalecimento da democracia, da justiça social e da igualdade. Criada em 2011, desenvolve projetos, táticas e estratégias de mobilização e solidariedade pelo Brasil inteiro.

1. Em linguagem jornalística, **entrevista** é o texto resultante de um encontro previamente marcado entre duas pessoas, no qual uma interroga a outra sobre sua profissão, suas ações e suas ideias. O entrevistado é quase sempre uma figura de destaque em determinado campo da vida social e é quem autoriza ou não a publicação de suas declarações.

LightField Studios/Shutterstock

Sobre a entrevista em estudo, responda:

a) É possível saber quem é a entrevistadora ou qual veículo de imprensa ela representa?

b) Em que se destaca a entrevistada Karina Penha?

2. A entrevista foi divulgada no "ClimaInfo", um canal da internet.

a) Com base no nome, levante hipóteses: Qual é o principal objetivo desse canal?

b) Na introdução, a entrevistadora usa algumas expressões e termos especializados, relacionados ao tema do clima. Quais são eles?

c) Converse com os colegas e responda: Você já ouviu esses termos? O que significam? Se necessário, faça uma pesquisa sobre eles.

3. O canal reúne as entrevistas do programa *Clima Sem Fake*.

a) A que a palavra inglesa ***fake*** faz referência?

Reprodução/Youtube/Climainfo.org.br

b) Qual é, então, o objetivo desse programa de entrevistas?

4. Sobre a introdução da entrevista, responda:

a) Como a entrevistada é apresentada?

b) Qual é a relação da entrevistada com os temas apresentados pela entrevistadora?

5. Observe as perguntas da entrevistadora.

a) Elas parecem ter sido planejadas ou elaboradas no momento da entrevista? Justifique sua resposta.

b) Em uma conversa informal, costuma acontecer a sobreposição de falas: pessoas falam ao mesmo tempo, uma complementa o que a outra diz ou reformula uma pergunta. Isso acontece na entrevista?

De quem é a palavra?

Você já reparou que há entrevistadores que parecem querer falar mais do que os próprios entrevistados? Perceba que, geralmente, ninguém gosta de ver esse tipo de entrevista, pois tem-se a impressão de que os entrevistadores pretendem apenas usar a entrevista como pretexto para expor as suas próprias ideias sobre o assunto.

Ao fazer uma entrevista, é importante retomar, relacionar, mostrar interesse pelas ideias dos entrevistados, mas essa conversa deve acontecer de forma natural, e o protagonista e principal enunciador deve sempre ser o entrevistado.

BAZA Production/Shutterstock

6. Em vários trechos da entrevista, vemos o uso de pronomes da primeira pessoa do plural (**nós**, **nossa**, **nosso**) e da expressão **a gente**.

a) A quem essa expressão se refere na primeira resposta de Karina Penha?

____

b) E a quem se refere na segunda resposta?

____

____

Em sua fala, a entrevistada Karina Penha menciona Greta, jovens e crianças envolvidos em greves. Leia o boxe a seguir e responda à questão 7.

Greta e os jovens ativistas pelo clima

Greta Thunberg, nascida em 2003, na Suécia, começou a se ausentar da aula às sextas-feiras em 2018 para protestar em frente ao Parlamento sueco, carregando um cartaz com a frase "Greve das escolas pelo clima". Eventualmente, estudantes de outras comunidades inspiraram-se nela e organizaram protestos semelhantes ao de Greta. A partir daí, manifestações pelo clima foram realizadas em diversos países, as chamadas *Sextas-Feiras pelo Futuro*.

O ativismo de Greta ganhou ainda mais visibilidade quando ela discursou na Conferência das Nações Unidas sobre Mudanças Climáticas em 2018. Atualmente, sua iniciativa reverbera em todo o mundo, e jovens de várias partes do planeta se reúnem para protestar contra as mudanças climáticas e para cobrar das autoridades um modelo econômico que seja responsável com a sociedade e o meio ambiente.

Thomas Margraf/Shutterstock

Greta Thunberg participando de protesto contra mudanças climáticas em Berlim, na Alemanha, no movimento *Sextas-Feiras pelo Futuro*, em setembro de 2021.

7. Releia o seguinte trecho:

> "[...] foi um movimento que nos últimos dois anos teve uma visibilidade muito grande, em especial por esse movimento da Greta, [...] com as greves também e com o posicionamento mais... de pessoas mais novas, adolescentes, crianças, né, que falam sobre a questão ambiental e climática também".

Liv Oeian/Shutterstock

Greta Thunberg.

Sobre as menções na entrevista, responda:

a) Sem conhecimento sobre a pauta ambiental no mundo, é possível entender com precisão esse trecho da entrevista? Por quê?

____

____

b) Em sua opinião, por que a entrevistada menciona Greta Thunberg e as greves globais pelo clima sem apresentar mais detalhes sobre elas?

8. Observe a linguagem da entrevistadora e da entrevistada.

a) Comente algumas características da variedade linguística utilizada pelas interlocutoras, justificando seus comentários com exemplos do texto.

b) Trata-se de uma linguagem formal ou informal? Justifique sua resposta com elementos do texto.

9. O texto lido é uma **transcrição**, feita com o emprego das convenções gráficas e ortográficas do português escrito, utilizadas para mostrar marcas típicas da língua oral. Tendo em vista seu conhecimento sobre os usos da língua oral no contexto de entrevista, identifique, por dedução:

Vector Point Studio/Shutterstock

a) trechos nos quais se verifica uma hesitação por parte de uma das interlocutoras:

b) trecho no qual se verifica uma autocorreção por parte de uma das interlocutoras:

c) trechos nos quais se verificam repetições na fala de uma das interlocutoras:

d) expressões de apoio à fala, típicas da linguagem oral:

10. Reunidos em grupos, preencham o quadro a seguir com as características básicas da entrevista oral.

Entrevista oral: construção e recursos expressivos	
Quem são os interlocutores da entrevista oral?	
Qual é o objetivo da entrevista oral?	
Onde a entrevista oral circula?	
Quais são os temas abordados na entrevista oral?	
Como é a estrutura da entrevista oral?	
Como se caracteriza a linguagem da entrevista oral?	

Podcast de entrevistas

As entrevistas orais também podem ser encontradas em formato de áudio, para rádio e aplicativos. Há *podcasts* especializados em entrevistas e outros que sempre contam com a participação de um convidado, mas o formato está mais próximo de uma conversa informal do que de uma entrevista planejada.

Para ampliar seus conhecimentos sobre o gênero, ouça entrevistas do *podcast* #Mochila. Ele é voltado a adolescentes e aborda literatura e audiovisual destinados a pessoas de sua faixa etária.

Sugestão de *podcast*

Para conhecer o *podcast* #Mochila, sugerimos que ouça o episódio 8 da temporada 3, *Na tela*, com a escritora e roteirista Thalita Rebouças.

Nesse episódio, ela conversa com Caio Tozzi sobre sua trajetória como escritora e revela como se aproximou das produções audiovisuais para jovens.

- Disponível em: https://open.spotify.com/episode/5O5mzeROLiIkG7s5240jpV. Acesso em: 15/2/2023.

Fábio Guinalz/Fotoarena

Escritora e roteirista Thalita Rebouças.

AGORA É A SUA VEZ

Como você já sabe, ao final desta unidade, você e os colegas vão montar um jornal multimídia da turma. Para tanto, já produziram notícias no capítulo anterior e vão, neste capítulo, gravar entrevistas que também serão publicadas em diferentes formatos nesse jornal.

Com a orientação do professor, reúna-se com os colegas para produzir uma **entrevista oral**. Ela pode ser gravada em formato audiovisual e divulgada em vídeo ou gravada em áudio e divulgada como *podcast*.

Escolhendo o entrevistado

- Antes de planejar a gravação, com a orientação do professor, escolham o entrevistado e o tema da entrevista.
- O entrevistado pode ser um professor, um funcionário, um ex-aluno da escola, um ativista, um profissional de um ramo de atividade pelo qual o grupo tenha interesse — atleta, colecionador, músico, ator, político, etc.
- O entrevistado deve ser alguém que possa tratar de assuntos de interesse dos leitores e espectadores do jornal multimídia da turma.
- Façam um convite à pessoa que pretendem entrevistar, apresentando o projeto do jornal no qual a entrevista será publicada. Também é interessante que vocês justifiquem ao entrevistado por que ele foi escolhido.
- Se possível, antecipem para o entrevistado um ou mais tópicos sobre o(s) qual (quais) desejam que ele fale.

VH-studio/Shutterstock

Preparando a entrevista

- Procurem informar-se sobre o entrevistado e o assunto que será o foco da entrevista. Assim, se o entrevistado for, por exemplo, um escritor, procurem saber sobre ele:
  - quais livros escreveu;
  - a que público sua obra se destina;
  - quais são os temas de seus livros;
  - se mantém outro trabalho paralelamente, etc.

- Façam um roteiro de perguntas. Como exemplo, se o escolhido para ser entrevistado for um escritor, poderão ser feitas, entre outras, as perguntas a seguir:
  - Qual é sua história de leituras?
  - De que gênero gosta mais? Prefere poesia ou romance?
  - Você lê ou leu histórias em quadrinhos? Quais?
  - O que o estimulou a escrever quando publicou seus escritos pela primeira vez?
  - Como é seu processo de escrita?
  - Você escreve durante quantas horas por dia?
  - Quem são os leitores do seu texto antes da publicação?
  - Como é seu processo de reescrita?
  - Como é a emoção de ver um livro de sua autoria publicado?
  - Como se sente diante da demonstração de carinho de seus leitores?
  - A que tipo de trabalho se dedica atualmente?
  - O que pretende escrever no futuro?

Ground Picture/Shutterstock

- Façam perguntas curtas e objetivas.
- Prevejam possíveis respostas e preparem novas perguntas relacionadas a essas respostas.
- Tenham ideia do tempo aproximado que vocês planejaram para a duração da entrevista, assim como quantas perguntas pretendem fazer.
- Combinem com antecedência essa duração com o entrevistado.
- Tenham em mente uma hierarquia das perguntas roteirizadas, sabendo quais são mais importantes e devem ser priorizadas e quais são secundárias, isto é, quais delas, em caso de necessidade, podem ser descartadas.
- Cheguem com antecedência ao local combinado para a entrevista e repassem as perguntas que pretendem fazer.
- Tenham em mente a linguagem que vão utilizar, considerando a relação que vocês mantêm com o entrevistado, se de menos ou mais intimidade, e a imagem que querem passar do jornal de vocês, se mais formal ou mais descontraída.

Motortion Films/Shutterstock

Entrevistando

- Liguem o dispositivo escolhido para gravar a entrevista e verifiquem se ele está realmente captando o som e/ou a imagem.
- Se possível, utilizem mais de um recurso: por exemplo, um celular e uma câmera ou um celular e um gravador de voz.
- Antes de iniciar as perguntas, apresentem brevemente o entrevistado a seus ouvintes ou espectadores e, em seguida, cumprimentem seu entrevistado e agradeçam por ele conceder a entrevista.

DC Studio/Shutterstock

- Apresentem uma pergunta de cada vez e saibam ouvir.
- Fiquem atentos às respostas, pois vocês podem aproveitar um comentário do entrevistado para alterar a ordem inicialmente planejada para as perguntas ou, ainda, para improvisar uma pergunta que não está no roteiro, mas que pode resultar em uma resposta interessante.
- Caso julguem que a resposta do entrevistado não tenha ficado clara, perguntem novamente. Estejam certos de que entenderam corretamente nomes, números e dados citados pelo entrevistado.
- Caso ele mencione um termo que vocês desconheçam, não hesitem em perguntar o significado. Se não souberem escrever algum termo ou expressão dito pelo entrevistado, peçam a que ele o(a) soletre, se necessário.
- Peçam autorização para fotografar o entrevistado. Façam fotos para serem publicadas com a entrevista. Caso estejam gravando apenas em áudio, se for possível, façam também pequenos filmes, para que possam ser publicados com a entrevista, como chamada ou como "Extras".
- Se possível, utilizem duas câmeras, uma para filmar o entrevistado e outra para filmar o entrevistador. Caso não seja possível, deixem a câmera no entrevistado e, posteriormente, regravem apenas as perguntas filmando o entrevistador.
- Terminada a entrevista, agradeçam ao entrevistado pela atenção, despeçam-se e deem as informações sobre a publicação da entrevista (previsão de quando será publicada e meios pelos quais ela poderá ser acessada).

Revisão e edição

- Ouçam a entrevista ou assistam a ela. Verifiquem a qualidade do som e da imagem durante toda a entrevista.
- Editem a entrevista. Vocês podem eliminar trechos mais longos de silêncio ou de reformulação de perguntas e respostas, ou trechos menos interessantes com base no propósito de vocês.
- Salvem o arquivo final da entrevista para integrar o jornal multimídia da turma.

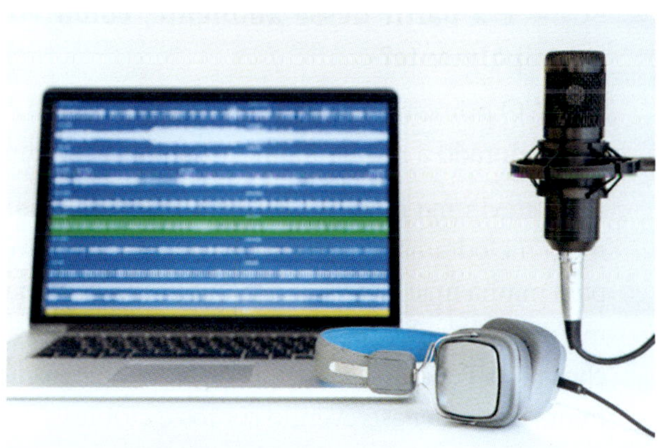
DC FotoStock/Shutterstock

CAPÍTULO

3 A entrevista escrita

O GÊNERO EM FOCO

Leia, a seguir, a versão escrita de uma entrevista dada oralmente pelo escritor Antonio Prata.

Antonio Prata, o prazer da crônica

Antonio Prata nasceu em São Paulo, no ano de 1977. Cursou filosofia na USP, cinema na FAAP e ciências sociais na PUC, mas não chegou a completar nenhum dos cursos. Tem oito livros publicados, entre eles as reuniões de contos *As pernas da tia Corália* (Objetiva, 2002) e *O inferno atrás da pia* (Objetiva, 2004), além de *Adulterado* (Moderna, 2009), uma seleção de crônicas para adolescentes publicadas entre 2001 e 2008 na revista *Capricho*.

Escreveu crônicas para o jornal *O Estado de S. Paulo*, publicadas primeiro no "Guia" e a partir de 2008 no caderno "Metrópole". Como roteirista, escreveu para séries da HBO, Globo, MTV e Multishow e foi colaborador da novela *Bang Bang* (Globo, 2006). Atualmente [...] escreve crônicas para o jornal *Folha de S. Paulo*, no caderno "Cotidiano".

SARAIVA CONTEÚDO — **Como foi seu primeiro contato com a literatura, tendo em casa um pai escritor, e como você decidiu seguir esse caminho?**

ANTONIO PRATA — Primeiro eu achava que meu pai era dono de uma fábrica de chocolate, porque ele tinha uma peça em cartaz chamada *Fábrica de chocolate*. Eu ouvi ele falando com minha mãe dessa peça e eu ficava um pouco ressentido que ele não trouxesse chocolate para mim dessa fábrica. Só mais tarde é que fui entender que ele era escritor. Então, meu primeiro contato com a literatura foi antes do livro pronto, foi com o processo da criação, né? Era o barulho da máquina de meu pai escrevendo, minha mãe escrevendo, eu sentava na máquina e ficava brincando com aquela geringonça antiga, que não existe mais, que fazia vários barulhos. As pessoas perguntam como você descobriu ou quando decidiu que queria ser escritor, como se eu tivesse tido que sair do armário para ser escritor. Na minha casa esse armário já estava aberto e estava todo mundo dentro dele, ou fora dele.

SC — **E a partir desse ambiente, como você começou a produzir textos literários, crônicas principalmente?**

AP — O primeiro texto que eu escrevi foi uma crônica quando eu tinha catorze anos. A casa em que eu tinha morado a minha infância inteira ia ser demolida para passar uma avenida.

Eu escrevi uma crônica falando dessa casa, das memórias de minha infância nessa casa... Era um texto meio melodramático, assim... meio... meio... um pouquinho brega. Mas aí eu entreguei, mostrei o texto para minha mãe e minha irmã que estavam ali na sala e fui tomar banho. Quando voltei elas estavam dormindo... (desculpa, ato falho engraçado)... estavam chorando. Achei engraçado essa reação das mulheres chorando. Foi a única vez que fiz as mulheres chorarem... depois só riram com o que eu escrevi... Daí pra frente continuei escrevendo contos e crônicas, comecei a escrever crônicas profissionalmente.

SC — **Quando e onde foi que você começou a publicar? Em *sites*, *blogs*?**

AP — Participei de um concurso de crônicas de um curso pré-vestibular. Tirei o 27º lugar, acho, mas os trinta primeiros saíam em livro. Daí saiu em livro. Depois comecei a fazer coisas com meus amigos. A gente fez uma revista, papel ***offset***, duas cores, chamada *Emplasto poroso*, e a gente publicava nossos textos ali. *Blog* nem existia na minha adolescência. *Blog* é uma coisa que apareceu quando eu tinha vinte e tantos anos.

Offset: (do inglês) um tipo de processo gráfico de impressão ou papel utilizado nesse processo de impressão.

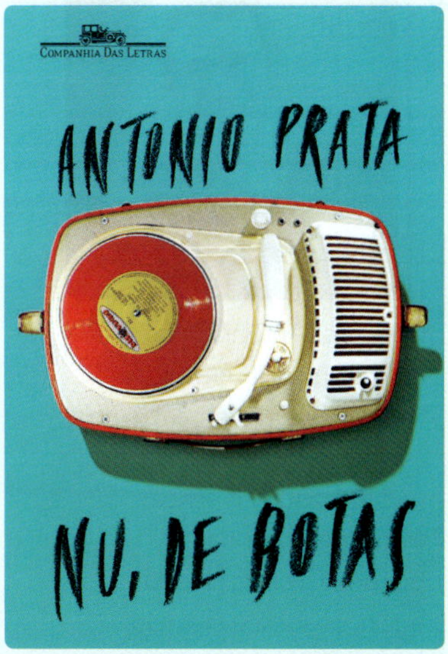

Reprodução/Cia. das Letras

No livro *Nu, de botas*, Antonio Prata revê, de forma engraçada e poética, alguns dos momentos marcantes de sua infância.

Um dia eu encontrei o escritor Fernando Bonassi numa livraria e falei pra ele que eu escrevia.

— E aí, já tem algum livro publicado? — Não, cara, eu só tenho dezenove anos... — Dane-se, mande para a editora que eles publicam qualquer m... que a gente mandar. Não vende nada, mas publicar é fácil... Depois eu descobri que ele estava certo: publicar não é muito difícil, vender livro é que é complicado. De lá para cá venho publicando com certa frequência.

SC — **Você tem escrito contos infantis, crônicas, roteiros, em revistas, jornais e TV. Como é caminhar por esses diversos tipos de textos para públicos diferentes?**

AP — Comecei a escrever crônica porque é a primeira porta literária que tem pra você ganhar algum trocado. Crônica você publica em jornal, na revista. Escrevi uma época numa revista da MTV, depois me chamaram para escrever na *Capricho*. Enquanto escrevi para esse público, escrevia contos para um público sei lá qual, para mim mesmo... Ia publicando... Comecei a escrever roteiros, apareceram projetos para TV e cinema e comecei a escrever também romances. É interessante que um gênero te ajuda com o outro. O estudo de roteiro me ajudou muito a entender o que é uma história, qual a estrutura de uma história, como você cria um personagem, e isso me ajuda muito no romance e o romance na crônica. Os gêneros se alimentam assim.

SC — **Como é essa vivência com o jornal, publicando toda semana? Você tem retorno, uma resposta dos leitores?**

AP — Escrever em jornal é muito legal porque você atinge um público de que você não tem a menor ideia de qual vai ser. Isso também aumentou minha responsabilidade na escrita. Minha última crônica no *Estadão* [a partir de 2011, Antonio Prata passou a escrever na *Folha de S. Paulo*] foi falando mal de tomates... Tomates eram ruins porque os produtores estavam cruzando tomates para durarem mais e o gosto estava ficando pior. Qualquer assuntinho, você sabe que vai ter certa repercussão, pode prejudicar alguém.

Por outro lado, também é muito legal ter um espaço de crônica no jornal. Jornal é todo de coisas sérias, de política, e você pode fazer um texto sobre qualquer assunto. Se eu tivesse uma coluna diária eu faria com muito prazer.

SC — **O Brasil tem uma grande geração de cronistas. Que influência você percebe nessa sua preferência pela crônica como texto literário?**

AP — O escritor e também cronista Humberto Werneck fala uma coisa que eu acho legal. Que a crônica, como o futebol, não foi criada no Brasil, mas foi aqui que ela cresceu melhor. Eu acho que há um paralelo entre crônica e futebol. Os dois se desenvolveram na várzea: o futebol na várzea dos

Quem é?

Antonio Prata

Bruno Santos/Folhapress

O escritor Antonio Prata nasceu em 1977, em São Paulo. Filho do também escritor Mário Prata, vem se destacando no gênero crônica, como o pai. Estudou filosofia, cinema e ciências sociais, mas não chegou a concluir nenhum desses cursos. Descobriu sua verdadeira vocação na literatura e tem vários livros publicados, entre eles *As pernas da tia Corália*, *Inferno atrás da pia*, *Adulterado*, *Meio intelectual, meio de esquerda*, *Nu, de botas* e *Por quem as panelas batem*. Atualmente vem se dedicando ao cinema. Foi cronista da revista *Capricho*, do jornal *O Estado de S. Paulo* e, atualmente, publica suas crônicas no jornal *Folha de S.Paulo*.

rios e a crônica na várzea da literatura, nesse lugar meio obscuro entre o jornalismo e a literatura. O Brasil é bom nessas nuances, nesses lugares que não são nem aqui nem ali. Essa coisa um pouco da malandragem, essa gambiarra em relação à notícia. Isso explica um pouco do sucesso da crônica no Brasil. Parte da minha formação foi ler esses cronistas todos: o Rubem Braga, principalmente, mas também o Paulo Mendes Campos, o Fernando Sabino, o Luis Fernando Verissimo, o Millôr Fernandes foram muito importantes na minha formação.

SC — **Atualmente onde você posta seus textos? Seus leitores lhe escrevem?**

AP — Posto meus textos no *Estadão* [atualmente na *Folha de S. Paulo*] e outros posto no meu *blog*. *Blog* é interessante porque todo mundo é muito corajoso na hora de postar um comentário, aquela bravura anônima. O cara que assina anônimo fala: — Você é um idiota, um débil mental, você é um imbecil... A primeira vez que você lê isso, fica devastado. A segunda dói médio e, na oitava, você não está nem aí... Às vezes você conhece gente legal nesse esquema, às vezes te ameaçam de morte. Uma época, na *Capricho*, eu dei uma zoada nos vegetarianos. A coisa mais séria que aconteceu comigo foi com os vegetarianos... Droga, Deus, sexo, você pode falar de tudo, mas vegetarianismo é um assunto polemicíssimo. E aí queriam fazer comigo tudo o que não queriam deixar que fizessem com as galinhas e com os bois. Falaram em fatiar minha mãe e jogar para os tubarões, na minha frente, para eu ver o que aconteceria... Achei demais. Fora a criatividade dessa pessoa, fatiar minha mãe e jogar para os tubarões... Qualquer dia vou usar isso em um texto meu: "A mãe fatiada...".

(Entrevista concedida a Bruno Dorigatti, para a revista *Saraiva Conteúdo*, em 11/1/2011. Disponível em: https://autoreselivros.wordpress.com/2011/01/11/entrevista-de-antonio-prata/. Acesso em: 29/1/2019. Texto editado pelos autores.)

1. Você já viu, no capítulo anterior, que uma entrevista geralmente é feita por um jornalista com uma pessoa de destaque em sua área de atuação.

a) Quem é o entrevistador e qual veículo de imprensa ele representa?

____

____

b) Em que atividade se destaca o entrevistado Antonio Prata?

____

____

____

____

____

2. Essa entrevista foi publicada originalmente no formato de vídeo, com o título "O prazer da crônica". Essa expressão tem duplo sentido. Explique quais são os dois sentidos possíveis para a expressão nesse contexto.

3. Para este estudo, o texto do vídeo foi editado na forma de perguntas e respostas escritas.

a) Que recurso gráfico foi utilizado para diferenciar as perguntas do entrevistador das respostas do entrevistado? Troque ideias com os colegas e o professor: Que outros recursos poderiam ter sido utilizados em vez desse?

b) As perguntas demonstram ter sido preparadas previamente pelo entrevistador? Justifique sua resposta.

c) Considerando-se que o público-alvo dessa entrevista é formado por pessoas interessadas em literatura e, mais especificamente, nas crônicas do entrevistado, para que tipos de assunto o entrevistador direcionou as perguntas que fez?

4. Antes de se iniciarem as perguntas e respostas da entrevista, há um texto que a introduz. Qual é a finalidade desse texto introdutório?

O quadro a seguir contrapõe trechos transcritos do áudio original e trechos da entrevista escrita. Compare-os e responda às questões 5 a 7.

Texto transcrito	Texto editado
"Então, é... meu primeiro contato com a literatura foi antes da... do livro pronto, foi com o processo da criação, né? Era o barulho da máquina do meu pai escrevendo, da minha mãe escrevendo, eu sentava na máquina e ficava brincando com aquele, aquela geringonça antiga, né, que não existe mais, que fazia vários barulhos. As pessoas perguntam como cê descobriu ou quando você decidiu que ia ser escritor, quase como se eu tivesse tido que sair do armário para ser escritor. E na minha casa esse armário já tava aberto, tava todo mundo dentro dele, ou fora dele, enfim."	"Então, meu primeiro contato com a literatura foi antes do livro pronto, foi com o processo da criação, né? Era o barulho da máquina de meu pai escrevendo, minha mãe escrevendo, eu sentava na máquina e ficava brincando com aquela geringonça antiga, que não existe mais, que fazia vários barulhos. As pessoas perguntam como você descobriu ou quando decidiu que queria ser escritor, como se eu tivesse tido que sair do armário para ser escritor. Na minha casa esse armário já estava aberto e estava todo mundo dentro dele, ou fora dele."
"Um dia eu encontrei o escritor Fernando Bonassi numa livraria e falei pra ele que eu escrevia e tal. Ele falou E aí, cê já tem algum livro publicado? Eu falei Não, cara, eu tenho dezenove anos... Ele falou Ah, dane-se, é, manda pra editora, eles publicam qualquer m... que a gente que a gente mandar. Não vende nada, mas publicar é fácil... E depois eu descobri que ele tava certo, assim, publicar não é não é uma coisa muito difícil, vender livro é que é complicado. De lá para cá venho... eu venho publicando com uma certa frequência."	"Um dia eu encontrei o escritor Fernando Bonassi numa livraria e falei pra ele que eu escrevia. — E aí, já tem algum livro publicado? — Não, cara, eu só tenho dezenove anos... — Dane-se, mande para a editora que eles publicam qualquer m... que a gente mandar. Não vende nada, mas publicar é fácil... Depois eu descobri que ele estava certo: publicar não é muito difícil, vender livro é que é complicado. De lá para cá venho publicando com certa frequência."
"Então eu comecei a escrever crônica porque é o... a maneira... primeira porta literária que tem pra você ganhar algum trocado com o que você escreve é crônica, né? Crônica é um gênero que cê publica num jornal, na revista..."	"Comecei a escrever crônica porque é a primeira porta literária que tem pra você ganhar algum trocado. Crônica você publica em jornal, na revista."
"E é interessante que um gênero te ajuda nos outros. Quer dizer, o estudo de roteiro me ajudou muito a... a entender o que é uma história, quais são as... qual a estrutura de uma história, é... como você cria um personagem e isso me ajuda muito no... no... no romance, e o romance na crônica, enfim, uma coisa vai ajudando outra. Os gêneros se... se alimentam, assim."	"É interessante que um gênero te ajuda com o outro. O estudo de roteiro me ajudou muito a entender o que é uma história, qual a estrutura de uma história, como você cria um personagem, e isso me ajuda muito no romance e o romance na crônica. Os gêneros se alimentam assim."

5. No capítulo anterior, ao analisar a entrevista oral, você estudou algumas características da fala espontânea, como é o caso dos trechos transcritos da entrevista de Antonio Prata. Entre eles, estão repetições, reformulações, hesitações e expressões de apoio típicas dessa fala espontânea.

a) Identifique algumas dessas características que foram mantidas na versão escrita. Dê exemplos e levante hipóteses: Por que elas foram mantidas?

b) Identifique algumas dessas características que foram suprimidas na versão escrita. Dê exemplos e levante hipóteses: Por que elas foram suprimidas?

6. Observe a segunda linha do quadro.

a) Que recurso foi empregado pelo entrevistado no trecho transcrito para citar as falas da conversa com Fernando Bonassi?

b) Que recurso foi empregado para esse mesmo fim na entrevista editada? Levante hipóteses: Por que se optou por fazer essa alteração?

Marcus Leoni/Folhapress

Fernando Bonassi é autor de dezenas de livros e roteirista de programas infantis da TV Cultura, como *Castelo Rá-Tim-Bum* e *Mundo da lua*.

7. Observe a linguagem empregada pelo entrevistado nos trechos transcritos.

a) Comente algumas das características da variedade linguística utilizada por ele, justificando seus comentários com exemplos do texto.

b) Trata-se de uma linguagem formal ou informal? Justifique sua resposta com elementos do texto.

Releia, a seguir, a transcrição da primeira resposta de Karina Penha na entrevista que você estudou no capítulo anterior e responda à questão 8.

> **Karina:** Aqui no NOSSAS eu sou coordenadora de mobilização, como já foi falado, e hoje a nossa principal campanha é... que tem a pauta ambiental, socioambiental, climática é... no ar é "Amazônia de pé" e ela é uma campanha que tem uuu...uma... força de mobilização muito grande. A campanha "Amazônia de pé" é uma campanha que ela busca a criação de um projeto de lei de iniciativa popular que pra ser é... considerado né... pra... que ele chegue ao Congresso e passe pelo mesmo trâmite de um projeto de lei normal, que é entregue por um parlamentar, ele precisa de um milhão e meio de assinaturas de pessoas físicas. E esse projeto é... ele envolve essa campanha, porque a gente quer falar com as pessoas sobre a Amazônia em um ano muito crucial e importante né, na verdade eu acho que todos os próximos anos vão ser anos muito importantes, né, a gente tá vivendo aí uma crise climática que nos dá a data né, que nos dá dados, então a gente sabe que a gente precisa agir com muita urgência e por isso a campanha "Amazônia de pé", ela vem com essa força de mobilização, mostrando que todas as pessoas podem agir pela Ama... pela Amazônia [...].
>
> (Entrevista concedida ao programa *Clima Sem Fake*. Canal ClimaInfo, 3/11/2022. Disponível em: https://www.youtube.com/watch?v=_Tlq_iylLrU. Acesso em: 14/2/2023.)

8. Imagine que você seja um jornalista e vá editar esse trecho da entrevista para a versão impressa do jornal em que trabalha. Produza a versão escrita tomando por base o estudo da entrevista feito neste capítulo.

9. No capítulo anterior, você estudou a entrevista oral e conheceu as características básicas desse gênero. Uma entrevista escrita geralmente tem origem na transcrição de uma entrevista feita oralmente. Reúna-se com os colegas de grupo para responder às questões a seguir.

a) A entrevista oral precisa necessariamente ser toda transcrita para que a entrevista escrita tenha sentido e cumpra sua função? Justifiquem a resposta.

b) Na comparação entre os textos transcritos e os textos editados da entrevista de Antonio Prata, feita nas questões 5 a 7, indiquem se houve mudança e, em caso afirmativo, qual foi a mudança feita em relação:

- à (in)formalidade na linguagem empregada pelo entrevistado:

- a traços típicos da oralidade, como hesitações, expressões de apoio, reformulações e repetições:

- aos suportes em que cada versão pode ser veiculada:

- à estrutura:

- à linguagem empregada em cada uma delas:

AGORA É A SUA VEZ

No capítulo anterior, você e os colegas selecionaram uma pessoa para ser entrevistada, considerando os objetivos que vocês têm em relação ao jornal a ser produzido na **Oficina de Criação**.

Selecionem entrevistas, entre as realizadas, que possam ser publicadas por escrito, na íntegra ou parcialmente, com algumas fotos das entrevistas.

Chayantorn Tongmorn/Shutterstock

Vocês vão transcrever parte das entrevistas selecionadas, ou uma entrevista inteira, e editar os textos transcritos para a versão escrita a ser publicada no jornal da turma. Para tanto, vão precisar lançar mão de alguns recursos e estratégias estudados neste capítulo: supressão de alguns trechos, adaptação de outros, eliminação de traços típicos da fala e desnecessários na escrita, etc.

Reunidos em grupos, leiam as orientações a seguir.

Seleção de trechos e transcrição

- Assistam às entrevistas selecionadas ou ouçam-nas. Verifiquem quais trechos podem ser mais interessantes para transcrever e passar para o formato de entrevista escrita.
- Após a seleção, utilizem um editor de texto de computador. Ouçam poucos segundos, interrompam a gravação, transcrevam o texto e voltem a ouvir.
- Finalizada a transcrição, ouçam novamente e verifiquem o que foi transcrito.

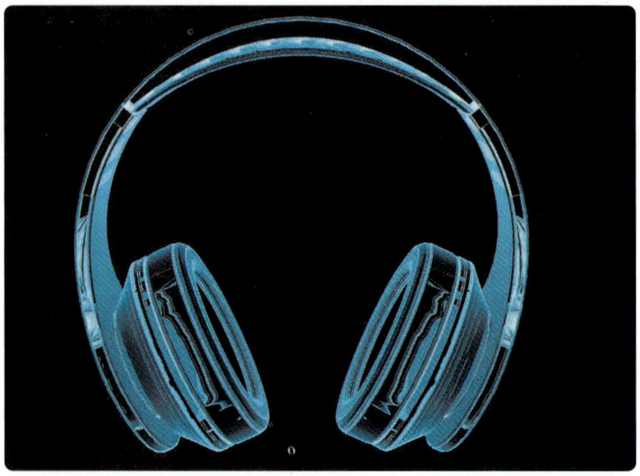

X-RAY pictures/Shutterstock

Passando a entrevista oral para a escrita

Tyler Olson/Shutterstock

- Com a transcrição e as anotações em mãos, selecionem as partes que desejam publicar.
- Procurem manter a linguagem do entrevistado, eliminando marcas de oralidade desnecessárias. Se a entrevista tiver transcorrido em um ambiente informal e descontraído e vocês desejarem recriar esse ambiente na entrevista escrita, podem optar por manter algumas dessas marcas.
- Decidam qual recurso vão utilizar para diferenciar as falas do entrevistador e as do entrevistado: o nome do grupo ou do jornal antes das perguntas e o nome do entrevistado antes das respostas, abreviações e letras maiúsculas, negrito nas perguntas, entre outras possibilidades.
- Escolham uma frase significativa do entrevistado para servir de título ou criem um título atraente com base no assunto tratado.
- Escrevam uma introdução breve, apresentando o entrevistado e o assunto tratado.
- Escolham as fotos que serão publicadas com o texto final da entrevista e criem legendas para elas.
- Se houver possibilidade, editem um trecho da entrevista original em áudio ou vídeo e disponibilizem-no com a versão digital do jornal, a fim de que os leitores e os espectadores também possam ver ou ouvir o entrevistado.

Revisão e reescrita

Antes de finalizar a versão escrita da entrevista e publicá-la no suporte final, verifiquem se:

Tyler Olson/Shutterstock

- há um título;
- a introdução antecipa algumas informações sobre o entrevistado e o assunto tratado;
- o nome do grupo ou do jornal foi colocado antes das perguntas;
- o nome do entrevistado foi colocado antes das respostas;
- a linguagem empregada condiz com a linguagem da entrevista original, com o perfil dos leitores e com a imagem que vocês desejam construir para o jornal.

Façam as alterações necessárias e salvem a versão final para utilizá-la no jornal multimídia.

Títulos e legendas

Títulos

Você viu nos capítulos desta unidade que toda matéria jornalística escrita é encabeçada por um título. Geralmente, ele constitui um resumo da informação central do texto e esse título, como você também já percebeu ao estudar a objetividade e a imparcialidade nos textos jornalísticos, pode construir a realidade narrada de uma forma ou de outra, dependendo do ponto de vista do veículo de comunicação responsável pelo texto. Ele pode, ainda, ser menos ou mais subjetivo, dependendo do texto que encabeça (se notícia, entrevista, artigo de opinião, etc.) e do veículo de comunicação no qual circula.

Leia os títulos a seguir.

I.

Virada no tempo: após calor acima de 30 °C, RS pode ter temperaturas negativas no início de novembro

(Disponível em: https://g1.globo.com/rs/rio-grande-do-sul/noticia/2022/10/26/virada-no-tempo-apos-calor-acima-de-30c-rs-pode-ter-temperaturas-negativas-no-inicio-de-novembro.ghtml. Acesso em: 17/2/2023.)

II.

Blatter assume responsabilidade por escolha do Catar para a Copa do Mundo: "Foi um erro"

(Disponível em: https://ge.globo.com/futebol/copa-do-mundo/noticia/2022/11/08/blatter-assume-responsabilidade-por-escolha-do-catar-para-a-copa-do-mundo-foi-um-erro.ghtml. Acesso em: 17/2/2023.)

III.

Grandes empresas do agronegócio propõem plano para eliminar o desmatamento até 2025; ambientalistas pedem fim imediato

(Disponível em: https://g1.globo.com/economia/agronegocios/noticia/2022/11/08/grandes-empresas-do-agronegocio-propoem-plano-para-eliminar-o-desmatamento-ate-2025-ambientalistas-pedem-fim-imediato.ghtml. Acesso em: 17/2/2022.)

IV.

Frente fria intensa pode fazer nevar no Brasil em mês inédito

(Disponível em: https://noticias.uol.com.br/cotidiano/ultimas-noticias/2022/10/25/feriado-de-finados-nova-frente-fria-traz-risco-de-neve-ao-sul.htm?cmpid=copiaecola. Acesso em: 17/2/2023.)

V.

COP 27: 14 empresas de alimentos apresentam plano para acabar com o desmatamento

(Disponível em: https://exame.com/negocios/cop27-14-empresas-de-alimentos-apresentam-plano-para-acabar-com-o-desmatamento/. Acesso em: 17/2/2023.)

VI.

Escolha do Catar como sede da Copa de 2022 foi um erro, diz ex-presidente da FIFA

(Disponível em: https://www.cartacapital.com.br/mundo/escolha-do-catar-como-sede-da-copa-de-2022-foi-um-erro-diz-ex-presidente-da-fifa/. Acesso em: 17/2/2023.)

1. Os seis títulos lidos se referem a três acontecimentos.

a) Indique quais pares dizem respeito a um mesmo fato e identifique qual é o fato noticiado em cada par.

b) Compare os títulos III e V. Quais informações são iguais e quais são diferentes sobre a mesma notícia?

c) Compare, da mesma maneira que no item **b**, os títulos II e VI.

2. Observe as formas verbais empregadas nos títulos.

a) Qual tempo e modo verbal prevalecem?

b) Troque ideias com os colegas, com o professor e levante hipóteses: Entre essas manchetes, quais narram fatos ocorridos anteriormente à publicação delas e quais narram a possibilidade de ocorrência de alguns fatos?

c) A maioria dos títulos das matérias jornalísticas apresenta verbos, usados quase sempre no tempo e no modo verbal que você identificou no item **a**. Levante hipóteses: Por que é adotado esse recurso?

3. Observe como foram escritas as palavras em cada um dos títulos.

a) Que tipo de letra é empregado no início da primeira palavra de cada título: maiúscula ou minúscula?

____

b) Quais palavras foram escritas com iniciais maiúsculas no meio dos títulos? Justifique sua resposta com exemplos dos títulos.

____

____

____

c) Em quais casos, nos títulos lidos, os termos são todos escritos com letras maiúsculas? Justifique sua resposta com exemplos dos títulos.

____

____

4. Observe a ordem dos termos nas frases que compõem cada um dos títulos.

a) Em sua maioria, eles estão na ordem direta (sujeito, verbo e complemento) ou na ordem inversa?

____

b) A opção por essa ordem confere aos textos menos ou mais objetividade?

____

5. Há, no final dos títulos, algum ponto?

____

____

____

____

Legendas

Grande parte das matérias jornalísticas é ilustrada com fotografias, gráficos e desenhos. Essas ilustrações são quase sempre acompanhadas de um texto chamado **legenda**.

Legenda é uma frase curta que normalmente tem duas funções: descrever a ilustração e dar apoio à matéria jornalística, informando sobre os fatos noticiados. Em primeiras páginas de jornal, como visto no capítulo 1 desta unidade, a fotografia com legenda pode configurar uma notícia ou chamada para uma notícia. Como no título, na legenda predominam verbos no presente do indicativo e pode ou não haver ponto-final, dependendo da opção editorial de cada veículo de comunicação.

Observe as imagens e as legendas a seguir.

I.

Mycchel Legnaghi/São Joaquim Online

No início da primavera, São Joaquim tem madrugada com neve — Foto: Mycchel Legnaghi

II.

Reprodução/RBS TV

Termômetro registra temperatura de 31°C em Porto Alegre — Foto: Reprodução/RBS TV

III.

Mauro Pimentel/AFP

Pesquisadores denunciam expansão da fronteira do desmatamento na Amazônia. Foto: Mauro Pimentel/AFP

IV.

Flavio Benedito Conceição/Getty Images

Metas para o fim do desmatamento estabelecidas para 2025 envolvem criação de gado e culturas de óleo de palma e soja (Getty Images/Getty Images)

V.

HO/AFP

Dispêndio. O governo catari gastou 220 bilhões de dólares para organizar o Mundial, o que faz do próximo o torneio mais caro da história - Imagem: FIFA/Qatar2022

EXERCÍCIOS

1. Observe as imagens e legendas da seção anterior.

   a) Deduza: Quais fotografias, com suas respectivas legendas, poderiam acompanhar as manchetes lidas por você na página 106?

b) Analise as fotografias III e IV e suas respectivas legendas. Qual aspecto descrito na legenda cada imagem destaca?

____

____

____

2. Leia as notícias a seguir e faça o que se pede.

Texto 1

Como muitas crianças de sua idade, o pequeno Nash Johnson, de apenas 8 anos, queria muito ter um videogame Xbox. Mas, ao contrário de muitos garotos na sua faixa etária, ele teve uma ideia inusitada para realizar esse desejo: o menino resolveu se candidatar a uma vaga de emprego para poder comprar o brinquedo.

Sem o conhecimento de sua mãe, Nash preencheu um formulário on-line para uma vaga de lavador de pratos em um restaurante chamado Drake's, próximo da casa onde mora, na cidade de Lexington, Kentucky (EUA). "Sou muito bom em lavar a louça", disse o menino em entrevista à afiliada da NBC, WCNC.

Estudante do ensino fundamental, Nash, claro, não tinha nenhuma experiência anterior para incluir no currículo. "Este será o meu primeiro trabalho!", escreveu o garotinho ao se aplicar para a vaga. Isso não era um problema – a questão, na verdade, era a idade dele. Afinal, ele deveria ter no mínimo 16 anos para poder se candidatar ao trabalho no restaurante.

Determinado a conseguir o videogame, Nash encontrou uma brecha no formulário de emprego. "Ele não perguntou minha idade atual e não me perguntou quando eu nasci, então eu coloquei que eu tinha 'menos de 18 anos'", relatou o garotinho.

[...]

(*Crescer*, 12/11/2022.)

Texto 2

A população de Nova Déli, na Índia, convive com um dos piores índices de qualidade do ar no mundo.

O motivo é uma combinação de fatores, que inclui padrões climáticos, emissões de indústrias e um pesado tráfego viário.

Mas é a partir de novembro que o ar da cidade – de 31 milhões de habitantes – se torna particularmente tóxico, quando agricultores em áreas vizinhas a Déli têm o hábito de queimar resíduos de colheitas.

No início deste mês, uma nuvem tóxica cobriu grandes partes da cidade.

O índice de qualidade do ar medido pelo governo identificou uma concentração de PM2.5 – poluentes minúsculos, mas perigosos – no ar de mais de 500 em vários lugares de Nova Déli.

Uma concentração considerada adequada desses poluentes é de 0 a 50. Entre 51 e 100, o índice é satisfatório. Mais de 500 é considerado "severo".

[...]

(*BBC News*, 11/11/2022.)

a) Dê um título a cada uma delas.

b) Entre as imagens a seguir, escolha a que você acha mais representativa para cada notícia lida e crie uma legenda para cada uma delas.

SeventyFour/Shutterstock

Maksym93/Shutterstock

Pornprasert Khanchitchai/Shutterstock

Mike_O/Shutterstock

3. As imagens e legendas a seguir foram divulgadas na cobertura da imprensa sobre as queimadas no Pantanal, em 2020.

I.

Frico Guimarães/SOS Pantanal

II.

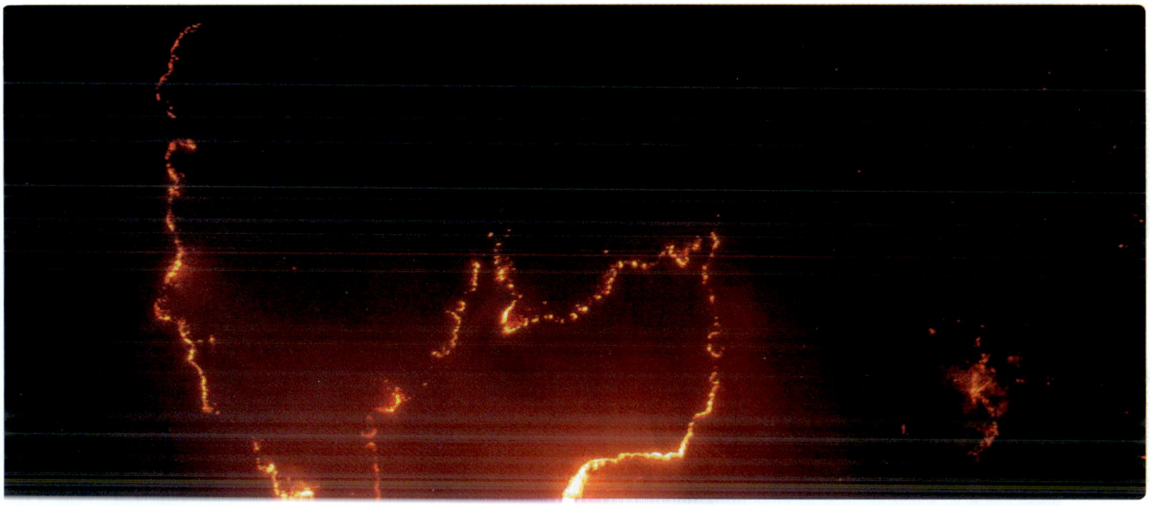

Mauro Pimentel/AFP

III.

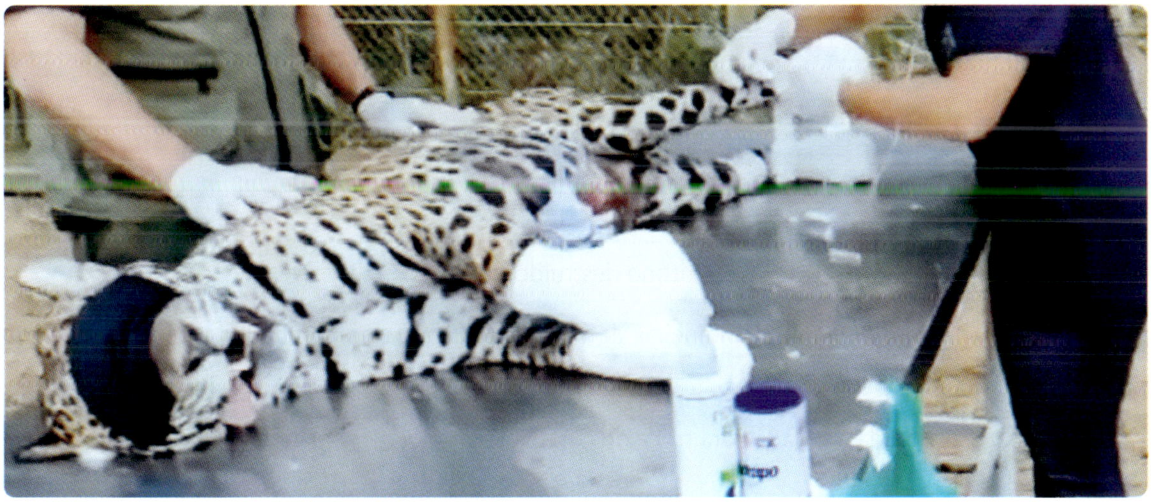

Reprodução/www.g1.globo.com

IV.

João Paulo Guimarães/AFP

V.

Mayke Toscano/Secom-MT

Relacione cada imagem à sua respectiva legenda:

( ) Biólogo segura um guaxinim, resgatado durante o mês de agosto no Pantanal.

( ) Pantanal teve 30% do seu território destruído pelo fogo

( ) Programa de Brigadas Pantaneiras da SOS Pantanal atua no combate a incêndios no Pantanal sul-mato-grossense.

( ) Onça-pintada é sedada para troca de curativos, em Goiás

( ) Vista aérea das chamas de um incêndio florestal no Pantanal, perto da Transpantaneira, no estado de Mato Grosso, em 12 de setembro de 2020.

Da mesma forma que os recursos linguísticos utilizados nos títulos contribuem para que os leitores construam suas visões em relação ao fato narrado, as imagens escolhidas, assim como as respectivas legendas, também têm um papel na construção dos fatos noticiados.

4. Leia a seguinte manchete e observe a foto que acompanha a notícia:

Esporte coletivo combate o sedentarismo e ajuda na socialização de crianças

Marko Pekic/Getty Images

(*Viva Bem*, 25/3/2022.)

a) Qual é a relação entre a foto e a manchete?

b) A foto foi publicada sem legenda. Qual legenda você criaria para ela?

c) Suponha que as imagens a seguir substituíssem a imagem original nessa mesma notícia. Crie legendas para elas nesse contexto, considerando o fato principal narrado.

Antonio Guillem/Shutterstock

Ground Picture/Shutterstock

Compare os títulos, os subtítulos, as imagens e as legendas de dois textos jornalísticos sobre um mesmo fato, publicados em portais de notícias, e responda às questões 5 a 8.

Texto 1

Impactos da crise climática no campo podem deixar brasileiro com menos feijão no prato, diz pesquisa

Produtividade das lavouras se contrapõe à expectativa de maior demanda pelo produto projetada para 2050. Pesquisadores sugerem investimento na geração [de] grãos mais tolerantes às altas temperaturas entre as possíveis soluções.

Por Anaísa Catucci, g1 – 10/03/2023 05h03

Marcelo Camargo/Agencia Brasil

Produção de feijão no Brasil terá de crescer em torno de 44% até 2050 — Foto: Marcelo Camargo/Agência Brasil

(Disponível em: https://g1.globo.com/economia/agronegocios/noticia/2023/03/10/impactos-da-crise-climatica-no-campo-podem-deixar-brasileiro-com-menos-feijao-no-prato-diz-pesquisa.ghtml. Acesso em: 14/4/2023.)

Texto 2

Aumento da temperatura vai afetar a produção de feijão no Brasil

Região Centro-Oeste e estados de Minas Gerais e da Bahia podem ser mais afetados

Por: Redação CicloVivo – 7 de março de 2023

Marcelo Camargo/Agencia Brasil

A produção de feijão no Brasil terá de crescer em torno de 44% para atender a demanda. | Foto: Imso gabriel | Unsplash

(Disponível em: https://ciclovivo.com.br/planeta/crise-climatica/aumento-da-temperatura-vai-afetar-a-producao-de-feijao-no-brasil/. Acesso em: 14/4/2023.)

5. Os dois textos abordam impactos futuros na produção de feijão no Brasil.

a) Como o primeiro título nomeia a causa desse problema? E o segundo?

b) Troque ideias com os colegas e responda: Qual dos dois títulos sugere maior gravidade à causa do problema? Justifique sua resposta.

c) Compare estes trechos dos títulos:

I. "deixar brasileiro com menos feijão no prato"
II. "afetar a produção de feijão no Brasil"

Com base nessa comparação, responda: Qual é a diferença de sentido entre eles quanto à abordagem do fato noticiado?

6. Os subtítulos trouxeram informações diferentes sobre o mesmo fato. Quais informações cada um deles valorizou?

7. Em um dos títulos, é feito o gerenciamento de vozes, isto é, uma afirmação é identificada como a de outro enunciador que não o jornalista.

a) Em qual título esse recurso é utilizado?

b) Por meio de qual expressão reconhecemos essa outra voz? Deduza: Quem é esse outro enunciador?

c) Compare os dois títulos e responda: Quais são os efeitos de sentido construídos por meio da estratégia de gerenciamento de vozes?

8. Analise as imagens que acompanham os textos. Qual é a relação de cada uma delas com o título escolhido?

OFICINA DE CRIAÇÃO

Projeto » Multinotícias

Nesta unidade, você e os colegas produziram notícias e entrevistas para compor o jornal da turma em diferentes mídias: em versão impressa, *on-line*, em vídeo e áudio. Neste capítulo, vocês vão organizar o material produzido, distribuir ou expor a versão impressa e colocar a versão *on-line* no ar.

A seguir você verá sugestões de trabalhos e algumas orientações para a montagem do jornal, cujo título pode ser **Multinotícias** ou outro que a turma prefira. Os leitores do jornal serão familiares, amigos, professores e funcionários da escola, colegas de outras turmas e internautas em geral.

1. Montando o jornal impresso

Para a versão impressa, vocês devem se organizar em grupos. Cada grupo ficará responsável por um número do jornal, no qual serão inseridos apenas os textos dos alunos daquele grupo ou uma seleção desses textos, para que o jornal não fique tão extenso.

- Definam qual formato impresso funcionará melhor para vocês, tendo em vista as condições de produção: jornal em cadernos ou em mural.
- Reúnam todo o material produzido nesta unidade: as notícias e as entrevistas.
- Decidam como vão organizar o material: se vão juntar os textos por gêneros, isto é, as notícias e as entrevistas, cada uma em um conjunto de textos, ou se preferem intercalar os gêneros, juntando, por exemplo, notícias e entrevistas com assuntos afins.
- Ao editar os textos, levem em conta o formato escolhido para o jornal para definir a extensão dos textos, o tamanho das letras, a presença de imagens, entre outras questões relevantes. Caso julguem que algum texto está muito longo para ser publicado nas versões impressas, vocês podem usar a estratégia de inserir a nota "Leia mais sobre este assunto na versão digital", divulgando o endereço em que a versão digital está hospedada.
- Diagramem o material em um formato jornalístico, isto é, disponham os textos em colunas, usem nos títulos letras de tamanho grande e explorem recursos como negrito, itálico, maiúsculas, etc.
- Insiram fotos ou ilustrações relacionadas às matérias e escrevam legendas para acompanhar as imagens.
- Aproveitem para divulgar a versão digital do jornal, informando que nela há versões expandidas dos textos do jornal impresso, além de outros textos inéditos.

Cassandra Cury/Pulsar Imagens

2. Criando um *blog* ou um *site*

Participem da criação de um *blog* ou de um *site* da turma para publicar nele o jornal. Para isso, procurem tutoriais na internet ou, se possível, peçam ajuda ao professor de Informática ou Robótica da escola.

3. Montando o jornal multimídia

- Assim como fizeram para a versão impressa do jornal, reúnam o material produzido nesta unidade: as notícias e as entrevistas.
- Como o espaço *on-line* não tem os limites do jornal impresso, não há necessidade de cortes no texto. Assim, vocês podem utilizar os textos na íntegra e não precisam fazer uma seleção prévia, podendo publicar os textos de todos os alunos nesse espaço.
- A versão *on-line* será multimídia: vai apresentar textos escritos, vídeos e áudios, além dos registros fotográficos, gráficos e infográficos relacionados aos textos produzidos. Para isso, cada grupo deve pesquisar ou produzir imagens relacionadas às notícias e entrevistas produzidas. Além disso, *links* para matérias jornalísticas relacionadas aos temas dos textos dos grupos podem ser inseridos como *hiperlinks* no jornal da turma.
- É importante que vocês estabeleçam uma organização criteriosa e criem um menu para o jornal *on-line*, com subtítulos que dividam os textos de vocês tanto pelo gênero (se notícia ou entrevista) quanto pelo assunto principal (variedades, política, esportes, literatura, serviços à comunidade, meio ambiente, etc.).

SurfsUp/Shutterstock

- Ao publicar as entrevistas escritas no *site* ou no *blog*, editem parte do material delas em pequenas "pílulas" (vídeos ou áudios bem curtos), para disponibilizar aos leitores como um bônus: pode ser algum trecho de fala do entrevistado que não tenha sido publicado na versão escrita ou um trecho mais polêmico, engraçado, emocionante, reflexivo, enfim, que vocês julguem merecedor de destaque por algum motivo.
- Publiquem as demais entrevistas em áudio ou vídeo.
- Quando as versões do jornal estiverem concluídas, peçam a outros colegas que as leiam e/ou assistam a elas e as avaliem. Com base nas sugestões deles, façam as modificações que acharem convenientes.
- Divulguem o endereço da versão *on-line* para outras turmas, amigos, familiares, funcionários e professores da escola.

Como produzir *hiperlinks*?

No editor de texto, abram o arquivo da notícia ou entrevista. Selecionem a palavra que, ao ser clicada, abrirá o *hiperlink* ou criem uma expressão para isso: colocar entre parênteses algo como *para saber mais, clique aqui*.

Com a palavra ou expressão selecionada, vão em "Inserir > link". No menu à esquerda, selecionem a opção "Página da Web". Copiem o endereço de destino e colem no espaço "Endereço". Cliquem em "OK".

UNIDADE

3 Diga não à violência: todos merecem respeito

Esta unidade de ensino contempla:

22 habilidades da BNCC

Habilidades do campo jornalístico-midiático e de atuação na vida pública, com foco na criação de propaganda, carta aberta e abaixo-assinado.

5 gêneros textuais

Discussão em grupo, propaganda, texto de campanha comunitária, carta aberta, abaixo-assinado.

2 recursos: Para escrever com adequação e Para escrever com coesão

Estratégias de persuasão; coesão referencial e coesão sequencial.

59 atividades: compreensão, interpretação, oralidade e escrita

Diversas atividades individuais e em grupo; propostas de criação de cartazes, propagandas, cartas abertas e abaixo-assinados.

Projeto: Oficina de Criação

Participar com os colegas do lançamento de uma campanha comunitária, com a leitura pública de uma carta aberta e a entrega de um abaixo-assinado.

Dizem (Quem me dera)

o mundo está bem melhor
do que há cem anos atrás, dizem
morre muito menos gente
as pessoas vivem mais

ainda temos muita guerra
mas todo mundo quer paz, dizem
tantos passos adiante
e apenas alguns atrás

[...]

temos inteligência
pra acabar com a violência, dizem
cultivamos a beleza,
arte e filosofia

[...]

quem me dera
não sentir mais medo
quem me dera
não me preocupar
quem me dera
não sentir mais medo algum

(Compositores: Arnaldo Antunes, Marisa Monte, Dadi Carvalho. *In*: Arnaldo Antunes. *Disco*. São Paulo: Rosa Celeste, 2013.)

Biry Sarkis/Acervo da editora

FIQUE LIGADO! *Pesquise!*

O contador de histórias, de Luiz Villaça; *Billy Elliot*, de Stephen Daldry; *Mãos talentosas — A história de Ben Carson*, de Thomas Carter; *Quando a casa é a rua*, de Thereza Jessouroun; *A alma da gente*, de Helena Solberg e David Meyer; *A visita*, de Leandro Corinto; *Numa escola de Havana*, de Ernesto Daranas; *Pele 1 real*, de Aline Guimarães; *Entre os muros da escola*, de Laurent Cantet; *A corrente do bem*, de Mimi Leder; *Pro dia nascer feliz*, de João Jardim; *ANA*, de Vitória Felipe dos Santos.

Reprodução/Warner Bros.

Reprodução/Editora Seguinte

Todos contra Dante, de Luís Dill (Seguinte); *Jogo duro*, de Eliana Martins (Editora do Brasil); *Basta de cidadania obscena*, de Mario Sergio Cortella e Marcelo Tas (Papirus); *Não se desespere! — provocações filosóficas*, de Mario Sergio Cortella (Vozes); *Todos contra todos — o ódio nosso de cada dia*, de Leandro Karnal (Leya); *Almanaque da cidadania*, de João Pedro Roriz (Paulus); *O que é que eu posso fazer*, de Tânia Alexandre Martinelli (Atual).

- *Paz, como se Faz? Semeando cultura de paz nas escolas*, de Lia Diskin e Laura Gorresio Roizman (Unesco). Disponível em: https://unesdoc.unesco.org/ark:/48223/pf0000178538.
- Campanha Saber Amar É Saber Respeitar — Cartilha de combate à violência nas escolas. Disponível em: https://campanhasaberamar.com.br/conteudo-educativo/.
- Campanha Saber Amar É Saber Respeitar — Cartilha pela paz nas escolas. Disponível em: https://campanhasaberamar.com.br/wp-content/uploads/2017/11/campanha-combate-violencia-nas-escolas-cartilha-WEB-mobile.pdf

Reprodução/Unesco

"Cidadão", de Emicida; "Cidadão", de Zé Geraldo; "Haiti", de Caetano Veloso e Gilberto Gil; "Respeito", de Arnaldo Antunes; "Diversidade", de Lenine.

- https://respeitarepreciso.org.br/
- https://museudapessoa.org/
- http://www.caminhosparaacidadania.com.br/
- https://campanhasaberamar.com.br/

FIQUE LIGADO! *Escreva!*

Lembre-se de algum conflito que ocorreu em sua cidade, no seu Estado, no Brasil ou no mundo. Identifique o problema que desencadeou o conflito e tente descobrir quem são os responsáveis por ele. Em seguida, pesquise campanhas que abordam um tema relacionado ao problema que você identificou. Compartilhe os resultados dessa pesquisa com os colegas e, juntos, pensem em estratégias para resolver pacificamente esse tipo de conflito e registrem as ideias em um cartaz para ser afixado na sala de aula.

Na sociedade em que vivemos, sempre nos deparamos com textos cuja função principal é **convencer** os interlocutores. As propagandas, por exemplo, nos incentivam a aderir a uma ideia ou a nos engajar em uma causa. Os anúncios publicitários nos incitam a comprar ou consumir um produto ou serviço. Nas diversas mídias, ao lado de textos que incentivam o consumo, também circulam textos que informam, comentam, opinam e discutem os direitos do cidadão na sociedade contemporânea.

Existem alguns gêneros textuais que estão diretamente relacionados com essas formas de interação social: o **texto de campanha comunitária**, a **discussão em grupo**, a **carta aberta**, o **abaixo-assinado**, a **propaganda** e o **anúncio publicitário**. Que tal conhecer um pouco mais sobre esses gêneros? No dia combinado com o professor, traga para a sala de aula textos representativos desses gêneros. Troque os textos com os colegas, a fim de confrontar impressões e trocar experiências sobre esses gêneros.

Allen.G/Shutterstock

Times Square, em Nova York.

O poder da argumentação

As peças publicitárias, que circulam majoritariamente nos campos jornalístico-midiático e da vida pública, têm por objetivo principal vender um produto ou promover um comportamento ou uma forma de pensar. O **anúncio publicitário** está relacionado ao consumo e busca convencer os interlocutores a comprar um produto ou serviço. Já a finalidade da **propaganda** é persuadir o público a aderir a uma ideia. O **texto de campanha comunitária** busca convencer o público a participar de uma causa, de uma ação.

A discussão em grupo, a carta aberta e o abaixo-assinado estão relacionados com a atuação na vida pública e a prática cidadã dos indivíduos, já que expressam posicionamentos, protestos e reivindicações de determinadas pessoas, grupos ou entidades. Assim, enquanto a **discussão em grupo** satisfaz a necessidade do ser humano de opinar e conhecer diferentes opiniões sobre determinado assunto, a **carta aberta** e o **abaixo-assinado** são instrumentos capazes de mobilizar e conscientizar pessoas e interferir nos rumos da sociedade, ou seja, são gêneros relacionados com ações políticas e sociais.

Rawpixel.com/Shutterstock

Apesar das diferenças que existem entre esses gêneros quanto ao seu papel social e à forma como circulam, todos eles têm algo em comum: a **argumentação**. Saber construir e empregar argumentos adequados pode ser decisivo para o sucesso da comunicação.

O anúncio publicitário, a propaganda, a discussão em grupo, o texto de campanha comunitária, a carta aberta e o abaixo-assinado ao longo do tempo

É difícil precisar quando as primeiras discussões em grupo ocorreram, mas é provável que esse gênero tenha surgido quando as pessoas passaram a ter liberdade para expor suas ideias e para trabalhar em equipe.

Já o anúncio publicitário, a propaganda, o texto de campanha comunitária, a carta aberta e o abaixo-assinado estão relacionados com a própria história da sociedade e da imprensa modernas, cuja origem se deu no século XVIII, quando a informação e a liberdade de expressão passaram a ser valorizadas.

Com a Revolução Francesa (1789), difundiu-se a ideia de que todos têm os mesmos direitos e podem fazer valer suas opiniões e interesses, seja participando diretamente de discussões políticas e assembleias, seja manifestando-se por meio de abaixo-assinados e cartas abertas, entre outras formas.

Depois da invenção do rádio, da TV e da internet, esses gêneros passaram a circular em diferentes suportes. Atualmente, podemos nos deparar, por exemplo, com um abaixo-assinado nas mãos de um manifestante e, ao mesmo tempo, publicado em um *site*, divulgado nas redes sociais, no qual se colhem as assinaturas eletronicamente. Da mesma forma, a discussão em grupo pode se configurar como um programa televisivo ou uma *live* em rede social.

O anúncio publicitário vem sofrendo muitas transformações à medida que surgem novos suportes e tecnologias. Por exemplo, no lugar da simples mensagem publicitária "consuma" ou "compre tal produto", hoje o leitor pode ser surpreendido com um *spam* na tela de seu computador, com músicas (ou *jingles*) nos programas de rádio, com diálogos, imagens e música nos anúncios de TV, com recursos gráficos surpreendentes, como os anexos de jornais e revistas, e até com formas insólitas de interação, como uma pessoa ficar o dia todo pendurada num *outdoor* a fim de chamar a atenção dos transeuntes sobre o produto anunciado.

Tapati Rinchumrus/Shutterstock

OFICINA DE CRIAÇÃO

Projeto » Campanha *Respeito e Paz*

Nesta unidade, você vai participar com os colegas da organização e do lançamento da **Campanha Respeito e Paz**, por meio da qual vão fazer circular todo o material produzido pela turma (cartazes, propagandas, cartas abertas e abaixo-assinados). No dia do lançamento da campanha, além de assistirem a uma palestra, vocês vão fazer a leitura pública de uma carta aberta e entregar um abaixo-assinado a uma autoridade da escola. Por fim, vão promover uma discussão com colegas, pais, professores e diretores sobre *bullying*, violência e paz nas escolas e sobre meios para levar a campanha adiante.

CAPÍTULO

1 A discussão em grupo

O GÊNERO EM FOCO

Na maior parte do nosso dia, em casa, na escola, no trabalho, na rua ou em momentos de lazer, conversamos com nossos familiares, amigos, colegas, professores, etc. de maneira espontânea e descontraída, sem seguir normas preestabelecidas entre locutor e interlocutor quanto ao modo de usar a língua. Em outras situações, entretanto, como em um debate regrado público, por exemplo, há normas a serem seguidas. A discussão em grupo, o debate regrado, o debate deliberativo, a entrevista, o seminário, a palestra, a mesa-redonda são exemplos de **gêneros orais públicos**. Esses gêneros são utilizados em escolas, programas de rádio e televisão, empresas, sindicatos, sociedades de bairros, etc.

O que é uma discussão em grupo?

A discussão em grupo é um gênero argumentativo oral. Equivale a um pequeno debate no qual cada participante do grupo defende seu ponto de vista sobre determinado assunto. Os assuntos são bastante variáveis. Pode-se discutir em grupo não só um assunto polêmico do momento como também um livro, um filme, etc.

A discussão em grupo é bastante comum na escola, mas pode ocorrer também em outras situações sociais, por exemplo, no trabalho, em reuniões sindicais, comunitárias ou empresariais.

Sua realização geralmente tem em vista certos objetivos. Assim, analisa-se um filme ou livro para se escrever, posteriormente, uma crítica; examina-se um assunto ou um problema, levantando-se prós e contras, para estabelecer normas para o regimento interno de uma escola ou empresa, decidir que ações realizar numa comunidade ou bairro, redigir um documento, preparar a organização de um evento, etc. Por essa razão, discussões em grupo costumam ser seguidas da produção de outros gêneros textuais, orais ou escritos.

Com a orientação do professor, assista na plataforma Plurall ao vídeo *Discussão em grupo*. Depois, leia a transcrição, apresentada a seguir, de uma parte da discussão que é feita no vídeo. Dessa discussão participaram quatro alunos, identificados como locutora 1 (L1), locutor 2 (L2), locutora 3 (L3) e locutora 4 (L4).

VH-studio/Shutterstock

Como combater o *bullying* na escola?

L1 — Bom, gente, vamos começar o trabalho do *bullying*?

L3 — Claro.

L1 — Então, a gente precisa de um relator, né?

L3 — Eu posso fazer. Posso ser... tá...

L1 — Então, pra começo, acho assim, o César, ele me contou que ele tava indo no banheiro e ele viu os caras do terceiro colegial afogando a cabeça dum menino da 5ª série na privada... ah... tipo...

L2 — Eh... Ah... sabe o Dudu? Então, o Otávio sempre bate nele... O Otávio, o grandão, e agora ele falou assim... chegou pro Dudu e falou: "Agora, toda vez que você me vê passando na escola, cê vai ter que cantar *jingle bells*".

[...]

L4 — Às vezes, isso chega a um ponto que, em algumas escolas, a pessoa que está sendo zuada, ela chega a matar todo mundo.

L1 — Gente, o que leva uma pessoa a fazer isso?

L2 — É... O que leva uma pessoa a tirar sarro da outra, né?

L1 — Ah... a gente tinha que ver uma forma de resolver, pelo menos tentar ajudar a resolver isso.

L2 — A gente... a gente precisa divulgar essa ideia, né?

L1 — Ahn, ahn.

L2 — Por que a gente não coloca uns cartazes... assim, uns cartazes grandes, bem chamativos?

L1 — Com umas fotos...

L4 — É, essa é uma ideia boa...

L3 — Pode funcionar...

[...]

L1 — Ah, sabe o que eu pensei? Muitas escolas americanas já fizeram. Porque lá tem muito *bullying*, né? Tipo uma peça de teatro!... Com a escola! Só... tipo... não uma pecinha da escola... tipo a peça da escola... sabe... só que assim uma coisa também forte que chame a atenção das pessoas.

L2 — Tem de chamar a atenção.

[...]

L2 — A ideia do teatro é uma boa mesmo.

L4 — Ah... se a gente pegar a pessoa que tá... sei lá... a pessoa que tá sofrendo e ela falar com as outras pessoas?

L3 — Então... talvez não seja uma boa ideia porque a gente ia expor essa pessoa um pouco demais.

[...]

L3 — A gente podia, além de falar com os alunos, falar com o diretor também.

L1 — Será que o diretor está a par de tudo o que acontece?

L4 — Eu acho que em alguns casos ele sabe, mas não tem muito como resolver isso.

[...]

L1 — Sabe do que eu tenho medo? Tudo bem... a gente tem que ter essa iniciativa mesmo, mas eu tenho medo... do tipo... do Otávio... dessas pessoas... assim... chegarem e, meu, sei lá, cobrarem a gente... sabe?..., porque eles nunca zuaram a gente, nunca fizeram nada... tipo...

L2 — Ah não, mas não... não... acho que não... e, se a gente não tiver iniciativa, quem que vai ter pra fazer alguma coisa a respeito?

L3 — Alguém tem que mudar isso.

[...]

L1 — É verdade... bom... então quais são as ideias?

L3 — Então a gente vai divulgar com cartazes, fazer o teatro, falar com as classes, com o diretor e com os pais também... né? Talvez.

[...]

L1 — Tá bom.

L4 — É, ficou bom.

L1 — Acho que é isso... ficou bom... a gente fala... então... É isso.

L3 — Então tá.

Com a orientação do professor, reúna-se com seus colegas de grupo para responder às questões a seguir.

1. Assim como qualquer outro gênero, a discussão em grupo é produzida em determinada situação e cumpre uma finalidade.

a) Quem são os participantes dessa discussão em grupo? O que eles discutem?

BearFotos/Shutterstock

b) Qual é o objetivo dela?

2. Uma discussão em grupo tem uma estrutura relativamente livre. Apesar disso, normalmente obedece a determinados procedimentos e segue certos passos.

a) Qual é o papel do relator no grupo?

b) Na **introdução** da discussão em grupo em estudo, o que fazem os participantes?

c) O que fazem no **desenvolvimento**?

d) Como é a **conclusão** da discussão?

3. Durante o desenvolvimento da discussão em grupo, os participantes costumam atuar apresentando o que sabem sobre o assunto, fazendo comentários, exemplificando, levantando hipóteses, justificando, fazendo propostas, etc. Identifique no texto um exemplo de:

a) levantamento de hipótese;

b) apresentação de proposta;

c) exemplificação.

4. Em alguns gêneros orais, como o debate, existem regras para poder falar. Na discussão em grupo em exame, a troca de falas é espontânea ou é regrada?

SDI Productions/Getty Images

5. Observe a linguagem empregada pelos participantes.

a) De que tipo ela é?

b) Ela é compatível com o gênero e com a situação? Por quê?

6. Imagine que você faça parte da mesma discussão em grupo. Qual proposta você faria? E qual das propostas realizadas pelos participantes você apoiaria?

7. Com a orientação do professor, reúna-se com alguns colegas para preencher as lacunas do quadro a seguir com as características básicas da discussão em grupo.

Discussão em grupo: construção e recursos expressivos	
Quem são os interlocutores da discussão em grupo?	
Qual é o objetivo da discussão em grupo?	
Onde a discussão em grupo circula?	
Quais temas são abordados na discussão em grupo?	
Como é a estrutura da discussão em grupo?	
Como se caracteriza a linguagem da discussão em grupo?	

AGORA É A SUA VEZ

Ao final desta unidade, você e os colegas vão organizar uma campanha pelo respeito e pela cultura da paz dentro da escola. Neste capítulo, vocês vão começar a preparar essa campanha discutindo leis, participando de discussões em grupo, fazendo apontamentos, resumindo as discussões e tomando decisões.

A seguir, há duas propostas para a realização de discussão em grupo. Forme um grupo com alguns colegas e, com a orientação do professor, participe das duas discussões.

Proposta 1

Conhecendo e discutindo as leis

O desrespeito pelo outro e a falta de compreensão sobre as diferenças entre as pessoas podem gerar, na escola, o que ficou conhecido como *bullying*. Você sabia que o *bullying* é proibido por lei? Conheça o que dizem os artigos 5º e 227º da Constituição Federal, o principal código de leis existente no Brasil, e a Lei n. 13.185, assinada pela então presidenta Dilma Rousseff em 2015.

Texto 1

Constituição Federal

Art. 5º Todos são iguais perante a lei, sem distinção de qualquer natureza, garantindo-se aos brasileiros e aos estrangeiros residentes no País a inviolabilidade do direito à vida, à liberdade, à igualdade, à segurança e à propriedade, nos termos seguintes:

I – homens e mulheres são iguais em direitos e obrigações, nos termos desta Constituição;

II – ninguém será obrigado a fazer ou deixar de fazer alguma coisa senão em virtude de lei;

III – ninguém será submetido a tortura nem a tratamento desumano ou degradante;

[...]

X – são invioláveis a intimidade, a vida privada, a honra e a imagem das pessoas, assegurado o direito a indenização pelo dano material ou moral decorrente de sua violação;

[...]

Art. 227 É dever da família, da sociedade e do Estado assegurar à criança, ao adolescente e ao jovem, com absoluta prioridade, o direito à vida, à saúde, à alimentação, à educação, ao lazer, à profissionalização, à cultura, à dignidade, ao respeito, à liberdade e à convivência familiar e comunitária, além de colocá-los a salvo de toda forma de negligência, discriminação, exploração, violência, crueldade e opressão.

(Disponível em: https://www.planalto.gov.br/ccivil_03/constituicao/constituicao.htm. Acesso em: 22/2/2023.)

Texto 2

Lei nº 13.185, de 6 de novembro de 2015

Institui o Programa de Combate à Intimidação Sistemática (*Bullying*).

A PRESIDENTA DA REPÚBLICA Faço saber que o Congresso Nacional decreta e eu sanciono a seguinte Lei:

Art. 1º Fica instituído o Programa de Combate à Intimidação Sistemática (*Bullying*) em todo o território nacional.

§ 1º No contexto e para os fins desta Lei, considera-se intimidação sistemática (*bullying*) todo ato de violência física ou psicológica, intencional e repetitivo que ocorre sem motivação evidente, praticado por indivíduo ou grupo, contra uma ou mais pessoas, com o objetivo de intimidá-la ou agredi-la, causando dor e angústia à vítima, em uma relação de desequilíbrio de poder entre as partes envolvidas.

§ 2º O Programa instituído no *caput* poderá fundamentar as ações do Ministério da Educação e das Secretarias Estaduais e Municipais de Educação, bem como de outros órgãos, aos quais a matéria diz respeito.

Art. 2º Caracteriza-se a intimidação sistemática (*bullying*) quando há violência física ou psicológica em atos de intimidação, humilhação ou discriminação e, ainda:

I – ataques físicos;

II – insultos pessoais;

III – comentários sistemáticos e apelidos pejorativos;

IV – ameaças por quaisquer meios;

V – grafites depreciativos;

VI – expressões preconceituosas;

VII – isolamento social consciente e premeditado;

VIII – pilhérias.

myboys.me/Shutterstock

Parágrafo único. Há intimidação sistemática na rede mundial de computadores (*cyberbullying*), quando se usarem os instrumentos que lhe são próprios para depreciar, incitar a violência, adulterar fotos e dados pessoais com o intuito de criar meios de constrangimento psicossocial.

Art. 3º A intimidação sistemática (*bullying*) pode ser classificada, conforme as ações praticadas, como:

I – verbal: insultar, xingar e apelidar pejorativamente;

II – moral: difamar, caluniar, disseminar rumores;

III – sexual: assediar, induzir e/ou abusar;

IV – social: ignorar, isolar e excluir;

V – psicológica: perseguir, amedrontar, aterrorizar, intimidar, dominar, manipular, chantagear e infernizar;

VI – físico: socar, chutar, bater;

VII – material: furtar, roubar, destruir pertences de outrem;

VIII – virtual: depreciar, enviar mensagens intrusivas da intimidade, enviar ou adulterar fotos e dados pessoais que resultem em sofrimento ou com o intuito de criar meios de constrangimento psicológico e social.

(Disponível em: https://www.planalto.gov.br/ccivil_03/_ato2015-2018/2015/lei/l13185.htm. Acesso em: 22/2/2023.)

Em grupo, discutam as questões a seguir, entre outras possíveis:

1. Qual é a diferença entre os artigos 5º e 227º da Constituição Federal e a Lei n. 13.185?
2. Por que o *bullying* e o *cyberbullying* desrespeitam os artigos 5º e 227º da Constituição Federal?
3. Que aspectos da Lei n. 13.185 estão sendo desrespeitados quando:
   - um grupo de estudantes rouba o dinheiro e o lanche de outro(a) aluno(a)?
   - um(a) estudante é vítima de violência física dentro ou fora da escola?
   - um(a) estudante sofre violência verbal, com xingamentos e zombaria?
   - uma pessoa é vítima de difamação na internet e nas mensagens de WhatsApp?
   - uma pessoa publica na internet fotos manipuladas por programas de edição, retratando a vítima como mais gorda, mais magra, mais alta, mais baixa ou acentuando traços dela?
   - uma pessoa chantageia outra, ameaçando publicar fotos íntimas dela na internet?

Proposta 2

Discutindo a violência nas escolas e buscando soluções para a construção de uma cultura de paz

Você assistiu ao vídeo com uma discussão oral sobre como resolver o *bullying* na escola. O *bullying* é uma forma de violência que pode ser combatida com a construção de uma cultura de paz.

Leia o texto a seguir, retirado da cartilha *Paz, como se Faz? Semeando cultura de paz nas escolas*, da Unesco.

Rejeitar a violência

O primeiro princípio da ação não-violenta é a não-cooperação com tudo que é humilhante.

Mahatma Gandhi

maxstockphoto/Shutterstock

Assim que se vê livre da casca do ovo, a tartaruga marinha corre para o mar. Imediatamente pronta para a vida, ela não tem dúvidas sobre o que fazer, nem erra o caminho para o seu destino natural. Quem dera fosse assim com os humanos! Nós não só precisamos de muita ajuda e treino até conseguir ficar em pé, como às vezes levamos anos para encontrar a melhor direção a seguir. O ser humano, não há dúvida, não se cria nem se forma sozinho. Outras pessoas nos alimentam, cuidam de nós quando ficamos doentes, nos dão o afeto que vai se tornar o alicerce de nossa identidade, nos ensinam a descobrir um passado com outras culturas e civilizações que nos fazem entender as relações humanas. Relações experimentadas a cada dia, na família, na escola, no trabalho, no lazer.

Mas se está claro que dependemos dos outros para viver, que sempre estaremos junto com os integrantes de qualquer grupo ao qual pertencermos, não é tão simples administrar essa convivência. Não é fácil nos articular em sociedade de forma que todos possam crescer e expressar seus desejos, sem ferir o direito dos outros fazerem a mesma coisa. Ou seja, estar juntos exige cuidados, concessões mútuas, reciprocidade, confiança. Todos esses pilares do convívio social sofrem abalos (algumas vezes fatais) quando atingidos por atitudes de violência, destruição, exploração, humilhação. Nesses momentos, todos perdem, ninguém se beneficia. Mesmo que a curto prazo pareça haver um "ganhador", ele próprio pode ser o "perdedor" no próximo confronto. E assim se delineia o infernal ciclo da violência, comprovado pelos casos de vinganças e retaliações noticiados todos os dias na TV e nos jornais.

Recorrer à violência significa abrir mão de tudo o que aprendemos e conquistamos durante um processo milenar de civilização. Significa ignorar avanços como a abolição da escravatura; a derrubada de regimes de governo opressores; a Declaração Universal dos Direitos do Homem, com o reconhecimento de que todas as raças, culturas e expressões religiosas têm o mesmo valor e enriquecem a diversidade humana; o direito universal à educação e a usufruir do patrimônio cultural de nossa espécie; a justiça que garante às mulheres o exercício pleno de suas capacidades; os direitos dos trabalhadores de reivindicar melhores condições para o exercício de suas profissões; a opção na Constituição Federal de garantir cidadania plena à infância e à juventude, regulamentada depois pelo Estatuto da Criança e do Adolescente, que abriu caminhos sem precedentes para assegurar direitos individuais e sociais.

Sabemos que essas conquistas, entre outras, ainda não são suficientes para atender às nossas necessidades de segurança, oportunidades, conhecimento, lazer, exercício de cidadania, liberdade, criatividade. Porém, a maior parte dessas vitórias foi possível porque pessoas se dispuseram a negociar, argumentar, dialogar, buscar consenso, resistir e não cooperar com injustiça e abuso de poder.

[...]

Gandhi costumava dizer: "Pode-se garantir que um conflito foi solucionado segundo os princípios da não-violência se não deixa nenhum rancor entre os inimigos e os converte em amigos". Embora pareça apenas um conjunto de palavras bonitas, essa diretriz foi testada na prática, com muitos de seus oponentes, que se tornaram seus admiradores e até colaboradores.

abbybaok89/Shutterstock

Ilustração do líder pacifista indiano Mohandas Karamchand Gandhi (1869-1948), mais conhecido como Mahatma Gandhi.

[...]

Como um bumerangue que volta ao ponto de partida, o uso da violência para compensar frustrações e desapontamentos resulta em sentimentos de impotência e em mais frustração. Ao agredir alguém, damos a essa pessoa o direito de nos agredir também, e acabamos por "armar" o outro com os mesmos instrumentos dos quais queremos nos desvencilhar.

Esse círculo vicioso só se quebra se resistirmos ao ímpeto emocional, ao ódio e à raiva — barreiras que ofuscam sentimentos preciosos como a compaixão, a solidariedade e a capacidade de perdão. "Perdi a cabeça", "fiquei fora de mim". Não são essas as expressões que usamos toda vez que agredimos alguém? E o que elas querem dizer? Que reconhecemos ter agido por impulso, de modo irrefletido e ignorante. Mais ainda, que não aceitamos esse comportamento como digno de nós mesmos — e, igualmente, não o aceitamos no outro.

Nós humanos, assim como os primatas, somos sensíveis ao princípio de empatia, uma espécie de tendência para se colocar no lugar da outra pessoa. Esse sentimento nos faz solidários ao sofrimento das outras pessoas, sobretudo se formos nós os agentes dessa aflição. Nessas circunstâncias, experimentamos um misto de arrependimento, vergonha e compaixão. Pensamos em fazer qualquer coisa para voltar atrás e evitar o acontecido. Tal sensação, apesar de dolorosa, mostra a aspiração natural de não desejar prejudicar ninguém.

A violência, entretanto, nem sempre tem um alvo preciso ou um agressor identificável. Há violência nos preconceitos que impedem uma pessoa de exercer seus direitos e desenvolver suas potencialidades pelo simples fato de ter uma raça, um gênero, uma cultura, uma condição social, uma religião, uma capacidade física especial. Há violência nos sistemas políticos e econômicos que reforçam disparidades de oportunidades, erodindo o tecido social e gerando exclusão, desemprego, miséria e indignidade.

Há violência nos desvios de recursos públicos que deveriam promover plena sociabilidade, fundada na segurança que nasce da liberdade e da igualdade de acesso aos bens naturais e culturais que são patrimônio de todos — e não apenas de alguns. Há violência nos discursos que domesticam e criam resignação, ao repetir uma e outra vez que "o mundo é assim mesmo, sempre houve guerra e injustiça", desencorajando qualquer proposta nova de organização social e de uma cidadania ativa e responsável.

A violência não é uma expressão de justiça, de felicidade, nem de amizade. Estas promovem o acolhimento e a troca, buscam o convívio, o estar junto para partilhar e aprender, para criar, desafiar e construir futuros nunca imaginados, mas sempre possíveis. Esse desejo foi, até agora, o sustentáculo da nossa espécie — o que confirma e renova a nossa esperança.

(Lia Diskin e Laura Gorresio Roizman. *Paz, como se Faz? Semeando cultura de paz nas escolas*. 4. ed. Brasília: Unesco, Associação Palas Athena, Fundação Vale, 2008. p. 27-29.)

Agora chegou sua vez de discutir o assunto: Por que ocorrem casos de violência e *bullying* na escola? O que pode ser feito na escola para eliminar ou inibir a prática de *bullying*? Como lidar com nossos sentimentos de raiva, frustração e medo? Como fazer aflorar o sentimento de empatia?

Planejamento da discussão em grupo

Reúnam-se em grupos e sigam as orientações:

- Pesquisem assuntos relacionados ao tema da discussão: *bullying*, violência na escola e cultura de paz. Sugestão de *site* da Unesco: https://pt.unesco.org/fieldoffice/brasilia/expertise/culture-peace.
- Elejam um colega do grupo para ser o relator, isto é, a pessoa que vai anotar as ideias mais importantes da discussão e, depois, será responsável por apresentar um resumo da discussão para toda a turma.
- Selecionem aparelhos para gravar a discussão em vídeo ou áudio.
- Estipulem um tempo máximo para a discussão.
- Organizem o espaço para a realização da discussão: cadeiras em círculo para que todos possam se ver e ouvir.

Realização da discussão em grupo

- Iniciem a discussão apresentando o objetivo: discutir o *bullying* e a violência na escola e levantar propostas para combatê-los.
- Caso haja divergência de ideias na discussão, o relator deve anotar os diferentes pontos de vista apresentados.
- Procurem manter o princípio do respeito ao outro, o que significa respeitar a vez de falar e as ideias de cada participante.
- O relator deve anotar as propostas para que todos possam analisá-las.

Revisão da discussão em grupo

Antes da apresentação para a turma das conclusões a que o grupo chegou, assistam ao vídeo ou ouçam a gravação da discussão, observando se:

- todos os participantes puderam expor suas opiniões de forma democrática;
- o tema foi bem analisado e debatido;
- o grupo chegou a uma conclusão consensual ou se ficaram divergências entre os participantes;
- a linguagem empregada pelos participantes foi adequada ao gênero e à situação.

Concluída a discussão, o relator passa a limpo suas anotações, priorizando os pontos mais importantes e eliminando o que for secundário. Em seguida, lê um resumo das anotações para a turma. Se necessário, ajudem o colega a corrigir ou completar as anotações.

Guardem o resumo das anotações e o vídeo para a preparação da campanha que vai ser organizada na **Oficina de Criação**, ao final desta unidade.

CAPÍTULO 2

Propaganda e texto de campanha comunitária

O GÊNERO EM FOCO

Leia os textos a seguir.

Texto 1

(Disponível em: https://riopretodaeva.am.gov.br/campanha-nacional-de-vacinacao-contra-poliomielite-e-multivacinacao/. Acesso em: 22/2/2023.)

Texto 2

(Disponível em: https://fenaj.org.br/xenofobia-e-crime-o-nordeste-e-brasil/. Acesso em: 22/2/2023.)

1. As principais funções dos textos lidos estão descritas a seguir. Indique a qual texto cada uma delas se refere.

- Promover uma ideia:

____

- Incentivar a população a participar de uma causa específica, seguindo determinadas orientações:

____

2. O **texto de campanha comunitária** geralmente tem por objetivo orientar as pessoas e, ao mesmo tempo, convencê-las a aderir a uma campanha.

a) Qual dos dois textos é um texto de campanha?

____

b) Qual é a finalidade dele, especificamente?

____

____

c) Qual é a instituição responsável por esse texto?

____

d) A quem ele se destina?

____

Leia o boxe a seguir antes de responder à questão 3.

Propaganda e anúncio publicitário

No campo midiático, profissionais da publicidade e do *marketing* criam textos com o objetivo de convencer o interlocutor, como as propagandas e os anúncios publicitários. Mas qual é a diferença entre esses gêneros textuais?

A **propaganda** visa convencer o público a aderir a uma ideia, a uma causa. Já os **anúncios publicitários** têm finalidade comercial, ou seja, visam vender um produto ou serviço.

No Brasil, há alguns anúncios publicitários bastante conhecidos. Por exemplo, o da esponja de aço Bombril® ("mil e uma utilidades"), do Guaraná Antárctica® ("pipoca com guaraná"), do leite Parmalat® ("somos mamíferos"), além dos tradicionais anúncios natalinos, como os da marca Coca-Cola®, e dos anúncios de Dia dos Namorados, como os de O Boticário®, entre outros.

Reprodução/O Boticário

3. Com base nos dois textos lidos, responda:

a) Qual deles é uma **propaganda**?

____

b) Que ideia ele promove?

c) Quais instituições são responsáveis por esse texto?

d) A quem ele se destina?

4. Observe as imagens do Texto 1:

a) Como as crianças são retratadas?

b) As crianças se parecem fisicamente entre si? Deduza: Por que essa estratégia é utilizada no texto?

c) Levante hipóteses: Por que há um carrinho e um foguete compondo as imagens do texto?

Reprodução/Prefeitura Municipal de Rio Preto da Eva, AM

d) O personagem de coroa do lado direito do texto é o Zé Gotinha. Qual é a função desse personagem nas campanhas de vacinação? Por que ele tem o nome "SUS" desenhado em seu corpo? Se necessário, faça uma breve pesquisa.

5. Observe a parte inferior do primeiro texto. Qual é a finalidade do texto verbal dessa parte?

6. Observe a imagem central do Texto 2:

a) O que está representado?

b) O que o chapéu simboliza na imagem? Justifique sua resposta.

7. Observe as cores utilizadas nos textos lidos.

a) As cores do Texto 1 são sóbrias ou alegres?

b) Qual é a relação entre as cores e o tema do Texto 1?

c) Onde a cor verde é utilizada no Texto 2? E o vermelho-escuro? Levante hipóteses: Quais efeitos de sentido o emprego dessas cores constrói no texto?

8. Releia os textos localizados acima e abaixo da imagem do Texto 2.

a) Você sabe o que é **xenofobia**? Se necessário, procure o significado dessa palavra em um dicionário ou enciclopédia e defina-a com suas palavras.

b) Considerando que a propaganda procura difundir uma ideia, conclua: Qual efeito de sentido é construído no texto pelo emprego da palavra **também** antes dos gentílicos?

9. Releia as formas verbais empregadas nos textos em estudo.

a) Ambos os textos fazem uso de formas verbais no modo imperativo. Quais são elas?

b) Qual é o papel desse modo verbal nesses contextos?

10. Com a orientação do professor, reúna-se com alguns colegas para preencher as lacunas dos quadros a seguir com as principais características da propaganda e do texto de campanha comunitária.

Propaganda e texto de campanha comunitária: construção e recursos expressivos	
Quem são os interlocutores desses gêneros?	
Qual é o objetivo desses gêneros?	
Onde esses gêneros circulam?	
Quais são os temas abordados por esses gêneros?	
Como é a estrutura desses gêneros?	
Como se caracteriza a linguagem desses gêneros?	

AGORA É A SUA VEZ

Ao final desta unidade, você e os colegas vão organizar e lançar a **Campanha Respeito e Paz** na escola. Para isso, vocês vão produzir textos de campanha e propagandas que promovam a campanha e procurem convencer o público a participar dela.

Vejam, a seguir, alguns exemplos de propaganda e texto de campanha comunitária sobre o respeito e contra o *bullying* e o preconceito:

Reprodução/Associação Brasileira de Psiquiatria-ABP

(Disponível em: https://www.abp.org.br/post/abp-lanca-campanha-contra-o-bullying-delete-essa-ideia. Acesso em: 23/2/2023.)

Reprodução/OAB-MT

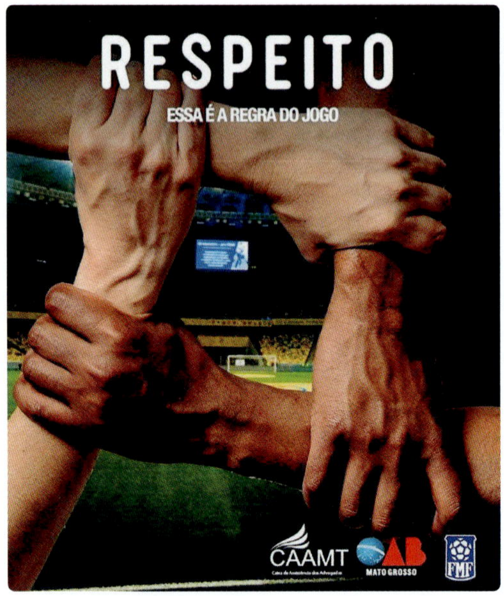

(Disponível em: https://www.oabmt.org.br/foto/2199/campanha-de-combate-ao-racismo-e-a-homofobia-no-futebol. Acesso em: 23/2/2023.)

Reprodução/Confederação Nacional dos Trabalhadores em Educação (CNTE)

(Disponível em: https://m.facebook.com/cntebrasil/photos/a.231477243575446/3096531290403346/?-type=3. Acesso em: 23/2/2023.)

Reprodução/Prefeitura Municipal de Itiruçu, BA

(Disponível em: http://www.itirucunoticias.com/2014/07/campanha-sem-preconceito-realiza.html. Acesso em: 23/2/2023.)

Observem que os textos lidos variam quanto ao tipo de imagem utilizada (fotografia ou desenho), quanto à linguagem (menos ou mais formal), quanto à quantidade de texto verbal escrito, etc. Essa variação se deve ao contexto de cada campanha: os interlocutores envolvidos, seus interesses, seus objetivos, entre outros fatores que podem influenciar tais escolhas.

Reunidos em grupo e inspirados nos textos que vocês acabaram de ver, produzam textos para a **Campanha Respeito e Paz**, que será lançada no final da unidade, no projeto da **Oficina de Criação**.

mobko_vector/Shutterstock

Dicas gerais

1. Os grupos devem utilizar o nome escolhido para a campanha em todos os textos produzidos.
2. Para criar harmonia entre os textos da turma, escolham um padrão de cores e letras, entre outros aspectos que julgarem relevantes.
3. Elaborem um **logotipo** e criem uma identidade visual para os materiais midiáticos da campanha.
4. Inventem um ***slogan*** para chamar a atenção do público.
5. Elaborem outros textos com **diferentes formatos** e **abordagens**: cartazes, folhetos, livretos, alguns com mais destaque à parte verbal, que se aprofundem no assunto; outros com mais destaque à parte não verbal; outros que tenham títulos impactantes, entre outras possibilidades de variação.

Proposta 1

Reunidos em grupos, produzam propagandas que busquem persuadir o público a aderir à ideia da **Campanha Respeito e Paz**.

Planejamento do texto

- Pensem no perfil do interlocutor: alunos, professores e funcionários da escola, familiares, amigos e pessoas da comunidade.
- Tenham em mente que a finalidade do texto é persuadir os interlocutores a aderir à ideia da campanha: respeito pelo outro e paz na escola.
- Decidam o suporte em que a propaganda vai circular: cartaz, folheto, alguma publicação da escola (jornal, revista, informativo, etc.).
- Criem a identidade visual da campanha. Escolham cores, símbolos, padrões, tipografia, etc.
- Decidam o tipo de imagem que vão utilizar: desenho, fotografia ou, ainda, a combinação entre eles.
- Selecionem fotos recortadas de jornais e revistas ou produzam fotografias e ilustrações para a campanha.

VH-studio/Shutterstock

Escrita

- Criem um título interessante, que chame a atenção do leitor.
- No corpo do texto, esclareçam a finalidade da campanha.
- Identifiquem os organizadores da campanha e responsáveis pela propaganda.
- Utilizem uma ou mais imagens para compor a propaganda, lembrando que o texto verbal e o texto não verbal devem se complementar.
- Utilizem uma linguagem adequada ao público, persuasiva e atrativa, fazendo uso de ambiguidades, trocadilhos, sonoridades, ironias, etc.

Revisão e reescrita

Antes de finalizar a propaganda, observem se:

- o título é interessante e chama a atenção do leitor;
- a linguagem verbal e a linguagem visual se complementam;
- a linguagem é clara, persuasiva e adequada ao tema e ao público-alvo.

Façam as alterações necessárias e guardem a propaganda para utilizá-la no projeto da **Oficina de Criação**.

Proposta 2

Reunidos em grupos, produzam textos de campanha comunitária, tendo como referência a **Campanha Respeito e Paz**. Vocês devem orientar os leitores sobre como participar da campanha.

Planejamento do texto

- Planejem o texto, pensando em argumentos que possam convencer o leitor a aderir à campanha.
- Resgatem a discussão em grupo realizada no capítulo 1 e relembrem as sugestões de combate à violência e ao *bullying* na escola.
- Anotem as informações mais importantes e pensem na melhor forma de apresentar o texto e as imagens.

MILKXT2/Shutterstock

Escrita

- Criem um enunciado principal curto e chamativo, capaz de expressar a ideia central da campanha.
- Escolham ou produzam (com ilustrações ou fotografias) uma ou algumas imagens relacionadas ao tema da campanha.
- Criem um texto complementar, explicando os objetivos da campanha e o que é necessário fazer para participar dela. Se quiserem, enumerem as instruções.
- Empreguem uma linguagem clara, persuasiva e objetiva, de acordo com a norma-padrão e adequada ao perfil do público que a campanha tem em vista.
- Criem orientações claras aos interlocutores para que eles saibam como aderir à campanha e participar das ações propostas pela turma em prol da construção de uma cultura de paz na escola.

Revisão e reescrita

Antes de finalizar o texto de campanha comunitária, verifiquem se:

- está claro o objetivo da campanha;
- há argumentos convincentes;
- há orientações claras quanto ao modo de participar da campanha;
- o título é atraente;
- a linguagem é clara, objetiva e persuasiva e se está de acordo com a norma-padrão e adequada ao público-alvo;
- os verbos estão principalmente no modo imperativo ou em formas verbais equivalentes a esse modo;
- a parte verbal e a parte não verbal se complementam.

Façam as alterações necessárias, deixando o texto pronto para utilizá-lo no projeto da **Oficina de Criação** desta unidade.

Pheelings media/Shutterstock

Estratégias de persuasão

Você estudou, neste capítulo, os gêneros **propaganda** e **texto de campanha comunitária**, que buscam persuadir o público leitor a aderir a uma ideia, a seguir orientações, a adotar um comportamento, etc.

O uso de imagens e títulos atraentes, já analisado por você no estudo anterior, contribui para construir a persuasão dos textos, pois esses itens chamam a atenção do leitor e podem cativá-lo rapidamente.

Nesta seção, vamos analisar mais algumas das estratégias linguísticas utilizadas pelos produtores de textos desses gêneros, a fim de compreender melhor seu funcionamento.

Observe os textos a seguir:

I.

Reprodução/Ministério Público da Bahia

(Disponível em: https://www.mpba.mp.br/sites/default/files/biblioteca/crianca-e-adolescente/educacao/bullying_nao_e_brincadeira/bullyingcartaz.jpg. Acesso em: 23/2/2023.)

II.

Reprodução/www.cenpec.org.br

(Disponível em: https://www.cenpec.org.br/noticias/bora-lutar-por-uma-amazonia-de-pe. Acesso em: 23/2/2023.)

III.

Reprodução/Marketing USP

(Disponível em: https://jornal.usp.br/radio/. Acesso em: 23/2/2023.)

IV.

Reprodução/Twitter

(Disponível em: https://mobile.twitter.com/SecretoAcai/status/1491134772688867330/photo/1. Acesso em: 23/2/2023.)

A utilização de **argumentos** é uma estratégia de persuasão para convencer o interlocutor da importância da causa defendida ou do produto oferecido, seja num texto de campanha, numa propaganda ou num anúncio publicitário.

1. Sobre as estratégias de persuasão no Texto I, responda:

a) Quais argumentos são utilizados nos enunciados para convencer o interlocutor?

____

____

____

b) A imagem também pode se configurar como uma estratégia de persuasão. Qual é a estratégia visual utilizada no Texto I?

____

____

____

____

____

2. Sobre o Texto II:

a) Quais argumentos são utilizados nos enunciados para persuadir o interlocutor?

____

____

____

b) A expressão "está em nossas mãos" tem duplo sentido no texto. Quais são eles?

____

____

____

____

____

____

____

____

____

____

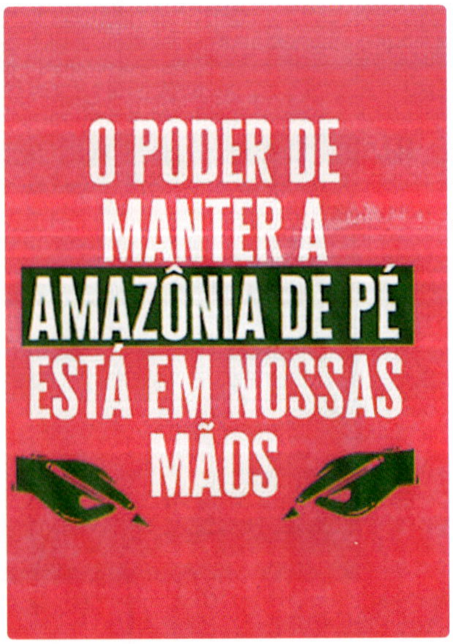

3. A adaptação da linguagem também é um ponto importante para se aproximar do público-alvo e cativá-lo.

a) A linguagem empregada nos textos em estudo está de acordo ou em desacordo com a norma-padrão? Justifique sua resposta.

b) Levante hipóteses: Nesses gêneros textuais, seria adequado fazer uso de uma variedade linguística diferente da utilizada nos exemplares em estudo? Justifique sua resposta.

4. Sobre o Texto III:

a) Quais são os sentidos da palavra **tons** no contexto?

Reprodução/Marketing FSP

b) Explique por que essa palavra também pode ser considerada uma estratégia de aproximação do leitor.

5. Sobre o Texto IV:

a) Quem é o responsável pelo texto e qual é seu objetivo?

b) Qual é o argumento implícito no enunciado principal para persuadir o público?

c) Explique como as imagens e as cores contribuem para a construção desse argumento.

d) Por que as características **saudável** e **saboroso** são destacadas no anúncio do açaí?

6. Releia os seguintes enunciados dos textos:

I. Respeite as diferenças e faça da sua escola um lugar melhor para todos.

II. Somos a última geração que pode salvar a Amazônia.

III. Tocamos todos os tons.

a) No enunciado I, a quem o texto se dirige?

b) Os enunciados II e III se utilizam da primeira pessoa do plural. A quem se refere o **nós** em cada um deles?

c) Em II, o uso da primeira pessoa do plural também é uma estratégia de persuasão? Por quê?

7. Indique a qual(quais) texto(s) se aplica cada um dos descritores a seguir.

a) Trata-se de anúncio publicitário que visa promover uma marca ou um produto.

b) Trata-se de texto que compõe uma campanha comunitária.

c) Faz uso das linguagens verbal e não verbal para chamar a atenção do leitor.

d) Emprega a primeira pessoa do plural como estratégia para se aproximar do leitor, incluindo-se como participante ativo da campanha.

e) Faz uso de trocadilho e ambiguidade como recurso de construção para chamar a atenção do leitor.

f) Faz uso de formas verbais no imperativo a fim de orientar diretamente o leitor.

g) Interpela diretamente o leitor, a fim de inseri-lo de forma mais próxima no contexto.

CAPÍTULO 3

A carta aberta e o abaixo-assinado

O GÊNERO EM FOCO

Na vida social, por vezes sentimos que nossos direitos como cidadãos estão sendo desrespeitados. Para informar as pessoas sobre o que está acontecendo ou para alertar, protestar, reivindicar e reunir pessoas em favor de uma causa, podemos recorrer a vários gêneros do discurso, como a carta de leitor, as cartas argumentativas de reclamação e de solicitação, a carta aberta e o abaixo-assinado. Vamos conhecer alguns deles neste capítulo.

FG Trade Latin/Getty Images

Garota em protesto contra a poluição e as mudanças climáticas.

Carta aberta

Em 2022, a rede social Twitter foi comprada pelo bilionário sul-africano Elon Musk. Na ocasião, Musk afirmou que pretendia demitir 75% dos funcionários da plataforma. Leia a seguir uma carta aberta divulgada pela internet nessa época.

Funcionários, Elon Musk e Conselho de Diretores

Nós, os funcionários do Twitter que assinam essa carta, acreditamos que o debate público está em perigo.

O plano de Elon Musk de demitir 75% dos funcionários do Twitter afetará a capacidade de atender o debate público. Uma ameaça dessa magnitude é imprudente, enfraquece a confiança dos usuários e clientes na nossa plataforma e é uma ação clara de intimidação dos funcionários.

O Twitter tem efeitos significativos nas sociedades e comunidades ao redor do globo. Enquanto nós falamos, o Twitter está ajudando a promover o jornalismo independente na Ucrânia e Irã, como também fortalece movimentos sociais ao redor do mundo.

Uma ameaça aos funcionários do Twitter é uma ameaça ao futuro do Twitter. Essas ameaças têm impacto em nós como funcionários e mostram uma desconexão fundamental com a realidade de operação do Twitter. Elas ameaçam nosso sustento, o acesso à saúde básica e a possibilidade de trabalhadores com visto de ficarem no país onde trabalham. Nós não podemos fazer o nosso trabalho em um ambiente de constante assédio e ameaças. Sem o nosso trabalho, não há Twitter.

Nós, os funcionários do Twitter, não seremos intimidados. Nós nos comprometemos em apoiar as comunidades, organizações e negócios que dependem do Twitter. Nós não pararemos de apoiar o debate público.

Nós pedimos que a gerência do Twitter e Elon Musk parem com essas negligentes ameaças de demissão em massa. Como funcionários, nós merecemos comprometimento concreto para que possamos continuar a preservação da integridade da nossa plataforma.

Nós exigimos das lideranças atuais e futuras:

Respeito: Nós exigimos que a liderança respeite a plataforma e os funcionários que a mantêm através do comprometimento em preservar o atual quadro de funcionários.

Segurança: Nós exigimos que a liderança não discrimine funcionários de acordo com sua raça, gênero, deficiência, orientação sexual ou posicionamento político. Nós também exigimos a segurança para os empregados com vistos, que serão forçados a deixar o país em que trabalham se forem demitidos.

Proteção: Nós exigimos que Elon Musk se comprometa publicamente a preservar nossos benefícios, tanto aqueles listados no acordo de compra quanto os que não estão (p. ex. trabalho remoto). Nós exigimos que a liderança estabeleça e garanta políticas de indenização justas para todos os trabalhadores antes e depois de qualquer mudança de proprietário.

Dignidade: Nós exigimos uma comunicação transparente, ágil e séria sobre as nossas condições de trabalho. Exigimos ser tratados com dignidade, e não como peões em um jogo de bilionários.

Sinceramente,

Funcionários do Twitter.

(Disponível em: https://tecnoblog.net/noticias/2022/10/25/funcionarios-do-twitter-publicam-carta-aberta-contra-demissao-em-massa/. Acesso em: 24/2/2023.)

fizkes/Shutterstock

1. Uma **carta aberta** apresenta algumas das características da carta pessoal.

a) Quem são os remetentes da carta aberta lida?

b) Quem são os destinatários?

2. Qual diferença é possível notar na estrutura da carta aberta em relação às cartas pessoais?

3. Para atingir o maior número possível de pessoas e chamar a atenção do público, a carta aberta pode conter um título. Com base no conteúdo da carta lida, qual título poderia ser atribuído a ela?

4. Além de informar sobre um problema, indique quais outros objetivos a carta em estudo apresenta:

- [ ] conscientizar
- [ ] pressionar
- [ ] estimular a participação
- [ ] solicitar garantias
- [ ] denunciar

Liderina/Shutterstock

5. A carta dos funcionários poderia ter circulado internamente na empresa. Levante hipóteses: Por que os funcionários decidiram publicá-la na internet?

6. A carta apresenta argumentos para defender que a relação trabalhista abusiva denunciada pelos funcionários também poderia causar problemas à sociedade em geral.

a) No segundo parágrafo, como é caracterizada a ameaça de Elon Musk?

b) Segundo a carta, quais seriam as consequências, para toda a sociedade, das ameaças de demissão em massa no Twitter?

c) Segundo a carta, quais seriam as consequências, para os funcionários, das ameaças de demissão em massa no Twitter?

d) Os remetentes da carta abordam os interesses de quem em sua argumentação? Conclua: Em que medida essa estratégia argumentativa contribui para a eficiência da carta?

Tada Images/Shutterstock

Escritório do Twitter em São Francisco, nos Estados Unidos.

7. Se necessário, faça uma pesquisa na internet sobre acontecimentos importantes no mundo em 2022 e responda: Por que a Ucrânia e o Irã são citados na carta?

8. Há solicitações na carta lida.

a) Quais são as solicitações feitas?

____

____

b) Identifique as formas verbais empregadas na carta para introduzir as solicitações.

____

c) Quais efeitos de sentido essas formas verbais constroem no texto em relação às solicitações?

____

____

____

9. Por meio da linguagem, os funcionários constroem uma imagem impactante no final da carta. Releia o trecho:

> "Exigimos ser tratados com dignidade, e não como peões em um jogo de bilionários".

a) Que imagem é essa?

____

b) Qual efeito de sentido essa imagem constrói no texto?

____

____

____

____

10. Observe a linguagem do texto lido.

a) Qual variedade linguística foi empregada?

____

b) Identifique, entre os termos a seguir, os mais adequados para descrever o tom utilizado pelos autores na carta.

☐ doce	☐ direto	☐ grosseiro	☐ ameaçador
☐ enérgico	☐ indireto	☐ bajulador	☐ íntimo

c) Troque ideias com os colegas e o professor e conclua: Qual é a importância dessa linguagem no contexto da carta em estudo?

____

____

____

____

____

11. Observe o significado das palavras **cidadania** e **cidadão**:

> **cidadania** *s.f.* [...] **1** qualidade ou condição de cidadão [...].
>
> **cidadão** *s.m.* [...] **1** habitante da cidade **2** indivíduo que, como membro de um Estado, usufrui de direitos civis e políticos por este garantidos e desempenha os deveres que, nesta condição, lhe são atribuídos [...].
>
> (*Dicionário Houaiss da língua portuguesa*. Rio de Janeiro: Objetiva, 2001.)

Com base no significado dessas palavras, responda: Os remetentes da carta aberta lida estão exercendo a cidadania? Por quê?

____

____

____

12. Com a orientação do professor, reúna-se com alguns colegas para preencher as lacunas do quadro a seguir com as características básicas da carta aberta.

Carta aberta: construção e recursos expressivos	
Quem são os interlocutores da carta aberta?	
Qual é o objetivo da carta aberta?	
Onde a carta aberta circula?	
Quais temas são abordados pela carta aberta?	
Como é a estrutura da carta aberta?	
Como se caracteriza a linguagem da carta aberta?	

AGORA É A SUA VEZ

Como você já sabe, na **Oficina de Criação**, que fecha esta unidade, você e os colegas de turma vão participar de uma campanha pelo respeito e pela paz na escola. Logo, é necessário que vocês deem continuidade à produção de textos que farão parte da campanha.

A seguir, há duas propostas para a produção de uma carta aberta. Se possível, desenvolvam as duas, conforme orientação do professor.

Proposta 1

Reunidos em grupos, produzam uma carta aberta dirigida à comunidade escolar — alunos de todos os anos, diretores, professores, funcionários e familiares —, denunciando e repudiando eventuais práticas de violência de qualquer natureza que tenham ocorrido na escola, como *bullying*, discriminação, preconceito ou violência física. Se quiserem, façam sugestões de práticas que possam promover a paz na escola ou indiquem medidas de combate à violência.

Proposta 2

Reunidos em grupos, produzam uma carta aberta dirigida aos moradores de um bairro ou à população da cidade. Com a orientação do professor, escolham um problema que esteja afetando a comunidade escolar para ser o tema da denúncia, da reclamação ou da reivindicação nessa produção coletiva.

Se preferirem, escolham uma das sugestões de temas a seguir:

- Falta de segurança na escola ou em seus arredores.
- Arquitetura escolar ou urbana não acessível a pessoas com deficiência visual e cadeirantes.
- Falta de biblioteca na escola ou no bairro.
- Congestionamento de carros na entrada e na saída da escola.
- Falta de lombadas e/ou de sinalização na rua da escola.
- Não atendimento ao direito de um estudante com transtorno do espectro autista de ter um acompanhante especializado em sala de aula.
- Falta de laboratório de informática na escola.
- Falta de Projeto de Lei municipal que garanta a segurança e a dignidade menstrual.

Planejamento do texto

- Definam, com clareza, o problema a ser denunciado ou o motivo da reclamação.
- Levantem argumentos a favor da causa defendida por vocês. De preferência, listem argumentos não apenas de interesse particular como também de interesse coletivo.
- Pesquisem campanhas parecidas com a da turma para ter ideias de propostas de soluções para o problema.

Escrita

- Depois de se identificarem, exponham claramente o problema, ou seja, o motivo da denúncia, da reclamação ou da solicitação.
- Façam uma análise do problema, referindo-se a eventuais causas e consequências dele.
- Apresentem argumentos convincentes, capazes de conseguir o apoio do interlocutor.
- Façam sugestões para a resolução do problema.
- Empreguem uma linguagem de acordo com a norma-padrão.

Revisão e reescrita

Antes de finalizar a carta aberta, observem se:

- ela apresenta a estrutura padrão própria de carta aberta;
- a denúncia, a reclamação ou a reivindicação é feita de forma clara e se o problema é analisado adequadamente;
- os argumentos são convincentes e fundamentam bem a reclamação ou reivindicação e, ao mesmo tempo, são capazes de sensibilizar o interlocutor;
- a linguagem está de acordo com a norma-padrão e com um grau de formalidade compatível com o perfil dos interlocutores.

Façam os ajustes necessários no texto e guardem a versão final da carta aberta para ser divulgada na campanha a ser desenvolvida na **Oficina de Criação**. Também é possível publicá-la em murais da escola, divulgá-la nas redes sociais e na forma de folheto, a ser distribuído de mão em mão.

wavebreakmedia/Shutterstock

Abaixo-assinado

Leia o texto a seguir, publicado na internet.

https://peticaopublica.com.br/pview.aspx?pi=P2011N16684

Abaixo-assinado pela demarcação do território indígena do SANTUÁRIO DOS PAJÉS

Para: Governo do Distrito Federal; Presidência da República

O território indígena Santuário dos Pajés constitui há mais de cinquenta anos, no Plano Piloto (Distrito Federal), uma área de cerrado nativo habitada por diversas etnias, dentre elas a Fulni-Ô Tapuya e a tribo Guajajara. Nesse local, os indígenas mantêm suas práticas religiosas, celebrações e costumes comunitários, conforme laudo antropológico reconhecido pela Associação Brasileira de Antropologia (ABA).

Devido à construção de um bairro nobre no Plano Piloto (Setor Noroeste), esse território sagrado têm sido alvo de sucessivas invasões, protagonizadas pela especulação imobiliária, que têm promovido a exclusão étnica e social em todo DF. Tais agressões têm sido perpetradas pelas empreiteiras, empresas de segurança por elas contratadas, milícias e pela própria Polícia Militar, com centenas de policiais armados de cassetetes, sprays de pimenta e armas de choque paralisantes. Em flagrante violação dos direitos humanos, tem-se intensificado a opressão contra moradores e apoiadores do Santuário, com prisões violentas e constante desrespeito a determinações legais que proíbem a continuação das obras no local.

É imprescindível o apoio da população para que cessem as invasões das construtoras, e para que seja feita a demarcação imediata das terras indígenas do Santuário dos Pajés, respeitando-se os preceitos legais que garantem a integridade das etnias indígenas e das terras por elas ocupadas.

Exigimos que sejam tomadas as seguintes providências:

— O imediato impedimento à permanência de construtoras destruindo a terra Fulni-Ô Tapuya e os vestígios de sua ocupação tradicional, observando o que determina a Constituição Federal de 1988 quanto à nulidade de títulos de propriedade sobre Terras Indígenas.

— A nulidade das Licenças Prévia e de Instalação, bem como a cessação de todas as obras do Setor Noroeste, devido à inexistência do componente indígena no Processo de Licenciamento Ambiental.

— A demarcação do território indígena do Santuário dos Pajés, a partir da constituição de grupo de trabalho pela FUNAI (Fundação Nacional de Amparo ao Índio), com base em laudo antropológico solicitado a equipe técnica nomeada pela própria FUNAI e concluído em agosto de 2011.

Já Assinaram

2.204 PESSOAS

Assinar Petição

O seu apoio é muito importante. Apoie esta causa. Assine o Abaixo-Assinado.

Algumas razões para assinar.
O que dizem os outros assinantes

Tem um blog ou site? Adicione este módulo. Participe na divulgação.

Abaixo-Assinado criado por:
Movimento Santuário Não Se Move

Contatar Autor

Razões para apoiar esta causa:

— Esse conjunto de atos ilegais fere o artigo 231, da Constituição, que estabelece serem terras tradicionais ocupadas pelos índios aquelas por eles habitadas em caráter permanente, imprescindíveis à preservação dos recursos ambientais necessários a seu bem-estar e à sua reprodução física e cultural, segundo seus usos, costumes e tradições. Também estão sendo desrespeitados o decreto 1.775/96, que fixou os critérios para o reconhecimento de terras indígenas, e os Tratados Internacionais dos quais o Brasil é signatário.

— A FUNAI desconsidera, arbitrariamente, o laudo antropológico encomendado por ela mesma, o qual constata ser de uso tradicional indígena uma área de ao menos 50 hectares, conhecida como Fazenda Bananal, onde se localiza o Santuário dos Pajés.

— A Companhia Imobiliária de Brasília (TERRACAP) licitou de forma precipitada e ilegal vários lotes que eram objeto de litígio. O órgão deveria ter aguardado a demarcação das terras indígenas por parte da Funai, conforme determinação legal.

Para entender melhor e verificar a documentação que embasa a exigência de demarcação do território indígena do Santuário dos Pajés, acesse: http://santuarionaosemove.net/documentos/.

ASSINAR Abaixo-assinado

(Petição Pública Brasil. Disponível em: https://peticaopublica.com.br. Acesso em: 25/2/2023.)

1. O **abaixo-assinado**, assim como a carta aberta, é um gênero textual diretamente relacionado com as lutas sociais e os movimentos em prol da cidadania. Por meio de argumentos consistentes e de um número expressivo de assinaturas, as pessoas que enviam o documento a uma ou a várias autoridades esperam convencê-las a tomar determinada atitude.

a) A quem o abaixo-assinado é dirigido?

b) Quais são as reivindicações feitas no documento?

c) Os destinatários têm autoridade para atender às reivindicações?

d) O abaixo-assinado representa os interesses de quem: de uma única pessoa ou entidade ou de um grupo de pessoas?

Os abaixo-assinados geralmente apresentam a seguinte estrutura: **vocativo** (o interlocutor a quem é dirigido o documento), acompanhado do devido pronome de tratamento; o **corpo do texto**, em que são apresentados o problema e a reivindicação; o **fechamento do texto**, que consiste em despedida, local e data e, por fim, as **assinaturas**.

Empregando o tratamento adequado

Os pronomes de tratamento mais utilizados em abaixo-assinados são estes:

Pronome de tratamento	Abreviatura	Usado para
Vossa Excelência Excelentíssimo(a)	V. Ex.ª	Altas autoridades do governo (presidente, ministros, deputados, senadores, membros das Forças Armadas).
Vossa Senhoria	V. S.ª	Autoridades em geral: chefes, diretores e pessoas a quem se quer tratar com distanciamento e respeito.
Senhor, Senhora	Sr., Sra.	Geralmente pessoas mais velhas que nós ou a quem queremos tratar com distanciamento e respeito.

2. Foram empregados pronomes de tratamento no abaixo-assinado lido? Se sim, eles estão adequados? Se não, levante hipóteses sobre a razão de ter sido feita essa opção.

3. Um abaixo-assinado tem a finalidade de convencer o(s) destinatário(s) a atender a uma reivindicação. Por essa razão, precisa apresentar bons argumentos como justificativa para o pedido que apresenta.

a) O 1º e o 2º parágrafos do texto apresentam uma contextualização histórica do Santuário dos Pajés. Qual é o papel dessa contextualização histórica no texto?

Olivier Boëls/Etnofoco

Tensão entre indígenas e policiais no Santuário dos Pajés, em Brasília.

b) Segundo esses parágrafos, como se iniciou o problema no local?

4. As principais reivindicações do documento começam a ser apresentadas a partir do 3º parágrafo e são resumidas, nos parágrafos seguintes, na forma de itens introduzidos por traço. Levante hipóteses: Por que os autores do abaixo-assinado escolheram apresentar as reivindicações dessa forma?

5. No final do texto, há o subtítulo: "Razões para apoiar esta causa".

a) Levante hipóteses: Essa parte do texto é destinada aos governantes ou às pessoas que potencialmente podem assinar o documento?

b) Considerando que o abaixo-assinado em estudo está disponível na internet, que papel essa parte do texto cumpre?

A esfera de circulação de um gênero altera o próprio gênero?

Sim. Por exemplo, depois que o uso dos microcomputadores se popularizou, alguns gêneros textuais passaram a ser veiculados com muita frequência na internet, em virtude do alcance e da rapidez que esse meio oferece.

Pelo fato de a internet ser uma esfera de circulação virtual, é natural que os gêneros sofram transformações. É o que vem ocorrendo com o abaixo-assinado e com as cartas argumentativas de reclamação e de solicitação assinadas virtualmente. Em geral, o internauta entra em um *site* cuja finalidade é enviar um documento desses a uma autoridade e ali ele encontra e lê muitos textos informativos a respeito da causa defendida. Se ele concorda com a reivindicação, preenche com seu nome e alguns dados pessoais um espaço apropriado e tecla *enter*. Com isso, formaliza a assinatura de um abaixo-assinado ou de uma carta argumentativa, embora não tenha tido contato com o documento em papel.

mentalmind/Shutterstock

6. Observe o fechamento do texto.

a) Levante hipóteses: Por que não foram colocadas informações de local e data nesse documento?

____

____

____

____

____

b) Há expressões de despedida, como **atenciosamente**, **respeitosamente** ou outras?

____

7. Observe a linguagem empregada no texto.

a) Ela é formal ou informal? Que tipo de variedade linguística predomina: uma variedade de acordo ou em desacordo com a norma-padrão?

____

____

b) Esse tipo de linguagem é adequado ou inadequado ao perfil do interlocutor? Por quê?

____

____

____

____

____

c) Qual é o tempo verbal predominante no texto?

____

8. No abaixo-assinado, os autores podem se colocar em 1ª pessoa (por exemplo, "nós, abaixo assinados, solicitamos...") ou em 3ª pessoa (por exemplo, "Os abaixo assinados solicitam...").

a) Como os autores do abaixo-assinado em estudo se colocam no texto: em 1ª pessoa ou em 3ª pessoa? Justifique sua resposta com base no texto.

____

____

____

b) Que efeito de sentido a escolha dessa pessoa confere ao texto?

Marcelo Camargo/Agência Brasil

Indígenas realizam marcha no Palácio da Justiça, na Esplanada dos Ministérios, pela demarcação do território indígena e pela garantia de seus direitos.

9. Na lateral do texto, há um conjunto de outros elementos próprios do ambiente digital: ícones de redes sociais e *hiperlinks* que abrem outros textos. Qual é o papel desses elementos na página?

10. Com a orientação do professor, reúna-se com alguns colegas para preencher as lacunas do quadro a seguir com as principais características do gênero abaixo-assinado.

Abaixo-assinado: construção e recursos expressivos	
Quem são os interlocutores do abaixo-assinado?	
Qual é o objetivo do abaixo-assinado?	
Onde o abaixo-assinado circula?	
Quais temas são abordados no abaixo-assinado?	
Como é a estrutura do abaixo-assinado?	
Como se caracteriza a linguagem do abaixo-assinado?	

Como você já sabe, na **Oficina de Criação**, você e os colegas de turma vão participar de uma campanha pelo respeito e pela paz na escola. Logo, é necessário que vocês deem continuidade à produção dos textos que farão parte da campanha.

Proposta 1

Reunidos em grupos, redijam um abaixo-assinado dirigido a uma autoridade da escola, solicitando que ela elabore uma política de combate às formas de violência praticadas nesse ambiente, como o *bullying*, por meio de algumas medidas concretas, como criar equipes de ajuda, ou de medidas disciplinares para aqueles que as praticam, entre outras que vocês podem propor.

Proposta 2

O respeito também envolve o cuidado com os ambientes em que circulamos e onde convivemos, e há pessoas e instituições responsáveis pelo cuidado com o espaço público. Diante de problemas sociais coletivos e desrespeito a pessoas e leis, podemos nos mobilizar e exigir soluções das autoridades competentes.

Ainda reunidos em grupos, pensem em um problema que possa se transformar em uma causa do grupo, de toda a escola ou, quem sabe, de toda a comunidade. Depois, produzam um abaixo-assinado reivindicando uma solução para o problema.

Caso prefiram, escolham um dos problemas listados a seguir:

- Falta de transporte coletivo de boa qualidade.
- Falta de estrutura adequada a pessoas com deficiência, como calçadas adaptadas, parquinhos adaptados, entre outros.
- Discriminação de pessoas em espaços ou instituições públicas por sua raça, gênero, religião ou origem.
- Falta de faixas de pedestres ou passarelas para travessia de ruas e estradas.
- Falta de centros esportivos gratuitos, com quadras, piscinas, etc., acessíveis a todos.

gyn9037/Shutterstock

- Falta de investimentos públicos no setor cultural voltados a eventos, como exposições, festas populares, exibição de filmes, grupos de teatro e dança, etc.
- Falta de limpeza de sarjetas e bueiros, a fim de prevenir enchentes, ou falta de limpeza e manutenção de praças públicas.
- Falta de reflorestamento em áreas devastadas da cidade e de arborização de ruas.

Depois de coletadas as assinaturas, o abaixo-assinado deverá ser encaminhado à autoridade competente (diretor, secretário, vereador, prefeito, etc.).

Planejamento do texto

- Escolhido o tema do abaixo-assinado, levantem hipóteses sobre as causas do problema e as possíveis formas de solucioná-lo.
- Identifiquem a autoridade que vai receber o documento.
- Discutam e selecionem argumentos convincentes para a defesa da causa escolhida.
- Pensem em sugestões ou propostas que poderão ser apresentadas no abaixo-assinado.

Ground Picture/Shutterstock

Escrita

- Iniciem a escrita pelo título e pela identificação da autoridade a quem o texto se destina.
- Empreguem uma linguagem de acordo com a norma-padrão. Quanto aos pronomes de tratamento, utilizem os que são compatíveis com o cargo ocupado pelo destinatário. Vocês podem se apresentar na 1ª ou na 3ª pessoa do plural.
- No corpo do texto, comecem por fazer referência ao problema. Façam uma análise dele, se possível referindo-se a suas causas e consequências.
- Em seguida, apresentem uma reivindicação principal e fundamentem-na com argumentos convincentes.
- Finalizem o texto com a despedida e as assinaturas.

Revisão e reescrita

Antes de passar o abaixo-assinado para o suporte final, verifiquem se:

- ele identifica o destinatário e faz uso de pronomes de tratamento compatíveis com o cargo ocupado por ele;
- o problema e a reivindicação são apresentados com clareza;
- os argumentos que fundamentam a reivindicação são convincentes;
- a linguagem está de acordo com a norma-padrão e com o grau de formalidade adequado ao cargo do destinatário;
- há um fechamento com a despedida e assinaturas.

Após a conclusão do abaixo-assinado, leiam-no para a turma e, com a orientação do professor, discutam como coletar as assinaturas e encaminhar o documento ao destinatário.

Façam cópias do abaixo-assinado para apresentá-lo — e talvez coletar mais assinaturas — na **Campanha Respeito e Paz**, que deverá ser desenvolvida na **Oficina de Criação** desta unidade.

Coesão referencial e coesão sequencial

No volume do 6º ano desta coleção, você aprendeu os conceitos básicos de **coerência** e **coesão textual**. Neste volume, você aprofundará seus conhecimentos sobre a coesão textual.

Leia o texto a seguir.

Brasileirinha

Em abril existem duas datas importantes para alguns brasileiros: o dia 21, morte de Tiradentes — que lutou pela independência do Brasil —, considerado herói nacional; e o dia 22 — que foi quando o primeiro europeu pisou em terras brasileiras. E que tal falar um pouco de uma espécie, que hoje é muito rara, mas que era encontrada aos montes há séculos, quando aconteceram esses fatos: o pau-brasil!

Você sabia que essa árvore é protegida por lei e não pode mais ser cortada das florestas? Ela é símbolo do Brasil, tem valor histórico e um dia todinho só para ela, 03 de maio, Dia Nacional do Pau-brasil. No período de colonização, quando o território brasileiro era de Portugal, é possível que a grande exploração e a importância econômica dessa espécie tenham gerado a mudança do nome do nosso país de:"Terra de Santa Cruz", dado pelos portugueses no século 16, para"Brasil".

Fabio Colombini/Acervo do fotógrafo

Pau-brasil, a árvore que deu nome ao país, hoje em extinção.

Colorido e explorado

Os europeus utilizavam inicialmente a madeira desta árvore para extrair um corante vermelho usado por eles para tingir tecidos. A madeira passou, então, a ser utilizada também para fabricar arcos de violinos, pois era considerada a melhor entre todas as outras madeiras para este fim. Por isso, as populações naturais de pau-brasil, que eram encontradas na floresta atlântica, foram fortemente exploradas, ao mesmo tempo em que a própria floresta era devastada, ocupada e ameaçada.

A floresta atlântica, que originalmente se estendia do Rio Grande do Norte ao Rio Grande do Sul, por causa da grande exploração, hoje está reduzida a menos de 16% da sua cobertura original e só podemos encontrá-la em pequenos fragmentos. Ainda assim, ela abriga muitas espécies de plantas e de animais, muitas só encontradas nesta floresta. Ainda hoje, mesmo com grande parte da mata destruída, ela ainda é considerada, proporcionalmente, a mais rica em variedade de bichos e plantas do planeta.

[...]

(Disponível em: http://chc.org.br/brasileirinha/. Acesso em: 25/2/2023.)

1. O 1º parágrafo faz referência às datas comemorativas do mês de abril, destacando a chegada dos portugueses ao Brasil, em 22 de abril, e a importância que, nessa época, o pau-brasil tinha em toda a costa brasileira.

a) No 1º parágrafo, é empregada uma palavra para se referir ao pau-brasil que ainda não havia sido mencionada no texto. Qual é essa palavra?

b) No 2º e no 3º parágrafo, são empregadas várias palavras e expressões que retomam ou se referem ao pau-brasil, citado anteriormente, garantindo a coesão textual. Quais são essas palavras e expressões?

2. No 4º parágrafo, é mencionada a **floresta atlântica**, *habitat* natural do pau-brasil. Essa expressão também é retomada no 3º e no 4º parágrafo por outros termos. Identifique-os.

Fabio Colombini/Acervo do fotógrafo

Mata Atlântica brasileira.

3. Além das palavras que fazem referência a outras, a coesão textual também é construída por elementos que estabelecem relação entre partes do texto, como advérbios, pronomes, conjunções, tempos verbais, etc. Releia o 3º parágrafo do texto:

"Os europeus utilizavam **inicialmente** a madeira desta árvore para extrair um corante vermelho usado por eles para tingir tecidos. A madeira passou, **então**, a ser utilizada **também** para fabricar arcos de violinos, **pois** era considerada a melhor entre todas as outras madeiras para este fim. **Por isso**, as populações naturais de pau-brasil, que eram encontradas na floresta atlântica, foram fortemente exploradas, ao mesmo tempo em que a própria floresta era devastada, ocupada e ameaçada."

a) Explique a relação entre as palavras **inicialmente** e **então** nesse parágrafo.

b) A palavra **também** introduz um elemento novo em relação ao que já tinha sido dito. Qual é o elemento novo e a que outro elemento ele se soma?

____

____

____

____

c) **Pois** e **por isso** são conjunções que introduzem nesse trecho, respectivamente, a noção de:

- ☐ oposição e conclusão
- ☐ explicação e soma
- ☐ explicação e conclusão
- ☐ oposição e soma

d) Observe as formas verbais empregadas nesse parágrafo e indique em que tempo verbal elas estão.

____

4. Agora, releia o 4º parágrafo do texto:

> "A floresta atlântica que originalmente se estendia do Rio Grande do Norte ao Rio Grande do Sul, por causa da grande exploração, hoje está reduzida a menos de 16% da sua cobertura original e só podemos encontrá-la em pequenos fragmentos. Ainda assim, ela abriga muitas espécies de plantas e de animais, muitas só encontradas nesta floresta. [...]"

a) Observe as formas verbais empregadas nesse trecho e indique qual tempo verbal predomina.

____

b) Qual palavra introduz o tempo verbal indicado no item **a**?

____

c) Comparando o 3º e o 4º parágrafo do texto, o que explica a mudança de tempo dos verbos?

____

____

____

____

d) Conclua: Os tempos verbais são também uma forma de garantir a coesão de um texto? Por quê?

5. No último parágrafo do texto, a expressão **ainda assim** estabelece uma relação de oposição entre duas ideias.

a) Quais são essas ideias?

b) Apesar de haver oposição entre essas ideias, uma elimina a possibilidade de a outra existir ou acontecer?

Ao realizar as atividades, você observou que um texto, para ser bem desenvolvido e apresentar ideias coerentes e coesas, precisa ter um conjunto de conexões a que chamamos de **coesão textual**. Há dois tipos básicos de coesão: a **referencial** e a **sequencial**.

Coesão referencial: é a conexão estabelecida entre as palavras quando um termo ou uma expressão substitui ou se refere a outro elemento do universo textual.

Coesão sequencial: são os procedimentos linguísticos que estabelecem relações semânticas entre partes do texto (enunciados, frases, parágrafos e sequências maiores do texto), as quais fazem o texto progredir. Colaboram para isso as conjunções, os advérbios, expressões que dão sequência ao texto, tempos verbais, etc.

São exemplos de coesão referencial todos os casos que você observou ao responder às questões 1 e 2.

São exemplos de coesão sequencial todos os casos que você observou ao responder às questões 3, 4 e 5.

EXERCÍCIOS

Leia o trecho de uma carta aberta, em que uma liderança indígena solicita que os direitos constitucionais dos povos indígenas sejam respeitados e que o Estado cumpra seu dever de proteger o território onde eles vivem.

Carta Jairo Saw — Liderança do movimento Munduruku Ipereg Ayu

Somos povos nativos da floresta Amazônica, existimos desde a origem da criação do mundo, quando o Karosakaybu nos transformou do barro (argila) e nos soprou com a brisa do seu vento, dando a vida para todos nós.

[...]

Invadiram nossa terra, muitos de nossos parentes foram massacrados, assassinados, foram submetidos à tortura e foram usados nos trabalhos forçados, servindo de mão de obra escrava.

Já no século XXI, na era contemporânea, continuamos sendo oprimidos, como nos tempos passados. **Apesar de** termos alcançado várias conquistas e garantido nossos direitos específicos e diferenciados na Constituição Federal, **ainda assim** esses direitos não são respeitados e reconhecidos. **Hoje** se utilizam do poder para impor o lema do "progresso e desenvolvimento", a base da bandeira nacional: "ordem e progresso". **Tudo** em nome do capital.

[...]

Os nossos direitos estão em jogo. Falam tanto a nosso respeito, somos tratados como empecilhos para o desenvolvimento econômico do país. Mas nós não somos contra o desenvolvimento, o que queremos é que sejamos respeitados e que nossos direitos como indígenas sejam reconhecidos. A Constituição diz que é dever do Estado proteger, demarcar os territórios, garantir a segurança, respeitar as formas próprias de organização social e as culturas diferenciadas, por isso queremos respeito. Até a nossa crença, a nossa religião deve levar em consideração o modo como vivemos.

[...]

Andre Dib/Pulsar Imagens

Terra Indígena Munduruku.

(Disponível em: https://autodemarcacaonotapajos.wordpress.com/2014/12/19/carta-jairo-saw-lideranca-do-movimento-munduruku-ipereg-ayu/. Acesso em: 25/2/2023.)

1. Reúna-se com alguns colegas para discutir em grupo o papel coesivo:

a) das expressões temporais **já no século XXI** e **hoje**;

b) das expressões **apesar de** e **ainda assim**;

c) do pronome indefinido **tudo**;

d) de formas verbais no presente do indicativo.

2. Leia a seguir um texto sobre ecologia. A ordem das frases do texto foi, propositalmente, modificada.

O que é ecologia

Deriva de duas palavras gregas: *oikos*, "casa", "habitação", e *logia*, "ciência". Associado ao meio ambiente, refere-se a ele como a "casa dos seres vivos". O termo *ecologia* foi criado em 1866 pelo biólogo zoólogo alemão Ernst Haeckel (1834-1919), um dos maiores discípulos de Charles Darwin. Por isso é considerado o primeiro ecologista da história. As pesquisas sobre o assunto, no entanto, remontam à Antiguidade. O grego Teofrasto, seguidor do filósofo Aristóteles, foi o primeiro a observar e descrever as relações dos organismos entre si e com o meio que os cerca

(Marcelo Duarte. *Guia dos curiosos*. São Paulo: Panda Books, 2015. p. 116.)

Science Photo Library/Fotoarena

Ernst Haeckel.

Tente descobrir qual é a sequência correta do texto, numerando as frases 1 a 6.

( ) Associado ao meio ambiente, refere-se a ele como a "casa dos seres vivos".

( ) Deriva de duas palavras gregas: *oikos*, "casa", "habitação", e *logia*, "ciência".

( ) O termo *ecologia* foi criado em 1866 pelo biólogo zoólogo alemão Ernst Haeckel (1834-1919), um dos maiores discípulos de Charles Darwin.

( ) Por isso é considerado o primeiro ecologista da história.

( ) As pesquisas sobre o assunto, no entanto, remontam à Antiguidade.

( ) O grego Teofrasto, seguidor do filósofo Aristóteles, foi o primeiro a observar e descrever as relações dos organismos entre si e com o meio que os cerca.

Leia a seguinte carta aberta:

Carta aberta: respeito, igualdade, inclusão

Rio de Janeiro, 12 de junho de 2022.

Um século de lutas.

O Vasco da Gama é um gigante do futebol brasileiro por merecimento. Escreveu partes grandiosas de sua história dentro de campo, e é um dos clubes com mais motivos para se orgulhar de sua história também fora de campo. Ser vascaíno é torcer por um futuro que honre nossa história — e ela não é pequena.

[...]

Desde a inauguração do Maracanã, em 1950, o Vasco da Gama construiu uma relação íntima e vitoriosa com o maior estádio do mundo. Foi o primeiro campeão do "Maraca" e se acostumou a grandes jogos e inesquecíveis conquistas. É um caminho a não ser apagado jamais.

Donatas Dabravolskas/Shutterstock

Estádio Jornalista Mário Filho, mais conhecido como Maracanã, no Rio de Janeiro.

[...]

Segundo as regras vigentes, o aluguel para uso do Maracanã por clubes do Rio de Janeiro é de R$ 90 mil reais. Esta é a regra aplicada para partidas muito recentes, de alguns poucos dias atrás. Mas agora, sem qualquer justificativa, o valor cobrado para a partida do Club de Regatas Vasco da Gama foi estabelecido em R$ 250 mil reais. O Vasco pediu esclarecimentos, obtendo em troca um constrangedor silêncio.

[...]

Por fim, o Maracanã possui um espaço para mensagens institucionais, à beira do campo, no setor leste. É aquela mensagem visível nas transmissões televisivas, com dizeres escolhidos pelos clubes, direcionados aos espectadores.

O Vasco apresentou a mensagem a ser veiculada na partida deste domingo, o que foi vetado pelo consórcio. A mensagem que o Clube pretende disponibilizar é a seguinte:

"Desde 1898 o legítimo Club do povo /// Respeito, Igualdade, Inclusão"

Mais uma vez, o motivo do veto não foi explicado, o que nos leva a crer que haja algum tipo de censura à mensagem que o Vasco pretende veicular.

Demandamos o restabelecimento do valor previamente determinado pelo consórcio para o uso do Maracanã pelo Vasco, o mesmo valor que pagam os demais clubes do Rio; demandamos o restabelecimento da participação do Clube sobre as vendas nos bares e restaurantes do estádio no dia da partida; e demandamos a veiculação da mensagem do Clube na lateral do campo.

Demandamos, enfim, o respeito à história do Vasco da Gama e às regras vigentes que garantem condições iguais para os clubes cariocas que usam o estádio.

[...]

Conselho Deliberativo CRVG

Conselho de Beneméritos CRVG

Assembleia Geral CRVG

Conselho Fiscal CRVG

Diretoria Administrativa CRVG

(Disponível em: https://vasco.com.br/carta-aberta-respeito-igualdade-inclusao/. Acesso em: 12/4/2023.)

3. Há duas principais reclamações na carta. Identifique-as.

4. No 2º parágrafo do texto, é indicado o nome do clube remetente da carta: Vasco da Gama. Dê exemplos de termos ou expressões utilizados para retomá-lo ao longo do texto.

5. No 3º parágrafo, o texto introduz um novo elemento: o Maracanã.

a) Quais termos ou expressões são usados, no mesmo parágrafo, para retomar esse termo?

b) O que a expressão "um caminho" retoma?

6. No 4º parágrafo, há uma conjunção adversativa.

a) Qual é essa conjunção? Qual outra palavra a acompanha?

b) Essa conjunção estabelece oposição em relação a qual ideia ou informação apresentada anteriormente no texto? Qual efeito de sentido é construído pela combinação da conjunção com a palavra indicada no item **a**?

7. Ao final do texto, o remetente da carta faz uma série de reivindicações.

a) Identifique a forma verbal empregada para introduzir tais reivindicações, bem como os recursos coesivos empregados para organizá-las no texto.

b) Explique a função dos recursos coesivos identificados por você no item **a**.

OFICINA DE CRIAÇÃO

Projeto » Campanha *Respeito e Paz*

Nesta unidade, você e os colegas prepararam textos para a **Campanha Respeito e Paz** que organizarão neste capítulo: participaram de discussões em grupo, tomaram nota das principais ideias discutidas e produziram um vídeo da discussão. Além disso, criaram textos de campanha comunitária e propagandas sobre a importância do respeito e da paz nas escolas. Também escreveram cartas abertas e abaixo-assinados relacionados ao combate à violência e ao respeito pelos direitos dos cidadãos.

Agora, vocês vão usar todos esses textos na campanha, que tem como principal objetivo combater a prática de qualquer tipo de violência na escola e promover o respeito e a paz.

(Disponível em: https://respeitarepreciso.org.br/entrevista-ana-rosa-abreu/. Acesso em: 25/2/2023.)

Combinem com o professor data, horário e local adequado na escola — auditório, pátio, sala de aula, biblioteca, etc. — para realizar o evento de lançamento oficial da **Campanha Respeito e Paz**. Divulguem-no, convidando toda a comunidade escolar para o lançamento: colegas de outras turmas, professores, diretores, pais, familiares e amigos.

Depois de definidas as atividades do dia do lançamento, organizem um cronograma com os horários e os nomes dos convidados e divulguem-no ao público, utilizando estratégias para persuadi-lo a comparecer.

Filmem todas as etapas do evento. Posteriormente, o material em vídeo poderá ser editado e disponibilizado no *blog* dos alunos ou no *site* da escola ou poderá ser parcialmente enviado às famílias para que todos conheçam a campanha e participem dela.

1. Reunindo, organizando e expondo o material produzido

Reúnam todo o material produzido nesta unidade: notas das discussões em grupo, texto de campanha, propaganda, carta aberta e abaixo-assinado.

Um dia antes do evento, tirem cópia e distribuam esse material pela escola em locais estratégicos, por onde costumam passar muitas pessoas. Se for possível, busquem autorização para disponibilizá-lo também fora da escola.

Afixem esse material em painéis ou murais, de modo que cada um contenha determinado gênero textual. Por exemplo, um painel com as notas de discussão, outro com textos de campanha, outro com propagandas, e assim por diante.

Ao lado dos painéis, disponham um computador que apresente aos convidados os vídeos (ou trechos de vídeos) com as discussões que fizeram sobre o tema.

2. Trocando experiências e promovendo a paz

Convidem uma pessoa com experiência nos temas *bullying*, conflitos na escola, discriminação, entre outros, para fazer uma palestra para alunos e demais membros da comunidade escolar. Pode ser um psicólogo, um pai de aluno, um estudante que tenha vivido uma experiência relacionada ao tema, alguém que tenha participado de uma equipe de ajuda, etc.

Convidem um professor de ioga e meditação e façam uma experiência coletiva de prática de ioga, com o objetivo de promover a paz na escola.

wavebreakmedia/Shutterstock

3. Lendo a carta aberta e entregando o abaixo-assinado

Logo depois da palestra, aproveitem a presença do público para ler aos presentes uma das cartas abertas produzidas pela turma. Em seguida, convidem uma autoridade da escola — diretor ou coordenador responsável — para entregar o abaixo-assinado produzido por vocês, no qual constam reivindicações.

4. Discutindo o respeito e a paz com professores, coordenadores e diretores

Aproveitem a presença da autoridade da escola a quem foi entregue o abaixo-assinado e convidem-na, assim como também professores, coordenadores, diretores da escola e pais, para uma discussão com os alunos sobre medidas para promover o respeito e a paz na escola.

Tomem nota de novas propostas e compromissos que surjam na discussão.

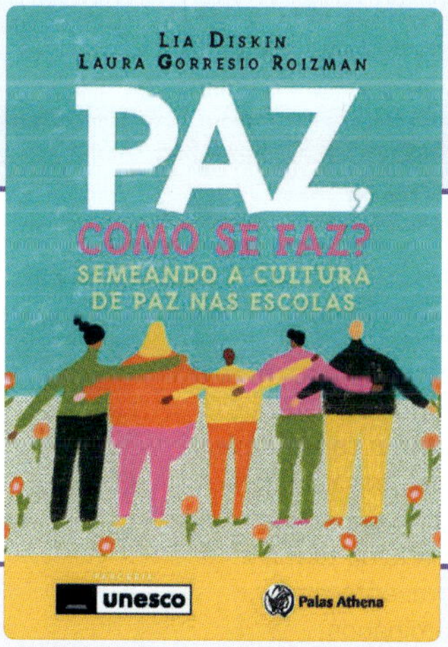

Reprodução/Palas Athena/Unesco

UNIDADE 4

Fazendo ciência

Esta unidade de ensino contempla:

21 habilidades da BNCC

Habilidades do campo jornalístico-midiático e de estudo e pesquisa, com foco na criação de textos de divulgação científica, seminário e carta de leitor.

5 gêneros textuais

Artigo de divulgação científica, seminário, *vlog* científico, *podcast* científico, carta de leitor.

2 recursos: Para escrever com síntese e Para falar e escrever com adequação

Tomada de notas e resumo; perguntas de improviso e síntese pessoal.

44 atividades: compreensão, interpretação, oralidade e escrita

Diversas atividades individuais e em grupo; propostas de criação de textos científicos, enciclopédia ou dicionário, seminário e carta de leitor.

Projeto: Oficina de Criação

Participar com os colegas da organização de um evento de divulgação científica, promovendo uma exposição de artigos de divulgação científica e cartas de leitor, além do lançamento de uma enciclopédia ou dicionário da turma e da apresentação de seminários.

Poema do afinal

No mesmo instante em que eu, aqui e agora,
Limpo o suor e fujo ao Sol ardente,
Outros, outros como eu, além e agora,
Estremecem de frio e em roupas se agasalham.

Enquanto o Sol assoma, aqui, no horizonte,
E as aves cantam e as flores em cores se exaltam,
Além, no mesmo instante, o mesmo Sol se esconde,
As aves emudecem e as flores cerram as pétalas.
Enquanto eu me levanto e aqui começo o dia,
Outros, no mesmo instante, exactamente o acabam.
Eu trabalho, eles dormem; eu durmo, eles trabalham.
Sempre no mesmo instante.

[...]

A Natureza separa-nos.
E as naturezas.
A cor da pele, a altura, a envergadura,
As mãos, os pés, as bocas, os narizes,
A maneira de olhar, o modo de sorrir,
Os tiques, as manias, as línguas, as certezas.

Tudo.

Afinal
Que haverá de comum entre nós?

Um ponto, no infinito.

(António Gedeão. *Poemas escolhidos*. Lisboa: Sá da Costa, 2001.)

Sarkis/ Acervo da editora

FIQUE LIGADO! *Pesquise!*

Reprodução/Twentieth Century Fox

Estrelas além do tempo, de Theodore Melfi; *Pandemia*, série documental da Netflix; *A teoria de tudo*, de James Marsh; *Uma viagem extraordinária*, de Jean-Pierre Jeunet; *Gattaca: A experiência genética*, de Andrew Niccol; *O jogo da imitação*, de MortenTyldum; *Nostalgia da luz*, de Patricio Guzmán; *O sal da Terra*, de Juliano Ribeiro Salgado e Wim Wenders; *A lei da água*, de André D'Elia; *Marcas da água*, de Jennifer Baichwal e Edward Burtynsky; *A última hora*, de Nadia Conners e Leila Conners; *Erin Brockovich*, de Steven Soderbergh; *Uma verdade inconveniente*, de Davis Guggenheim; *Uma aventura na América selvagem*, de William Dear; *Armas secretas: o surpreendente sistema de defesa dos animais*, da National Geographic; *Joias do Caribe*, da National Geographic; *A origem do homem*, da Discovery.

Reprodução/Companhia das Letras

E se? Respostas científicas para perguntas absurdas, de Randall Munroe (Companhia das Letras); *Tudo tem uma explicação: a biologia por trás de tudo aquilo que você nunca imaginou*, de Kennedy Ramos (Planeta); *A cidade das feras*, de Isabel Allende (Bertrand); *A universidade das crianças: cientistas explicam os enigmas do mundo*, de Ulrich Janben e Ulla Steuernagel (Planeta); *Noções de coisas*, de Darcy Ribeiro (Global); *Florestas e árvores*, *A água, da nascente ao oceano* e *O planeta das plantas*, da coleção As Origens do Saber (Melhoramentos); coleção Preserve o Mundo (Scipione); *A terra em alerta*, de Neide Simões de Mattos e Suzana Facchini Granato (Saraiva); *Ver de novo: histórias sobre o meio ambiente*, de vários autores, coleção Para Gostar de Ler (Ática); *A Terra em balanço: ecologia e o espírito humano*, de Al Gore (Gaia); *Vida e sustentabilidade*, de Elian Alabi Lucci (Atual); *Guia para cuidar bem do planeta*, de Patrícia Engel Secco e Jamile Balaguer Cruz (Melhoramentos); coleção Jornada Científica (Moderna).

"A mancha", de Lenine e Lula Queiroga; "Absurdo", de Vanessa da Mata; "Preserve", da banda Ultramen; "Mundo em confusão", da banda Tribo de Jah; "O sal da Terra", de Beto Guedes e Ronaldo Bastos; "Queremos saber" e "Refloresta", de Gilberto Gil.

- https://www.gov.br/mma/pt-br
- https://www.sosma.org.br/
- https://www.nationalgeographicbrasil.com/
- https://www.gov.br/ibama/pt-br

FIQUE LIGADO! *Escreva!*

Às vezes não percebemos, mas as pesquisas e as descobertas das ciências estão no nosso dia a dia. Pense em sua rotina e reflita: onde há ciência? Escreva um breve texto relatando suas descobertas.

DE OLHO NOS GÊNEROS

É provável que você já tenha tido contato com gêneros textuais como o artigo ou a reportagem de divulgação científica, o verbete, o seminário, o *podcast* e o *vlog* científico. Esses textos são frequentemente utilizados em situações sociais em que há necessidade de divulgar novas descobertas e pesquisas científicas.

Confira alguns exemplos de revistas científicas:

Capa: Felipe Del Rio/Abril Comunicações S.A.

(Revista *Superinteressante*, edição 444, out. 2022.)

Revista Planeta/Editora Três

(Revista *Planeta*, edição 515, nov. 2015.)

Reprodução/Instituto Ciência Hoje

(Revista *Ciência Hoje*, edição 376, maio 2021.)

Reprodução/Editora Globo

(Revista *Galileu*, edição 339, out. 2019.)

Que tal conhecer um pouco mais sobre esses gêneros? No dia combinado com o professor, traga para a sala de aula revistas de assuntos científicos, além de verbetes e *podcasts* ou vídeos científicos.

Com a orientação do professor, troque esse material com os colegas. Em seguida, participe de uma roda de conversa com toda a turma e compartilhe suas impressões sobre os textos lidos e destaque as características dos vídeos que mais lhe chamaram a atenção.

Transmitindo saberes, formando pessoas

Na sociedade em que vivemos, a escola é o espaço oficialmente destinado à construção de saberes, e a construção desse conhecimento formal se faz por meio da linguagem e de certos gêneros textuais.

Nos ensinos fundamental, médio e superior, frequentemente os estudantes fazem resumos e relatórios e apresentam seminários. Em alguns ramos da atividade empresarial, também é comum a apresentação de seminários voltados a determinados grupos profissionais.

De modo geral, os textos de divulgação científica circulam em livros, enciclopédias e revistas, impressos e digitais, servindo para ampliar o conhecimento ou informar sobre as últimas descobertas no campo das ciências.

Gorodenkoff/Shutterstock

AstroStar/Shutterstock

Stephen M Brooks/Shutterstock

O texto de divulgação científica, o verbete, o seminário, o *vlog* e o *podcast* na história

É difícil precisar quando esses gêneros surgiram. Contudo, é certo que a origem dos gêneros escolares e científicos se confunde com a história da própria ciência e da educação formal.

O verbete de dicionário foi criado em 1502 pelo monge italiano Ambrogio Calepino, e o verbete de enciclopédia, tal como o conhecemos hoje, nasceu com a *Encyclopédie* francesa, publicada por D'Alembert e Diderot em 1772.

Pictures Now/Alamy/Fotoarena

Na imagem, o químico francês Antoine Laurent Lavoisier (1743-1794) é representado em um laboratório, lendo textos.

Já o texto de divulgação científica é mais recente. Enquanto os textos científicos são produzidos por cientistas e têm como destinatários especialistas da área, os textos de divulgação científica são produzidos por cientistas para leitores de jornais e revistas, ou seja, para um público predominantemente leigo. Assim, a história do texto de divulgação científica coincide com a história do jornalismo, que remonta aos séculos XIX e XX.

Os gêneros *vlogs* e *podcasts* científicos surgiram com a popularização da internet no século XXI. Seus conteúdos são produzidos geralmente por especialistas, cientistas e professores universitários que buscam levar ao grande público conhecimentos científicos recentes.

Reprodução/Science Vlogs Brasil

Além de um projeto de divulgação científica destinado a espectadores de *vlogs* na internet, o Science Vlogs Brasil apresenta-se como um "selo de qualidade" que atesta a qualidade do conteúdo científico produzido por canais do YouTube.

OFICINA DE CRIAÇÃO

Projeto » **Mundo em mudança**

Nesta unidade, você vai participar com os colegas da organização de um evento científico, no qual serão expostos painéis com artigos de divulgação científica e apresentados seminários. Além disso, você vai organizar o lançamento de uma enciclopédia ou dicionário científico da turma.

CAPÍTULO

1 O texto de divulgação científica

O GÊNERO EM FOCO

A denominação **texto de divulgação científica** pode se referir a uma variedade de gêneros que têm por objetivo divulgar pesquisas científicas ao público em geral. Pode ser um verbete de dicionário ou de enciclopédia; um artigo acadêmico de divulgação científica, com tratamento aprofundado do tema; um artigo jornalístico de divulgação científica, mais objetivo, dirigido a um público bem mais amplo; um infográfico interativo disponível na internet ou um vídeo em *vlog* científico.

Leia os textos a seguir.

Texto 1

tartaruga

tar·ta·ru·ga

sf

1 ZOOL Denominação comum aos répteis da ordem dos quelônios, ovíparos, cujos corpos têm a proteção de uma carapaça dorsal arredondada e de um plastrão ventral, formados por placas ósseas e revestidos com escudos córneos, apresentando suas vértebras torácicas e costelas fundidas com a carapaça. Não possuem dentes, mas têm lâminas córneas que auxiliam sua alimentação. São encontradas em quase todo o mundo, tanto em água doce e água salgada como em ambientes terrestres.

2 Substância de que são feitas as placas córneas que revestem a carapaça de algumas tartarugas, usadas largamente na confecção de diversos artigos, como pentes, fivelas, armações de óculos etc.

3 ZOOL *V* tartaruga-de-pente.

4 CUL *V* tartarugada.

sm+f

1 FIG Pessoa cujos gestos, movimentos, ações etc. são lentos, sem agilidade.

2 Pessoa velha e feia.

ETIMOLOGIA

gr tartaroúkhos, via *lat vulg *tartarucham*.

(Disponível em: https://michaelis.uol.com.br/moderno-portugues/busca/portugues-brasileiro/tartaruga/. Acesso em: 28/2/2023.)

Texto 2

A Tartaruga-de-pente

9 setembro de 2020

Rodrigo Maia-Nogueira

A Biota Aquática da baía de Todos os Santos e costa Atlântica de Salvador, Bahia

Tartaruga-de-pente (*Eretmochelys imbricata*)

- Classe: Reptilia
- Ordem: Testudines
- Família: Cheloniidae

Rodrigo Maia-Nogueira/Acervo do fotógrafo

Tartaruga-de-pente (*Eretmochelys imbricata*) fotografada próximo à baía de Todos os Santos.

DESCRIÇÃO

A Tartaruga-de-pente que mede até 110 cm de comprimento curvilíneo e pesa em média 85 kg não é a maior das tartarugas marinhas.

O casco da Tartaruga-de-pente na porção superior apresenta uma cor marrom avermelhada com detalhes amarelados. Este casco é composto por quatro pares [de] placas laterais que se sobrepõem como se fossem telhas arrumadas em um telhado. A borda do casco apresenta um formato serrilhado bem nítido. A parte inferior, denominada plastrão, apresenta uma coloração branco amarelada.

A cabeça da Tartaruga-de-pente é relativamente pequena quando comparada com a cabeça de outras espécies de tartarugas e [tem] como característica, além de um bico córneo bem destacado e estreito que se assemelha ao de uma ave de rapina (detalhe que lhe rendeu o nome popular em inglês *Hawksbill* cuja tradução livre seria bico-de-falcão). As nadadeiras dianteiras (peitorais) da Tartaruga-de-pente são relativamente grandes e apresentam duas unhas (garras).

BIOLOGIA

A Tartaruga-de-pente parece preferir águas calmas e rasas na zona costeira, porém também pode ser encontrada em áreas mais profundas de até 54 m.

A dieta da Tartaruga-de-pente é baseada especialmente em esponjas da classe Demospongiae, porém ela também se alimenta de lulas, além de águas-vivas (incluindo a Caravela-portuguesa *Physalia pysalus*) e anêmonas. Ocasionalmente ela preda pequenos camarões que captura utilizando o seu bico estreito nas fendas dos recifes costeiros e algas. Apesar de possuírem uma dieta bem especializada, as Tartarugas-de-pente, assim como todas as demais tartarugas, são oportunistas e podem se alimentar de uma infinidade de outros organismos nectônicos, o que favorece que elas acidentalmente comam resíduos sólidos antropogênicos e sofram as consequências destas ingestões.

Como as demais tartarugas marinhas, a Tartaruga-de-pente é ovípara, chegando a postar em média 120 ovos por ninhada. No Brasil são registrados em torno de 2.200 ninhos de Tartaruga-de-pente por temporada, sendo as praias do litoral da Bahia, de Sergipe e do Rio Grande do Norte as preferidas para a postura. A maturidade sexual é atingida entre os 14 e 25 anos de idade.

Assim como as demais espécies de tartarugas, as Tartarugas-de-pente são longevas, porém por conta da sua longevidade o seu desenvolvimento e crescimento são lentos e a sua maturação é tardia, tornando a espécie bastante vulnerável.

[...]

(Adaptado de: https://ecobiogeo.com/blog/2020/09/09/a-tartaruga-de-pente/. Acesso em: 28/2/2023.)

Texto 3

Todas as tartarugas marinhas do planeta têm plástico no organismo

Estudo analisou exemplares da espécie nos oceanos Atlântico, Pacífico e Mediterrâneo: em todas as amostras havia indícios da presença de microplástico

Nature/Fotoarena

Uma pesquisa recente demonstrou que organismos marinhos que vivem de filtrar comida na água do mar, como as vieiras, absorvem bilhões de micropartículas de plástico em poucas horas. Mas como funciona com seres maiores, como as tartarugas? É o que buscou descobrir um grupo de pesquisadores da Universidade de Exeter, do Laboratório Marinho de Plymouth e do Greenpeace.

Eles analisaram 102 exemplares de tartarugas marinhas encontradas nos oceanos Atlântico, Pacífico e Mediterrâneo e encontraram plástico nos intestinos de todas elas. Apenas parte do intestino de cada animal foi analisada — então, estima-se que o número total de partículas com menos de 5 milímetros seja cerca de 20 vezes maior.

Partículas sintéticas foram encontradas em todas as tartarugas, sendo as mais comuns as fibras, que podem vir de fontes incluindo roupas, pneus, filtros de cigarro e equipamentos marítimos, como cordas e redes de pesca. "O efeito dessas partículas sobre as tartarugas é desconhecido", disse a autora principal, Emily Duncan, do Centro de Ecologia e Conservação do Campus Penryn, na Universidade de Exeter, na Cornualha.

"Seu pequeno tamanho significa que eles podem passar pelo intestino sem causar um bloqueio, como é frequentemente relatado com fragmentos maiores de plástico", contou. "No entanto, o trabalho futuro deve se concentrar em saber se os microplásticos podem estar afetando os organismos aquáticos de forma mais sutil. Por exemplo, eles podem possivelmente conter contaminantes, bactérias ou vírus, ou podem afetar a tartaruga em nível celular ou subcelular. Isso requer mais investigação."

Penelope Lindeque, do Laboratório Marinho de Plymouth, alerta que, infelizmente, o microplástico está em quase todo o reino animal. "Do nosso trabalho, ao longo dos anos, encontramos microplástico em quase todas as espécies de animais marinhos que observamos; desde minúsculos zooplânctons na base da cadeia alimentar marinha até peixes, larvas, golfinhos e agora tartarugas."

Alamy/Fotoarena

Animais marinhos de todos os tamanhos são capturados pela "pesca fantasma".

O perigo do plástico tampouco se restringe às micropartículas. Um relatório elaborado pela Proteção Animal Mundial alertou para uma ameaça cada vez mais comum nos oceanos, mas quase nada pesquisada, que chamaram de "pesca fantasma".

Todos os anos pelo menos 640 mil toneladas de equipamentos de pesca, como redes, varas, linhas, anzóis, cordas e armadilhas, se perdem nos oceanos, onde devem permanecer por mais de 600 anos.

Ao longo do tempo, apesar da falta de controle humano, seguem aprisionando espécies marinhas. Provocam ferimentos ou simplesmente impedem a locomoção, fazendo com que morram de fome ou, como as tartarugas, que precisam deixar a água para respirar, morram afogadas. A "pesca fantasma" pode impactar até 69 mil animais marinhos por dia no Brasil.

(Disponível em: https://revistagalileu.globo.com/Ciencia/Meio-Ambiente/noticia/2018/12/todas-tartarugas-marinhas-do-planeta-tem-plastico-no-organismo.html. Acesso em: 28/2/2023.)

1. Os três textos lidos são de divulgação científica. Associe cada um deles à sua denominação específica:

☐ artigo de divulgação científica

☐ verbete de dicionário

☐ verbete de enciclopédia

GoodStudio/Shutterstock

2. Sobre o texto 1, responda:

a) Qual é o primeiro termo que aparece?

____

b) Qual é a função dos pontos na segunda ocorrência do termo?

____

c) O que os números indicam?

____

3. Os verbetes costumam fazer uso de abreviaturas. Faça uma pesquisa para descobrir o significado das abreviaturas utilizadas no texto 1 e depois preencha o quadro a seguir.

Abreviatura	Significado
sf	
ZOOL	
CUL	
sm+f	
FIG	
gr	
lat vulg	
V	

4. Sobre o texto 2, responda:

a) Qual é o termo a ser definido?

____

b) Esse termo é especificado com outro nome?

____

c) O subtítulo do texto apresenta o local onde a espécie é encontrada no Brasil. Identifique e copie essa informação.

____

____

5. Ainda sobre o texto 2, responda:

a) Quais são os intertítulos do texto?

____

b) O que cada um deles informa?

____

____

____

c) O texto apresenta termos especializados. Identifique-os e compartilhe oralmente com a turma pelo menos dois deles.

Ian Dyball/Shutterstock

d) Levante hipóteses: Quem é o público leitor do texto 2?

6. Além da parte verbal, o texto 2 é composto de uma imagem. Qual é o papel dessa imagem na composição do verbete?

7. Releia e compare os textos 1 e 2. Depois, reflita e troque ideias com os colegas: Qual é a função de cada um dos verbetes? Em quais situações cada um pode ser consultado?

8. Os verbetes podem ser considerados um gênero que tem a finalidade de divulgar conhecimento? Justifique sua resposta.

9. Qual é o tema central do texto 3?

10. O texto 3 é um artigo jornalístico de divulgação científica. Indique, entre os itens que seguem, aquele que traduz melhor a finalidade desse gênero textual.

- [ ] Ensinar como se faz um relatório científico.
- [ ] Convencer o interlocutor do ponto de vista defendido pelo autor.
- [ ] Relatar experiências pessoais.
- [ ] Expor um conteúdo de natureza científica a leitores leigos ou não especializados.

11. No primeiro parágrafo do texto 3, uma estratégia é utilizada para prender a atenção do leitor e apresentar o objetivo do estudo divulgado. Qual é essa estratégia?

---

12. A estrutura de um artigo de divulgação científica não é rígida, pois depende do assunto e de outros fatores envolvidos na situação comunicativa: quem produz o texto, para quem, com que finalidade. Apesar disso, o autor apresenta uma ideia principal, geralmente um conceito ou um ponto de vista sobre um conceito, e procura fundamentá-la com provas ou evidências, isto é, com exemplos, comparações, resultados objetivos de experiência, dados estatísticos, relações de causa e efeito, etc. Ainda sobre o texto 3:

a) Que conhecimento científico é divulgado?

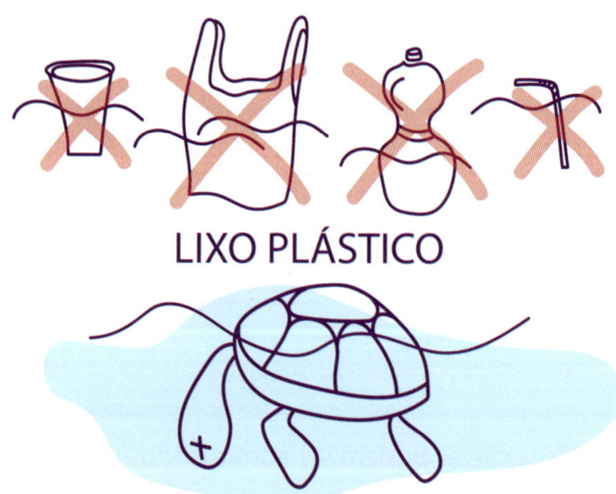

Victoria Kaipetskaya/Shutterstock

b) Geralmente, um texto de divulgação científica apresenta dados e resultados de pesquisas desenvolvidas por cientistas de diferentes áreas. Quem são os responsáveis pelo estudo divulgado? Quem é o(a) autor(a) principal da pesquisa?

---

c) Em um texto de divulgação científica, geralmente há provas para defender as ideias nele apresentadas. Indique trechos do texto que sustentem a ideia de que o plástico é um grande problema para os oceanos.

- dados numéricos:

- voz de autoridade:

- exemplos:

- argumentos de causa e consequência:

13. O texto 3 apresenta um estudo principal, destacado no título e no início do texto, e outro estudo relacionado ao tema.

a) Qual é o tema do outro estudo comentado no texto lido?

b) Qual é a importância de apresentar ao leitor dados e informações desse outro estudo?

c) O que a relação entre os estudos demonstra ao leitor?

14. É comum o artigo de divulgação científica fazer uso de vocabulário e conceitos científicos básicos.

a) Identifique no texto conceitos, palavras ou expressões próprios da linguagem científica.

b) A que áreas científicas eles pertencem?

15. O texto 3 foi publicado no *site* de uma revista especializada em divulgação científica.

a) Considerando a forma como o assunto foi abordado e a linguagem utilizada, deduza: O texto foi escrito apenas para leitores cientistas ou foi produzido para um público amplo e heterogêneo? Justifique sua resposta.

b) No texto, há alguma sugestão de medidas para sanar ou evitar o problema abordado no estudo ou há apenas alertas sobre as consequências dele?

c) Troque ideias com os colegas e indiquem possibilidades: Quais medidas podem sanar ou evitar o problema?

Leia o boxe a seguir e responda à questão 16.

O vilão dos mares

Todo lixo plástico é um problema ambiental pelo tempo que o material demora para se decompor. Contudo, um item mereceu o título de vilão dos mares: os canudos. Eles são usados uma única vez e, por serem muito leves, não podem ser reciclados e chegam muito facilmente aos oceanos. Como o plástico não se decompõe, o canudo se fragmenta em pedaços cada vez menores, os chamados microplásticos, que são confundidos com comida pelos animais marinhos. Os canudos são só uma parte do problema. Metade do plástico que utilizamos é de uso único e descartado imediatamente, o que gera uma quantidade enorme de lixo.

Rich Carey/Shutterstock

16. Qual é a relação entre os canudos e o resultado do estudo no texto lido?

17. Observe a linguagem do texto 3:

a) Em que tempo verbal está a maioria dos verbos empregados no texto?

b) Por que esse tempo verbal é o mais utilizado?

c) Por que o tempo verbal pretérito foi empregado em alguns trechos do texto 3?

d) A variedade linguística empregada no texto está de acordo ou em desacordo com a norma-padrão?

18. Quando produzimos um texto, podemos nos colocar nele de modo pessoal ou impessoal. No texto lido, predomina uma linguagem pessoal ou uma linguagem impessoal? Por quê?

19. Reunidos em grupos, preencham o quadro a seguir com as principais características do texto de divulgação científica.

Texto de divulgação científica: construção e recursos expressivos	
Quem são os interlocutores do texto de divulgação científica?	
Qual é o objetivo do texto de divulgação científica?	
Qual é o suporte ou o veículo do texto de divulgação científica?	
Quais são os temas abordados em textos de divulgação científica?	
Como é a estrutura do texto de divulgação científica?	
Como se caracteriza a linguagem do texto de divulgação científica?	

AGORA É A SUA VEZ

Agora é a sua vez de informar as pessoas sobre um assunto que vem preocupando a humanidade, incluindo a população do Brasil, e é estudado por diferentes áreas científicas: **o aquecimento global e suas consequências para a natureza e para a humanidade**.

Escreva um artigo de divulgação científica sobre o tema, destinado a estudantes do 6º ao 9º ano. Esse texto deverá compor painéis a serem expostos no evento científico da turma que será realizado ao final desta unidade.

Para ajudá-lo a escrever um texto rico, com grau de profundidade adequado ao tema e aos interlocutores, leia o texto a seguir e fique atento a informações e dados sobre as mudanças climáticas e o aquecimento global.

Mudanças climáticas aumentam incidência de doenças, alerta fundo global

Segundo a instituição, à medida que as temperaturas aumentam, o número de casos de doenças como malária e tuberculose cresce entre a população

Por Redação Galileu

24/11/2022 09h23

O diretor executivo do Fundo Global de Combate à Aids, Tuberculose e Malária, Peter Sands, alertou na terça-feira (22), em entrevista coletiva à associação de correspondentes da Organização das Nações Unidas (ONU), que as mudanças climáticas tendem a causar ainda mais mortes do que se imaginava. Isso porque chuvas intensas e o aumento médio da temperatura podem aumentar o número de casos de doenças infecciosas.

[...]

De acordo com a Agence France-Presse, o diretor destacou no evento que, além de trazer insegurança alimentar deixando as pessoas mais vulneráveis a doenças, o clima quente e úmido tornou-se um cenário propício para a dengue e a malária aumentarem sua área e grau de incidência.

Reprodução/Pexels

Clima quente e úmido impacta na propagação de doenças infecciosas.

Clima e infecções

Embora até o momento o surto de malária tenha sido associado ao aumento da frequência e da devastação das tempestades tropicais, as inundações no Paquistão ajudaram a elevar este número.

"Partes da África que anteriormente não eram afetadas pela doença agora estão em risco à medida que as temperaturas aumentam e permitem que os mosquitos prosperem", disse Sands. Ele afirmou que a população nessas áreas não tem tanta imunidade, ou seja, o risco de mortalidade é maior.

96% da humanidade testemunhou mudanças climáticas no último ano

44% das árvores replantadas em florestas tropicais da Ásia não sobrevivem

Outra ameaça citada é a propagação da tuberculose entre o número crescente de pessoas em deslocamento causado pela mudança climática em todo o mundo.

"A tuberculose é uma doença que prospera com concentrações de pessoas altamente estressadas em confinamento com comida e abrigo inadequados. Quanto mais vemos o deslocamento de pessoas, mais acho que isso se traduzirá em condições favoráveis para a transmissão da doença", explicou o diretor.

[...]

(Disponível em: https://revistagalileu.globo.com/um-so-planeta/noticia/2022/11/mudancas-climaticas-aumentam-incidencia-de-doencas-alerta-fundo-global.ghtml. Acesso em: 5/12/2022.)

Para a produção do artigo científico, consulte também os professores de Ciências e Geografia, além de livros, revistas, enciclopédias e *sites* confiáveis para saber mais sobre esse tema, que, apesar de bastante estudado, ainda é polêmico.

Planejamento do texto

- Com base no tema aquecimento global, escolha um subtema para se aprofundar: principais causas, consequências para a natureza, consequências para o Brasil, consequências em outras partes do mundo, medidas que podem ser adotadas, iniciativas que já existem para combater o aquecimento global, polêmicas em torno da existência do fenômeno, extinção de espécies, etc. A escolha de um subtema não impede que você aborde outros, pois todos estão relacionados.

bear_productions/Shutterstock

Estrada inundada.

- Pesquise o subtema em enciclopédias, livros, revistas de divulgação científica e *sites* confiáveis especializados em ciências e faça anotações de dados numéricos, falas de especialistas, exemplos, comparações e outros argumentos. Sempre anote a fonte e o nome dos pesquisadores para citá-los em seu texto.
- Ao redigir o texto, tenha em vista o perfil dos leitores: colegas de turma e da escola, professores, funcionários e familiares que serão convidados para o evento científico.
- Selecione imagens que possam ilustrar e enriquecer seu artigo.

Escrita

- Inicie o texto com um parágrafo de apresentação do tema e do subtema escolhido.
- Nos parágrafos seguintes, desenvolva o subtema selecionado.
- Em um dos parágrafos, apresente dados numéricos e outros resultados de pesquisas realizadas sobre o tema, sempre citando a fonte e o nome dos pesquisadores envolvidos.
- Como conclusão, aponte medidas de solução para o aquecimento global, indicando medidas já adotadas em alguns lugares do planeta e citando ideias que ainda estão em estudo.
- Empregue uma variedade linguística de acordo com a norma-padrão.
- Dê um título objetivo ao texto.
- Crie legendas para as imagens que vão acompanhar o texto.

Revisão e reescrita

Antes de finalizar o texto, releia-o, observando se:

- ele explica o fenômeno e a gravidade do aquecimento global;
- são desenvolvidas ideias relacionadas ao subtema escolhido;
- as ideias estão organizadas em parágrafos claros e objetivos e com progressão sobre o tema;
- as palavras e as expressões do vocabulário científico são acessíveis e livres de erros conceituais;
- há dados e informações que provam o fenômeno abordado, com referência aos estudos realizados;

carballo/Shutterstock

- a linguagem está de acordo com a norma-padrão da língua;
- há título objetivo.

Feita a revisão, troque seu texto com o de um colega, a fim de que um leia o que o outro escreveu, e faça sugestões de melhorias.

Faça as modificações que julgar convenientes e passe seu texto para o suporte final. Você pode, se quiser, digitá-lo e inserir imagens relacionadas com o tema.

Converse com o professor e os colegas sobre outras formas de divulgar os textos, além da exposição no painel de textos de divulgação científica que será montado na **Oficina de Criação**, no final da unidade. A turma poderá, por exemplo, encaminhar alguns textos para o jornal ou a revista da escola, para o jornal do bairro, para uma rádio da comunidade, para um *site* que luta pela defesa do meio ambiente, entre outras possibilidades.

Tomada de notas e resumo

Para escrever seu texto de divulgação científica, você realizou pesquisas, anotou informações e suas respectivas fontes e resumiu as informações encontradas, tendo em vista o objetivo de produzir um novo texto.

A tomada de notas e o resumo podem ser muito necessários em diferentes situações do nosso dia a dia. Por exemplo, tomamos notas durante a explicação da matéria pelo professor, durante uma palestra ou mesmo em uma visita a um museu. Também tomamos nota durante a realização de um trabalho em grupo ou para fazer um roteiro de viagem. Produzimos resumos para estudar para uma prova ou a pedido de um professor e lemos resumos de filmes e livros para escolher uma entre várias opções.

A tomada de notas pode servir para o registro de tópicos julgados importantes em gêneros orais — aulas, palestras — ou em gêneros escritos, para recordar esses tópicos e produzir um novo gênero (um resumo, um relatório, um verbete). Já o resumo pode ser uma produção final — entregar um resumo como avaliação a um professor — ou pode servir para a elaboração de outro gênero — em algumas situações, é necessário resumir um texto que servirá de base para a produção de outro texto (um artigo científico, uma reportagem, uma prova, etc.).

Para a produção dos artigos de divulgação científica, você e seus colegas se familiarizaram com vários termos relacionados ao problema do aquecimento global. Que tal agora produzir verbetes desses termos e conceitos?

Coletivamente, vocês devem fazer uma lista de termos e conceitos que encontraram ao pesquisar o tema. Depois de pronta a lista, dividam-se em grupos. Cada grupo será responsável por produzir pelo menos um verbete sobre o tema. Os verbetes serão reunidos em uma enciclopédia a ser lançada no dia do evento científico, ao final desta unidade. Para produzir os verbetes, façam pesquisas e tomem notas das informações mais importantes, sempre lembrando de anotar a fonte.

Pesquisa

São várias as possíveis fontes de pesquisa sobre um tema, seja ela qual for: pesquisas em *sites* de busca na internet, conversas com especialistas da área, leitura de livros, revistas e jornais que abordam o assunto. Com a orientação do professor, pesquise o tema em diferentes fontes para que as informações sejam contrastadas e você tenha uma visão mais ampla de questões que estão relacionadas entre si.

Durante a pesquisa, **tome notas** dos dados e informações importantes para depois expor o resultado a seu grupo. Para sustentar as informações, é importante registrar dados numéricos, trechos de leis, declarações de especialistas na área, sempre tendo o cuidado de anotar de onde você retirou cada uma das informações, ou seja, a fonte: nome da revista, jornal, livro ou *site*; data da publicação; e autor do texto, se houver.

Anote as possíveis definições, origem, história, exemplos, algumas curiosidades, datas importantes, personalidades envolvidas. Se houver imagens, mapas, gráficos ou outros recursos relacionados, faça cópias e anote as fontes.

Compartilhamento de dados da pesquisa

Depois de realizadas as pesquisas individualmente, reúna-se novamente em grupo com os colegas. Cada integrante do grupo deve expor o que encontrou na pesquisa para, depois, o grupo em conjunto selecionar as principais informações e os dados mais relevantes para compor os verbetes.

Feito o compartilhamento, resumam as informações mais relevantes para escrever o verbete. Para resumir um texto, é necessário trabalhar com a estratégia da sumarização, que consiste em eliminar informações secundárias, como as que reforçam outras já presentes no texto e repetições. Como cada integrante do grupo fez uma pesquisa, é provável que haja informações repetidas, vários exemplos para o mesmo caso, mais de uma definição possível. Eliminem as repetições, escolham apenas um exemplo para cada caso e elaborem apenas uma definição.

Veja um exemplo de sumarização, comparando o texto original a seu resumo:

Aquecimento global aumenta a transmissão de vírus entre diferentes animais

Cientistas americanos e sul-africanos estimaram que [o] aquecimento global elevará, até 2070, em 4 mil vezes a transmissão de vírus entre diferentes espécies de mamíferos. E essa disseminação favorece que esses patógenos cheguem aos seres humanos, o que aumenta o risco de surtos e epidemias. Os dados foram publicados na revista científica *Nature*.

Rudmer Zwerver/Shutterstock

"Com o aumento da temperatura, muitas espécies devem mudar seu *habitat* e procurar climas mais adequados. Nessas condições, animais que nunca se encontraram antes começam a conviver, aumentando a probabilidade de troca de vírus entre eles — o que cresce também a probabilidade de alguns desses vírus chegarem a nós", esclarece a microbiologista Natália Pasternak, presidente do Instituto Questão de Ciência.

[...]

Ainda segundo o documento, hoje há cerca de 10 mil tipos de vírus com a capacidade de infectar humanos, mas que atualmente estão praticamente restritos a outros mamíferos.

Essa troca de vírus entre espécies é algo que sempre aconteceu, mas em uma velocidade menor. E a cada salto que esses micróbios dão de um bicho para o outro, eles podem sofrer mutações que, eventualmente, facilitariam a infecção em seres humanos.

[...]

(Adaptado de: https://saude.abril.com.br/medicina/aquecimento-global-aumenta-a-transmissao-de-virus-entre-diferentes-animais/. Acesso em: 1º/3/2023.)

Resumo

O aquecimento global está aumentando o risco de surtos e epidemias de vírus, de acordo com estudo publicado na revista *Nature*. O aumento da temperatura faz espécies de mamíferos migrarem e entrarem em contato com outras, aumentando a transmissibilidade dos vírus, os quais, ao mudarem de um mamífero a outro, podem sofrer mutações e facilitar a infecção em seres humanos.

Note que o resumo deu mais destaque ao risco de os vírus transmitidos entre espécies de mamíferos chegarem aos seres humanos.

Assim, resumir não é simplesmente copiar e colar vários textos ou trechos de texto escolhidos aleatoriamente, mas, sim, criar um novo texto, com novos objetivos, selecionando, nos textos pesquisados, informações relevantes tendo em vista o objetivo final do resumo. Por isso, planejem como vão reunir as informações pesquisadas de forma resumida para compor o verbete.

Elaboração do verbete

Com base nas informações pesquisadas, reunidas e resumidas, escrevam o verbete. Sigam algumas características estudadas do gênero: termo de entrada em destaque, definição e desenvolvimento do verbete com expansões.

Troquem os verbetes entre os grupos para que os colegas possam revisar e sugerir mudanças pertinentes a cada entrada. Por fim, guardem as versões finais para a montagem de uma pequena enciclopédia com os verbetes, a ser divulgada na **Oficina de Criação**.

CAPÍTULO 2

O seminário, o *vlog* e o *podcast* científicos

O GÊNERO EM FOCO

O seminário

O seminário é um gênero oral público que pertence à família dos gêneros expositivos, como o texto de divulgação científica, o relatório, o verbete de enciclopédia e o texto didático. Comum nas esferas escolar, acadêmica e profissional, pode ser realizado individualmente ou em grupo. Seu papel é transmitir conhecimentos específicos — técnicos ou científicos — a respeito de um assunto relacionado a determinada área do conhecimento.

Stígur Már Karlsson/Heimsmyndir/Getty Images

Para ter uma visão mais concreta de como se realiza um seminário, bem como de sua estrutura e organização, assista na plataforma Plurall, com a orientação do professor, a um seminário feito por estudantes. Depois veja, neste capítulo, as orientações sobre como preparar e apresentar um seminário, individualmente e em grupo.

Planejamento e preparação do seminário

Como o seminário é um gênero que tem por objetivo a transmissão de conhecimentos, é fundamental que o apresentador esteja muito bem preparado em relação ao assunto abordado. Para o planejamento e a preparação do seminário, é necessário seguir as etapas descritas a seguir.

1. Delimitação do tema

O evento da turma terá o tema **Mundo em mudança**, em que vocês apresentarão painéis e seminários sobre descobertas científicas relacionadas às mudanças que o ser humano causa no meio ambiente e suas consequências. Diante disso, escolham um dos temas a seguir, ou outros sugeridos pela turma, para a produção do seminário. O ideal é que não haja repetição de temas para que o evento seja mais enriquecedor ao público.

- Impacto do microplástico no meio ambiente e na vida dos animais
- Microplástico e o nosso corpo: por que estamos nos alimentando de plástico?
- Novas alternativas ao uso de plástico: produtos biodegradáveis
- Relações entre o aquecimento global e o aparecimento de novas doenças

- A pecuária e o aquecimento global
- Lixo eletrônico: o que fazer com esse problema crescente?
- Poluição do ar: os combustíveis fósseis e outras alternativas menos poluentes
- Desmatamento e degradação do solo: causas e consequências

2. Pesquisa

Pesquise em livrarias, bibliotecas e na internet quais livros, enciclopédias, jornais, revistas, vídeos, etc. poderão servir de fonte de informação sobre o tema.

pio3/Shutterstock

3. Tomada de notas

Tome notas, resuma ou reproduza textos verbais e não verbais que possam ser úteis para a exposição. Esse trabalho deve ter em vista a produção de um roteiro para ser utilizado no momento da apresentação. Por isso, anote tudo o que for útil para enriquecer o seu texto: dados históricos ou estatísticos, citações, comparações, exemplos, etc.

4. Seleção e organização de informações

Selecione e organize as informações, tendo em vista os seguintes aspectos da exposição:

- como introduzir, desenvolver e concluir a exposição;
- quais subtemas serão abordados no desenvolvimento;
- quais exemplos ou apoios (gráficos, dados estatísticos, fotografias, mapas, ilustrações, etc.) serão utilizados para fundamentar a exposição;
- que materiais e recursos audiovisuais (cartazes, apostilas, lousa, retroprojetor, *datashow*, microfone, etc.) serão necessários.

Nesse planejamento, devem ser levadas em conta as características do público-alvo, como faixa etária, tipos de interesse, expectativas e conhecimentos prévios em relação ao tema abordado. Convém dar à exposição um encaminhamento agradável, por exemplo, intercalar o uso da voz com o uso de recursos audiovisuais.

5. Produção de roteiro e esquema

Primeiramente, redija um roteiro que permita visualizar não apenas o conjunto das informações que serão apresentadas, mas também a sequência em que isso vai ocorrer. Esse roteiro deve conter: informações-chave que orientarão seu pensamento durante a exposição; indicação de recursos audiovisuais (se for o caso); textos de autoridades ou especialistas que serão citados, etc. Durante a exposição propriamente dita, deve-se evitar ler o que está escrito no roteiro, a não ser para reproduzir textualmente a citação de um autor. Posteriormente, redija um esquema, isto é, um conjunto de anotações breves que lhe servirão de apoio durante a exposição. Se necessário, você poderá olhar rapidamente o esquema, a fim de se lembrar de algum tópico ou da sequência da exposição.

6. Ensaio

Ensaie sua apresentação. Para isso, tenha à mão um gravador ou celular e o esquema. Com o gravador ou o celular ligado, grave ou filme a exposição como se estivesse falando para a turma. Procure falar com segurança e fluência, evitando consultar o roteiro. Faça-o apenas em último caso. Quando terminar, ouça a gravação e avalie o resultado. Se julgar necessário, ensaie outras vezes e, se possível, na presença de outras pessoas.

MPIXTURE.COM/Shutterstock

Enriquecendo o seminário com o uso de recursos visuais e audiovisuais

A principal linguagem de um seminário é a verbal, falada pelo apresentador. Contudo, o uso de recursos visuais e audiovisuais, como cartazes, *datashow*, transparências em retroprojetor, *slides* e vídeos, pode tornar o evento mais agradável ou facilitar a transmissão de um volume maior de informações. O uso desses recursos exige, porém, certos cuidados:

Alamy/Fotoarena

- o equipamento deve ser testado previamente para prevenir falhas técnicas durante a exposição;
- o apresentador deve se lembrar de que tais recursos têm a finalidade de servir de apoio à exposição oral e, portanto, não a substituem. Deve, portanto, aproveitá-los para reunir ou esquematizar as informações que vai apresentar. A alternância entre a exposição oral e os recursos visuais ou audiovisuais geralmente dá leveza a um seminário;
- os recursos devem ser de fácil visualização, leitura ou escuta para o público. Então, evite usar textos longos, com letras pequenas. Opte por imagens, esquemas e citações curtas.

Apresentação do seminário

Durante a exposição podem ocorrer imprevistos. Por exemplo, o público pode não compreender bem o conteúdo da exposição; um aparelho audiovisual pode não funcionar; uma cartolina pode cair da parede; se o seminário for em grupo, um integrante do grupo pode faltar ou ficar nervoso e esquecer o texto, etc. Por isso, é preciso estar atento simultaneamente a vários aspectos e, de acordo com a necessidade, introduzir modificações e improvisar soluções, a fim de alcançar o melhor resultado possível.

A seguir, relacionamos alguns aspectos que devem ser observados na apresentação de um seminário.

Sequência e andamento da exposição

1. Abertura: o professor (ou um aluno) dá a palavra ao apresentador, com frases como "Vocês agora vão assistir ao seminário preparado por fulano...".
2. Tomada da palavra e cumprimentos: o apresentador coloca-se à frente da plateia, cumprimenta-a e dá início ao seminário.

3. Apresentação do tema: o apresentador diz qual é o tema, fala da importância de explorá-lo e esclarece o ponto de vista adotado. Se o tema for amplo, delimita-o, isto é, indica qual aspecto dele será enfocado. Por exemplo, se o tema for a poluição do meio ambiente, o apresentador pode delimitá-lo e tratar apenas da poluição dos rios. Esse momento do seminário tem em vista despertar na plateia curiosidade sobre o tema abordado.

Monkey Business Images/Shutterstock

4. Exposição: o apresentador segue o roteiro traçado, expondo cada uma das partes com clareza e sem atropelos. Ao final de cada parte, deve perguntar ao público se quer fazer alguma pergunta.
5. Conclusão e encerramento: o apresentador retoma os principais pontos abordados, fazendo uma síntese deles; se quiser, pode mencionar aspectos do tema que mereçam ser aprofundados em outro seminário; pode também deixar uma mensagem final, algo que traduza o seu pensamento ou o pensamento do grupo ou de um autor especial. No final, agradece a atenção do público e passa a palavra a outra pessoa.
6. Tempo: o apresentador deve estar atento ao tempo previsto e, de acordo com o andamento do seminário, ser capaz de introduzir ou eliminar exemplos e aspectos secundários, caso haja necessidade.

Postura do apresentador

1. Posição: o apresentador deve preferencialmente falar em pé, com o esquema nas mãos, olhando para o público como um todo. Não deve ficar com braços e pernas cruzados. Deve evitar piscar, esfregar os olhos e gesticular excessivamente. Deve sempre olhar para a plateia, mesmo quando usar a lousa ou o retroprojetor; nessas situações, deve ficar de lado e falar com a cabeça virada na direção do público, a fim de que sua voz seja ouvida por todos.
2. Voz, tom e ritmo: a fala do apresentador deve ser alta, clara, bem articulada, com palavras bem pronunciadas e variações de entonação, de ritmo e de altura de voz, a fim de que a exposição não fique monótona.
3. Textos de apoio: ao consultar o roteiro, o apresentador deve fazê-lo de modo rápido e sutil, sem interromper o fluxo da fala. Se precisar ler uma citação, não deve abaixar demasiadamente a cabeça, a fim de que a voz não se volte para o chão.
4. Relacionamento: o apresentador deve se mostrar simpático e receptivo a participações da plateia, mas estar atento para evitar polêmicas com uma única pessoa do público.

O local do seminário

Antes de iniciar o seminário, verifique se o local está adequado, considerando:

- o tamanho da sala;
- a iluminação;
- a ventilação;
- a disposição das cadeiras (em fileira, em círculo);
- os recursos disponíveis (computador, projetor, retroprojetor, televisão, rádio, etc.);
- a decoração (mesa, flores sobre a mesa, etc.).

Uso da linguagem

Nos seminários, predomina a norma-padrão da língua, embora possa haver menor ou maior grau de formalidade, dependendo da intimidade entre os interlocutores. Assim:

1. O apresentador deve evitar determinados hábitos da linguagem oral, como a repetição constante de expressões como *tipo, tipo assim, né?, tá?, ahnn...*, pois elas prejudicam a fluência da exposição.
2. Sempre que for necessário, o apresentador deve explicar o significado de vocábulos e conceitos específicos da área pesquisada; para isso, deve fazer uso de expressões de reformulação, como *isto é, quer dizer, como, por exemplo, em outras palavras, vocês sabem o que é isso?*. Deve também fazer uso de expressões que confiram continuidade ao texto, como *além disso, por outro lado, outro aspecto, apesar disso.*

Seminário em grupo

A exposição em grupo exige atenção a alguns aspectos específicos:

1. Cada integrante do grupo pode ficar responsável pela apresentação de uma parte do seminário. Entretanto, o grupo todo deve se "especializar" no assunto. Além de conferir maior segurança às exposições individuais, isso permite que todos respondam com tranquilidade a qualquer pergunta feita pelo público.
2. Entre a exposição de um participante e a de outro deve haver coesão, isto é, não pode haver contradição entre as exposições nem ser dada a impressão de que uma fala é independente de outra. Cada exposição deve retomar o que já foi desenvolvido e acrescentar, ampliar. Para garantir a coesão entre as partes, devem ser empregados elementos linguísticos como "*Além* das causas que fulano comentou, *vejamos agora* outras causas, menos conhecidas..."; "Vocês viram as consequências desse problema no meio urbano; *agora, vão conhecer* as consequências do mesmo problema no meio rural...".
3. Enquanto um dos apresentadores expõe, os outros podem ficar sentados ou em pé, mas devem permanecer em silêncio. Podem também contribuir manuseando os equipamentos (transparências ou vídeo), trocando cartazes, apagando a lousa ou simplesmente ouvindo com atenção a exposição.

Atenção é fundamental!

Devem ser evitados durante a apresentação de um seminário comportamentos que desviem a atenção tanto do apresentador quanto do público, como conversas paralelas entre os membros do grupo ou entre um membro do grupo e uma pessoa da plateia, bem como movimentos, ruídos ou brincadeiras.

No capítulo **Oficina de Criação** desta unidade, é proposta a realização de um evento científico da turma, em que os seminários serão apresentados. Troque ideias com os colegas sobre o que é, para que serve e como se faz um seminário. Depois, dê as características básicas desse gênero, preenchendo o quadro a seguir.

Seminário: construção e recursos expressivos	
Quem são os interlocutores do seminário?	
Qual é o objetivo do seminário?	
Onde o seminário é realizado e por onde costuma ser veiculado?	
Quais temas são abordados em seminários?	
Como é a estrutura do seminário?	
Como se caracteriza a linguagem do seminário?	

Apresentação para a turma

Realizem uma primeira apresentação dos seminários para a turma, a fim de se prepararem melhor para o grande dia. Filmem os seminários para revê-los e avaliá-los coletivamente.

Revisão e avaliação dos seminários

Depois da apresentação, os seminários devem ser revistos e avaliados, levando-se em conta aspectos como os apontados no quadro a seguir. Caso os seminários sejam filmados, convém assistir a alguns trechos deles para confirmar impressões e/ou tirar dúvidas e, com base nas observações feitas, estabelecer metas e compromissos com vistas à realização dos seminários no dia do evento.

Critérios para a avaliação do seminário	
Posicionamento do apresentador	Verifique se o apresentador: falou em pé, com o roteiro nas mãos; demonstrou domínio do conteúdo; nunca deu as costas ao público ao usar os recursos audiovisuais; ficou bem posicionado e movimentou-se entre o público (se possível).
Fala e voz	Verifique se o apresentador: falou alto e claro e variou a entonação, evitando monotonia; explorou pausas e velocidade em determinadas falas para ressaltar pontos importantes.
Linguagem	Verifique se o apresentador: utilizou uma variedade de acordo com a norma-padrão, com grau de formalidade adequado ao perfil dos interlocutores; evitou palavras de baixo calão, gírias e expressões da linguagem oral; empregou e explicou adequadamente vocábulos e conceitos específicos da área pesquisada; fez uso de expressões de reformulação, isto é, aquelas que permitem explicar de outra forma uma palavra, um conceito, uma ideia complexa.
Materiais complementares e recursos visuais	Verifique se: os materiais impressos, cartazes, apresentação em *slides*, etc. complementam a fala do apresentador, com recursos visuais interessantes e relacionados ao tema (gráficos, imagens, fotografias, animações); o texto e os recursos gráficos podem ser facilmente visualizados por todo o público; os textos escritos são sucintos, esquemáticos ou em tópicos; as fontes pesquisadas estão explicitadas.
Olhar	Verifique se o apresentador: olhou para o público, observando reações positivas e negativas, olhou para todas as pessoas uniformemente, sem privilegiar um único interlocutor; usou adequadamente o roteiro, fazendo consultas rápidas, sem interromper o pensamento e sem abaixar o tom da voz.
Tempo	Verifique se o apresentador: controlou e organizou bem o tempo, sendo capaz de ajustar a exposição ao tempo estipulado.

O *vlog* e o *podcast* científicos

Com o advento das tecnologias digitais, os gêneros do campo da divulgação científica, como o verbete, o artigo de divulgação científica e o seminário, foram se transformando com o objetivo de divulgar pesquisas científicas para o grande público, agora por intermédio das mídias digitais.

Pessoas comuns, pesquisadores de diferentes áreas, professores e interessados em ciências exploram assuntos científicos, mostram experiências, falam sobre novidades tecnológicas, descobertas históricas, entre outros temas, em vídeos geralmente curtos postados em canais na internet — é o que chamamos de *vlogs* ou vídeos do YouTube — ou gravam textos em áudio, os chamados *podcasts*.

Ouça o episódio indicado para responder às questões a seguir.

Podcast

O *podcast* Tortinha de Climão se descreve como "Um *podcast* curtinho e descomplicado para falarmos sobre mudanças climáticas".

Acesse o episódio "Efeito Estufa", da temporada 3 de Tortinha de Climão, por meio do *QR code* ou do *link*: https://open.spotify.com/episode/2erQTOX8ay0TA632phRJc7?si=3692cc65bdfc43f1&nd=1. Acesso em: 1º/3/2023.

1. No início do episódio, a apresentadora cumprimenta seus ouvintes.

a) Qual expressão ela usa para fazer o cumprimento?

____

b) Como ela introduz o *podcast*?

____

____

c) Como ela se apresenta?

____

____

d) Quais palavras ela utiliza para se referir ao interlocutor?

____

e) Ao longo do *podcast*, a fala da apresentadora é

☐ séria e introspectiva. ☐ engraçada e repleta de piadas. ☐ descontraída e leve.

f) Conclua: a interação construída por ela é mais próxima ou mais distante de seus interlocutores?

____

2. Ao acessar o *podcast*, você viu que há um desenho que acompanha o título. Troque ideias com os colegas e o professor e responda:

a) O que representam o desenho e o formato das letras?

b) Nesse contexto, quais são os sentidos possíveis para a expressão "tortinha de climão"?

c) Explique, nesse contexto, o efeito de sentido construído pelo conjunto do desenho e do título.

3. Qual é o objetivo do episódio ouvido?

4. Como a apresentadora inicia a explicação? Assinale a opção correta:

Paul Souders/Getty Images

- [ ] Ela define efeito estufa.
- [ ] Ela fala sobre luz solar e como ela se propaga no espaço.
- [ ] Ela fala dos riscos de queimar a pele em dias de sol forte.

5. Em vários momentos, a apresentadora usa termos especializados, como "ondas eletromagnéticas" e "radiação ultravioleta", e expressões do cotidiano, como "deixa a gente quentinha", além de dialogar com o ouvinte e pedir a ele que imagine algumas cenas, como em "imagina aqui comigo uma onda". Pensando na função do *podcast*, deduza:

a) A que público ele se destina: um público especializado ou não?

____

b) Nos trechos a seguir, marque com a letra E aqueles em que a apresentadora emprega termos especializados e com a letra C aqueles nos quais ela utiliza majoritariamente termos do cotidiano para explicar os fenômenos.

- [ ] "Tem o raio-X nas frequências mais altas"
- [ ] "O gás carbônico emite radiação de volta pra Terra"
- [ ] "Uma bolinha de terra no espaço recebendo luz solar"
- [ ] "O CO_2 é um dos principais gases de efeito estufa"
- [ ] "Acaba ficando aprisionada aqui, não pode fugir da Terra"

c) Por que a apresentadora alterna entre linguagem especializada e cotidiana?

____

____

____

6. Por ser um texto oral, há características típicas da oralidade que podem ser percebidas no *podcast* em estudo. Veja, a seguir, algumas delas:

I. Hesitações, pausas, reformulações.

II. Marcadores conversacionais de interação, que sinalizam de forma mais evidente a troca entre o enunciador e seus interlocutores, como *tá?*, *Bem*, *então* e *tipo assim*.

III. Repetições.

Leia os trechos transcritos a seguir, troque ideias com os colegas e o professor e, por fim, faça a correspondência correta, identificando qual dessas características é ilustrada pelos termos em destaque em cada item.

- [ ] "a superfície da Terra então tem temperatura, **né?**".
- [ ] "um infravermelho são vários tipos de ondas **com frequências muito, podem ter várias frequências diferentes**".
- [ ] "**Ele não emite só um tipo de luz, ele emite um espectro**, né? **Ele emite** vários tipos de luz. Ele tem o pico de emissão dele no visível, mas **ele emite também** raio-x, **ele emite** ultravioleta, **ele emite** um pouquinho de infravermelho".
- [ ] "Vamo imaginá a Terra como um uma pedrinha só de terra mesmo, tá, **vamo vamo tirá um pouquinho o, não vamo pensá** em superfície oceânica...".
- [ ] "**O quanto elas tão vibrando, o quanto elas tão mexendo**".
- [ ] "**Bom**, a gente tem a atmosfera".
- [ ] "tem um efeito estufa muito conhecido, **assim**, muito proeminente".

7. O que a apresentadora faz no minuto final do episódio? Assinale as opções corretas:

- [ ] anuncia o que será tema do próximo episódio.
- [ ] fornece o contato do *podcast* para envio de dúvidas.
- [ ] menciona os títulos dos textos que ela usou para obter as informações divulgadas.
- [ ] dá os créditos (nome dos responsáveis pela produção do *podcast*).
- [ ] pede *likes* e compartilhamentos.
- [ ] indica o meio pelo qual os interlocutores podem dar contribuições financeiras ao *podcast*.
- [ ] sugere aos interlocutores outros canais e episódios de *podcasts*.
- [ ] faz uma breve despedida.

AGORA É A SUA VEZ

Que tal aproveitar a pesquisa realizada no capítulo 1, na seção **Para escrever com síntese**, sobre termos e conceitos relacionados ao problema do aquecimento global e produzir, em grupo, um *podcast* ou um *vlog* científico?

Para terem ideias, acessem *vlogs* científicos e *sites* com *podcasts* sobre ciências. Vejam algumas sugestões.

Canais de *vlog* de divulgação científica

- Nerdologia: https://www.youtube.com/@nerdologia
- Manual do mundo: https://www.youtube.com/user/iberethenorio
- Ciência todo dia: https://www.youtube.com/user/CienciaTodoDia
- Revista *Superinteressante*: https://www.youtube.com/user/superinteressanteweb
- Revista *Ciência Hoje On-line*: https://www.youtube.com/user/CienciaHojeOnline
- Space Today: https://www.youtube.com/channel/UC_Fk7hHbl7vv_7K8tYqJd5A

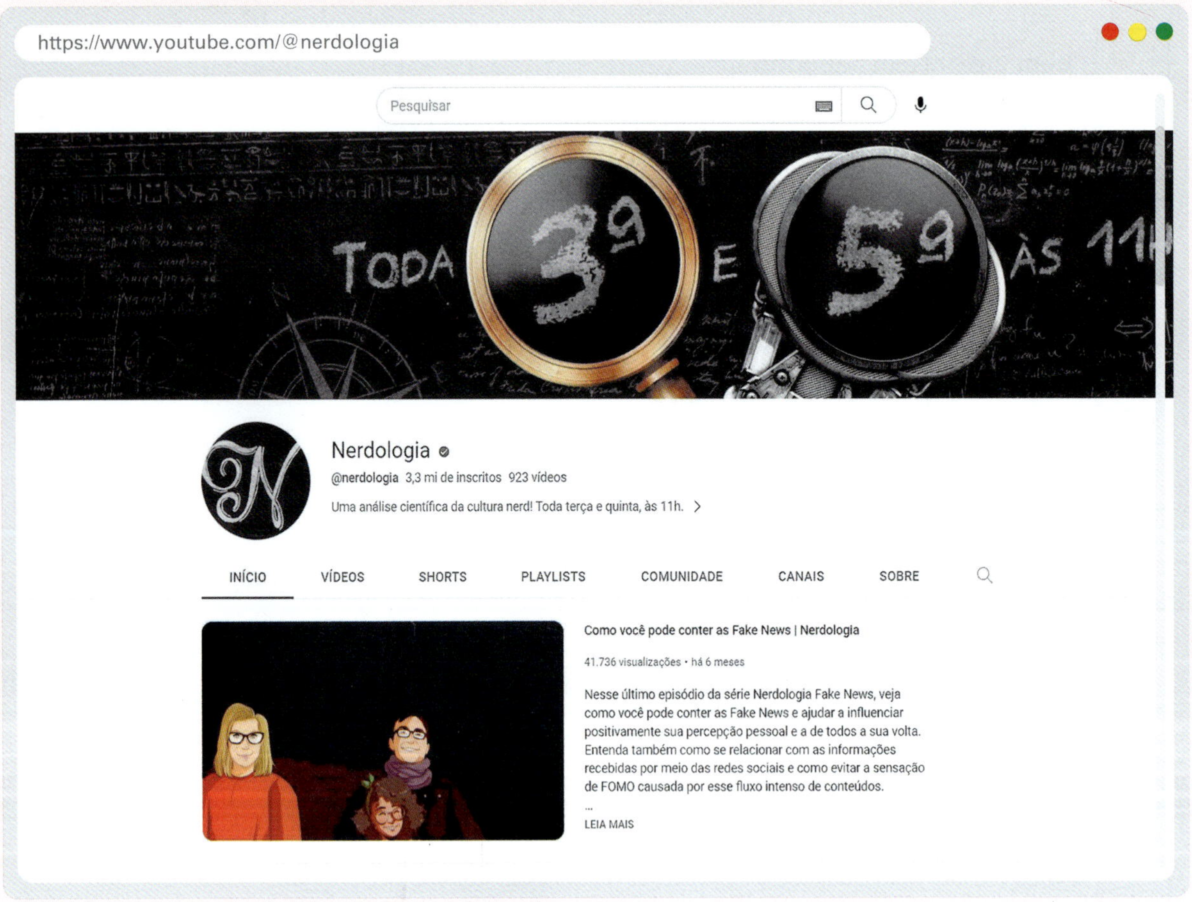

Reprodução/Youtube/@nerdologia

Podcasts podem acompanhar reportagens, artigos e infográficos de divulgação científica, podem ser gravados e disponibilizados em aplicativos de áudio ou podem aparecer como texto principal em um *site*. Por exemplo, algumas rádios têm comentaristas de ciências, e suas falas ficam também disponibilizadas nos *sites* das rádios. Ou seja, com o *podcast*, uma mídia com muitas décadas de vida como o rádio encontra novas possibilidades de comunicação pela internet.

Há muitos programas de áudio disponíveis na internet, inclusive sobre ciências, desenvolvidos por estudiosos ou por instituições, como empresas e universidades. Vejam algumas sugestões.

Programas de áudio

- A hora da ciência: https://audioglobo.globo.com/cbn/podcast/feed/835/hora-da-ciencia
- Alô, ciência: https://alociencia.com.br/
- Dragões de garagem: http://dragoesdegaragem.com/
- Fronteiras da ciência: http://www.ufrgs.br/frontdaciencia/

Reprodução/www.audioglobo.globo.com/cbn

Para gravar o *podcast* ou *vlog* científico, é necessário produzir um roteiro e planejar a gravação.

Planejamento do *podcast* ou do *vlog*

- Escolham um tom para o *vlog* ou *podcast* — mais cômico e engraçado, mais sério ou mais irônico.
- No caso do vídeo, escolham um cenário que se relacione ao tema: um laboratório de ciências, uma biblioteca, ou mesmo um lugar ao ar livre, fazendo referência à preservação do meio ambiente (nesse caso, cuidado com a captação do som, pois pode haver ruídos externos).
- Selecionem e testem os equipamentos: celular, câmera ou gravador de voz.
- Pensem no público de vocês: outros alunos da escola, pais, familiares e funcionários da escola, interessados em ciências e nas mudanças do mundo relacionadas ao aquecimento global.

- Façam um roteiro para o áudio ou o vídeo em que conste as maneiras de interagir com ouvinte/espectador – cumprimentar, chamar a atenção, despedir-se – tendo em vista o público-alvo.
- Combinem uma duração para o *vlog* ou *podcast*.
- Coloquem em tópicos o conteúdo que será desenvolvido durante o vídeo ou o áudio, já na ordem correta.
- Caso haja mais de um apresentador, combinem a vez de cada um falar e como um passará a palavra ao outro.
- No caso do *vlog*, selecionem imagens, gráficos, livros e outros recursos para mostrar durante o vídeo.

Gravando o *podcast* ou *vlog*

- Iniciem cumprimentando o público e anunciando o objetivo do vídeo ou do áudio.
- Desenvolvam os tópicos planejados.
- Falem pausadamente e em volume suficiente para ficar claro na gravação.
- Utilizem uma linguagem adequada ao público.
- Lembrem-se de encerrar o tema e se despedir do público.

fizkes/Shutterstock

Revisão e edição

Ouçam o *podcast* ou assistam ao vídeo e vejam se:

- o áudio e a imagem estão com boa qualidade;
- o tema está bem desenvolvido;
- a linguagem está adequada ao objetivo do texto e ao público;
- há interação com o público.

Nuvem

Computação em nuvem é a utilização da memória e da capacidade de armazenamento de servidores por meio da internet.

O armazenamento de dados é feito em serviços que podem ser acessados de qualquer lugar do mundo, a qualquer hora, pela internet, sem a instalação de programas para isso.

Revisem a primeira versão do vídeo ou do áudio, com atenção para o volume de voz, o posicionamento em frente à câmera, a iluminação e a relação com o roteiro planejado. Se necessário, regravem algum trecho para, depois, editar. Após a checagem final, salvem o arquivo de vídeo ou áudio na nuvem para que ele esteja facilmente disponível para ser divulgado ou exibido na **Oficina de Criação**, no final da unidade.

Perguntas de improviso e síntese pessoal

Monkey Business Images/Shutterstock

Quando participamos de interações em gêneros orais formais — como palestras, seminários, aulas, entrevistas —, precisamos, além do planejamento da produção, lidar com aspectos que não podem ser previstos e planejados, pois ocorrem no momento exato da produção oral. Dois desses aspectos são: fazer perguntas e dar respostas de improviso e saber produzir uma síntese pessoal.

As perguntas de improviso são aquelas elaboradas e respondidas no momento da interação. Por exemplo, enquanto seus colegas apresentam seu seminário, surge uma dúvida. O que você deve fazer? Interromper e perguntar na hora para não esquecer não é o mais adequado, pois no gênero seminário o turno de fala — o direito a falar — costuma ser garantido aos apresentadores até a conclusão. Por isso, o ideal é anotar rapidamente palavras-chave de sua dúvida (para não perder a continuidade da apresentação) e elaborar a pergunta depois do término da apresentação.

Tanto para fazer perguntas quanto para formular respostas em gêneros orais formais, geralmente é necessário fazer uma síntese pessoal do que foi compreendido e do que se pretende saber. Observe o seguinte diálogo após a apresentação de uma palestra:

Ana: Bom, primeiro gostaria de te parabenizar pela palestra, foi tudo muito interessante. Sobre a questão das causas da poluição do ar, você citou três principais causas no Brasil e explicou cada uma delas. Gostaria de saber se, na sua pesquisa, você viu quais são as principais causas no mundo. São as mesmas?

Sílvia: Obrigada pela pergunta. É isso mesmo, as causas no Brasil e no mundo são muito semelhantes. Dei destaque para o Brasil para pensarmos as medidas contra a poluição no nosso país. Mas a queima de combustíveis fósseis é sempre a principal causa de poluição do ar, tanto no Brasil quanto no exterior.

garetsworkshop/Shutterstock

Observe que, antes de fazer a pergunta, Ana faz uma síntese, ou um resumo, daquilo que entendeu da palestra. Para responder, a palestrante Sílvia retoma a síntese feita.

A síntese também é útil para concluir algum tópico antes de progredir no desenvolvimento de um tema ou para fechar uma fala no seminário.

Com base nesse exemplo, durante as apresentações dos seminários, procure elaborar pelo menos uma pergunta para os colegas, utilizando a estratégia de síntese pessoal para introduzir a questão. Na hora de responder, tente também retomar a síntese apresentada para corroborá-la ou corrigi-la.

CAPÍTULO 3 A carta de leitor

O GÊNERO EM FOCO

Quase todos os jornais e revistas mantêm uma seção na qual são publicadas cartas de leitores. No caso do jornalismo especializado em divulgação científica, os veículos também abrem espaço para o leitor dar sua opinião sobre as matérias e os artigos. Leia as cartas de leitor a seguir.

Carta 1

Cadê o Cerrado?

Seguidas reportagens têm mostrado a devastação que estão fazendo com o Cerrado goiano. Tudo por força da ganância, da inveja e da inoperância ou conivência dos órgãos fiscalizadores, pois todo mundo agora quer ser plantador de soja ou empreendedor de condomínio fechado. Ali mesmo, perto do posto de Polícia Rodoviária Estadual, na GO-020, acabam de desmatar ou de queimar o que restava de cobertura nativa.

Andre Dib/Pulsar Imagens

Vista aérea de desmatamento em floresta estacional decidual em Iaciara (GO), em setembro de 2021.

Temos observado que a fiscalização só chega quando a área já está praticamente toda desmatada. Ou as autoridades tidas como responsáveis adotam providências urgentes ou muito em breve até os pequizeiros desaparecerão de cena, sem contar o prejuízo para o ar e as nascentes de água.

M. R. de O., Centro | Goiânia

(Disponível em: https://opopular.com.br/noticias/opiniao/carta-dos-leitores-1.145041/confira-as-cartas-dos-leitores-desta-sexta-feira-25-1.2567663. Acesso em: 28/2/2023.)

Carta 2

Belvedere

Belo Horizonte tem sofrido com a quantidade de prédios, principalmente no Belvedere e nas proximidades do BH Shopping. Não se vê árvores por lá mais. As que conheço têm janelas e cor de concreto. Aves, então, são raras. O único canto que escuto é o das buzinas. Por isso me espantei com as espécies mostradas no Ensaio Fotográfico.

M. A. R., por e-mail

(Disponível em: http://revistaecologico.com.br/revista/edicoes-anteriores/edicao-39/carta-dos-leitores/. Acesso em: 28/2/2023.)

Carta 3

Destaque para a natureza

Olá, CHC! Meu nome é L., tenho 10 anos. Adorei a edição 240 que fala sobre os parques nacionais. Na minha opinião, vocês poderiam publicar novamente sobre esse assunto. Seria legal escrever mais um pouco sobre a"natureza", não é verdade?

L. C. Marechal Cândido Rondon/PR.

Oi, L.! Quase toda edição traz um artigo sobre a fauna, a flora e a conservação da natureza. Fique de olho!

(Disponível em: https://chc.org.br/artigo/fala-aqui/. Acesso em: 28/2/2023.)

Cartas 4, 5, 6 e 7

Camboriú

"Balneário Camboriú triplica faixa de areia engolida por construções à beira-mar" (Cotidiano, 29/8). Amo Balneário Camboriú. Minha família mora lá. Essa ideia de ampliação da praia é bem antiga. Tomara que dê certo. Parabéns. O erro foi da prefeitura ter deixado construir esses prédios. Há 40 anos era um paraíso.

N. de F. (São Paulo, SP)

*

O alargamento da faixa de areia é a única solução racional possível, já que Camboriú não fez o dever de casa, como o planejamento urbano executado com maestria em João Pessoa (PB).

M. L. H. (Curitiba, PR)

Ardre Dib/Pulsar Imagens

Orla de Balneário Camboriú (SC), em fevereiro de 2023.

*

Não importa quem paga por essa "transformação" na praia. Balneário Camboriú é uma aberração estética, urbanística e ambiental. A ganância do homem vai trazer seus impactos cedo ou tarde, mas certamente quem vai pagar por isso serão as gerações futuras.

M. S. (Brasília, DF)

*

Todo esse litoral, até Florianópolis, é muito lindo! Já fui várias vezes. Região de gente descolada.

F. M. S. (Contagem, MG)

(*Folha de S.Paulo*, 30/8/2021.)

1. A carta de leitor é um gênero textual que permite o diálogo dos leitores com o editor (a pessoa responsável pelo jornal ou pela revista) e dos leitores entre si. Por meio da carta de leitor, os leitores podem elogiar, discutir, discordar, solicitar, reclamar, agradecer, fazer um pedido, etc.

a) Das cartas lidas, qual(quais) é(são) a(s) que faz(em) um elogio a uma matéria ou um artigo publicado na revista ou no jornal?

b) Qual(Quais) faz(em) comentários sobre um conjunto de matérias ou reportagens?

c) Qual(Quais) faz(em) comentários sobre uma matéria específica?

d) Qual(Quais) delas faz(em) sugestão de matéria?

e) Qual(Quais) delas faz(em) uma crítica explícita a fatos do mundo?

f) E qual(quais) delas responsabiliza(m) ou cobra(m) as autoridades pelos problemas causados?

2. A carta 1 faz uma crítica e apresenta argumentos para defender sua posição. Que crítica é essa e quais são seus argumentos?

3. No conjunto de cartas 4 a 7, há bastante diversidade nos comentários enviados pelos leitores.

a) Qual é o título da matéria comentada por essas cartas? Onde e como ela é identificada?

b) Os autores dessas cartas não vivem em Camboriú. Levante hipóteses: Por que pessoas que moram em outros lugares comentaram o fato?

E-mail de leitor

Com a popularização da internet, a maioria dos veículos de comunicação passou a receber as cartas de leitor de maneira virtual, por *e-mail*. As funções e os objetivos do *e-mail* de leitor são os mesmos das cartas, apresentando apenas algumas diferenças quanto ao suporte, à forma de envio (digital e, por isso, mais rápida) e à estrutura — por exemplo, o cabeçalho com a data é dispensável porque o *e-mail* registra esse dado automaticamente; no *e-mail*, é preciso preencher um campo obrigatório que indica o assunto; etc.

4. Originalmente, a carta de leitor era escrita e enviada ao veículo de comunicação a que se destinava e tinha estrutura semelhante à da carta pessoal, ou seja, continha local e data, vocativo, assunto, expressão cordial de despedida e assinatura. Além disso, não costumava ter título. As cartas lidas, porém, não seguem esse padrão.

a) Deduza: Por que algumas partes das cartas foram suprimidas?

b) Se as cartas não têm títulos, por que foram publicadas com títulos? Quem deu títulos às cartas: seus próprios autores ou o editor da revista ou do jornal? Qual é a função desses títulos?

5. Uma das cartas apresenta uma resposta da revista ou do jornal.

a) Qual das cartas?

____

____

b) Levante hipóteses: Por que, nesse caso, uma resposta foi publicada?

____

____

____

____

6. Compare a linguagem empregada em todas as cartas.

a) Que variedade linguística predomina?

____

____

b) Duas das cartas reproduzidas contêm expressões e termos frequentemente utilizados em situações informais. Identifique essas cartas.

____

____

c) A carta 5 usa a expressão "dever de casa". Nesse contexto, qual é o sentido dessa expressão?

____

____

____

____

____

7. Observe as fontes dos textos, isto é, os veículos em que eles foram publicados. Conclua: Em que tipo de veículo as cartas de leitor são publicadas?

____

____

____

8. Explique as semelhanças entre os conteúdos das cartas 1 e 6.

Redes sociais de jornais e revistas

Atualmente, a maioria dos jornais e revistas de grande circulação tem um perfil em rede social. Assim, os leitores encontram mais uma maneira de entrar em contato com esses veículos de informação.

Algumas vezes, o comentário em rede social de jornal e revista apresenta função semelhante à da carta de leitor, com agradecimentos, elogios, críticas e solicitações diversas.

Observe a postagem da revista *Superinteressante* e os comentários feitos em uma rede social.

revistasuper · Follow ...

Capa: Felipe Del Rio/Abril Comunicações S.A.

revistasuper Em outubro, na Super...

🚀A reconquista da Lua🚀
A Artemis I, dos EUA, deve decolar em novembro. China e Rússia também têm missões planejadas para lá. Saiba por que a exploração lunar voltou com força total.

E mais:

👤Autismo oculto👤
Muitos adultos estão dentro do espectro e não sabem. Veja a importância do diagnóstico para o bem da saúde mental.

⏰A invenção imortal⏰
Com apoio de Jeff Bezos, um projeto quer construir algo quase impossível: um relógio que funcione pelos próximos dez mil anos.
🧠O beabá de Freud🧠
Divisão da mente. Interpretação dos sonhos. E as ideias sobre sexualidade. Entenda de uma vez as teorias do fundador da psicanálise.

📚O gênio menos famoso📚
Conheça a vida e a obra de Alfred Russel Wallace, que, por pouco, não publicou a teoria da seleção natural antes de Darwin.

🚌No precinho🚌
A importância de um transporte público mais barato.
[...]

Comentário 1
As diferenças de públicos, no Facebook está cheio de terraplanistas contestando a matéria de capa. Os tempos andam muito nefastos, a era da Burrice mesmo.
7 sem Responder Ver tradução

Comentário 2
Uma das capas mais bonitas dos últimos tempos com certeza. Capricharam nessa edição 😱😍
7 sem 4 curtidas Responder Ver tradução

Comentário 3
Já tive o exemplar número UM! Mas com o tempo passou a mudar os assuntos, me convençam a voltar a assinar
7 sem Responder Ver tradução

Comentário 4
Feliz em ter reassinado a revista. Fiquei com pé atrás porque nas outras ocasiões sempre tive problemas de não receber as revistas. Mas, aparentemente, corrigiram isso e recebo as edições certinho, sem atraso. Que continue assim.
7 sem Responder Ver tradução

Comentário 5
👏👏👏👏👏
7 sem Responder

Comentário 6
✅👏
7 sem Responder

❤️ 👏 😂 😋 😱 😍 😘 🙌

(Disponível em: https://www.instagram.com/p/Cj-sj0qKpsL/?utm_source=ig_web_copy_link. Acesso em: 28/2/2023.)

9. Leia o boxe "Redes sociais de jornais e revistas" e responda:

a) Quais comentários se aproximam das funções desempenhadas pela carta de leitor? Quais são os objetivos desses comentários?

b) Os dois últimos comentários apresentam ícones. Usando a linguagem verbal, sugira um texto que poderia ter o mesmo sentido desses comentários.

10. Reúna-se com alguns colegas para preencher o quadro a seguir com as principais características do gênero carta de leitor.

Carta de leitor: construção e recursos expressivos	
Quem são os interlocutores da carta de leitor?	
Qual é o objetivo da carta de leitor?	
Qual é o suporte ou o veículo da carta de leitor?	
Quais temas são abordados na carta de leitor?	
Como é a estrutura da carta de leitor?	
Como se caracteriza a linguagem da carta de leitor?	

No final desta unidade, você e os colegas vão participar de um evento científico intitulado **Mundo em mudança**. Para essa tarefa, é necessário produzir os textos para que possam ser expostos em painéis de divulgação científica.

Além dos artigos de divulgação científica que vocês já escreveram ou vão escrever, é possível produzir painéis com os artigos e as reportagens de divulgação científica que vocês leram em diversos veículos. Também podem ser expostas nesses painéis as cartas de leitor escritas por vocês sobre as matérias lidas.

Com a orientação do professor, decidam se vão fazer uma das propostas a seguir ou as duas, lembrando que a proposta 1 é para ser feita individualmente e a proposta 2, em grupo.

Proposta 1

Leia o seguinte texto:

Desmatamento no Cerrado aumenta cerca de 25% em um ano

O aumento significa que mais de 10 mil quilômetros quadrados de floresta e outras vegetações nativas foram destruídos em 12 meses no Cerrado

Por Diário do Comércio
13 de dezembro de 2022

São Paulo – O desmatamento no Cerrado brasileiro aumentou cerca de 25% nos 12 meses até o mês de julho em relação ao período anterior, disseram à Reuters duas pessoas familiarizadas com os dados do Inpe, que ainda não foram divulgados pelo governo.

O Brasil ainda não publicou seus números anuais oficiais para o desmatamento no Cerrado, que tem base em análises de satélite do Instituto Nacional de Pesquisas Espaciais (Inpe). As fontes pediram anonimato porque os dados ainda não são públicos.

Tal aumento significa que mais de 10 mil quilômetros quadrados de floresta e outras vegetações nativas foram destruídos em 12 meses no Cerrado, a maior quantidade desde 2015.

Os cientistas comparam o Cerrado a uma floresta de cabeça para baixo, porque suas plantas fincam raízes profundas no solo para sobreviver às intensas estações secas. A destruição desse habitat rico em espécies vegetais e animais também envia grandes quantidades de dióxido de carbono para a atmosfera, impulsionando as mudanças climáticas.

O Cerrado faz fronteira com a floresta amazônica na região Centro-Oeste do Brasil, ocupando mais de 2 milhões de quilômetros quadrados — uma área maior que o México.

Com o avanço das fronteiras agrícolas do Brasil desde a década de 1970, grande parte do Cerrado foi derrubada para criação de gado e para o cultivo de soja e milho, destruindo cerca de metade da vegetação nativa do bioma.

[...]

Amanda Perobelli/Reuters/Fotoarena

Vista aérea do desmatamento perto de uma floresta na fronteira entre a Amazônia e o Cerrado em Nova Xavantina (MT), em julho de 2021.

As fontes abordaram os dados de desmatamento do bioma do Projeto de Monitoramento do Desmatamento na Amazônia Legal por Satélite (Prodes), que produz dados anuais muito mais precisos do que os dados de alerta rápido publicados semanal e mensalmente.

O programa mede o desmatamento na região de agosto a julho para minimizar o efeito das nuvens, que escondem a destruição.

(Disponível em: https://diariodocomercio.com.br/economia/desmatamento-no-cerrado-aumenta-cerca-de-25-em-um-ano/. Acesso em: 15/12/2022.)

Suponha que você tenha lido esse texto no jornal e queira se manifestar em relação a algo que lhe tenha chamado a atenção. Escreva uma carta dirigindo-se ao veículo que publicou a matéria. Você pode, por exemplo, manifestar-se em relação ao tema, comentando-o ou relatando algo que acontece na região onde mora; ou emitir sua opinião sobre a matéria como um todo; ou comentar um ponto que despertou seu interesse; ou elogiar o texto; ou apontar lacunas; ou, ainda, sugerir propostas.

As matérias escolhidas e as cartas da turma vão compor um dos painéis do evento científico.

Proposta 2

Reúna-se com os colegas de grupo para escolher uma revista de divulgação científica ou um jornal que contenha um caderno destinado às ciências. Selecionem uma matéria dessas publicações que seja interessante e que, de acordo com o ponto de vista de vocês, mereça comentários positivos ou negativos ou ambos. Vocês podem também sugerir outras matérias relacionadas ao assunto abordado. Depois, escrevam uma carta à revista ou ao jornal e, se possível, a enviem.

Para o evento científico da turma, componham um painel com a cópia da matéria selecionada e da carta escrita por vocês. Se a revista ou o jornal responder, incluam também uma cópia da resposta.

(*Revista científica Excellence*, v. 19, n. 1, fev. 2023.)

(*Scientific American Brasil*, ano 21, n. 236, nov. 2022.)

Planejamento do texto

- Anotem e discutam os aspectos da matéria merecedores de comentários, bem como os argumentos que vão fundamentar o ponto de vista de vocês: por que gostaram ou não gostaram, que outros dados sabem sobre o assunto, o que acham que poderia constar na matéria, etc.
- Tenham em vista o leitor da carta de vocês, que será, primeiramente, o editor do jornal ou o autor da matéria comentada e, se ela for publicada, os leitores da publicação — crianças, jovens ou adultos. Procurem adequar a linguagem ao perfil desses leitores.

Escrita

- Escrevam de acordo com a estrutura desse tipo de carta. Deixem claro, no início do texto, a data do jornal ou o número da revista em que foi publicada a matéria sobre a qual estão opinando e não deixem de identificar também o título e/ou o nome do jornalista ou colunista que a assina.

- Opinem de forma firme, mas educada, sempre com bons argumentos. Se fizerem uma crítica negativa, não deixem de elogiar os pontos positivos.
- Adotem uma linguagem de acordo com a norma-padrão, mais ou menos formal, de acordo com o veículo de imprensa ao qual sua carta se destina.
- Encerrem com polidez e assinem a carta.

Revisão e reescrita

Antes de passar a carta a limpo, verifiquem se:

- ela contém local e data, vocativo, assunto, expressão cordial de despedida e assinatura, caso vocês optem pela carta em papel;
- ela apresenta o comentário ou a opinião sobre a matéria selecionada;
- há argumentos que fundamentam a opinião ou o comentário de vocês;
- a linguagem e o tratamento estão adequados ao perfil dos interlocutores e ao gênero textual.

Modifiquem o que for necessário, passem a carta a limpo e leiam-na para os colegas, a fim de que todos deem sua opinião. Depois, se concordarem com as críticas, façam as devidas alterações e enviem a carta à redação da revista ou do jornal, tomando o cuidado de preencher corretamente o envelope — ou o *e-mail*, se preferirem enviar a carta pela internet.

Não deixem de acompanhar os números subsequentes da revista ou do jornal para o qual enviaram a carta, a fim de observar se o texto de vocês foi publicado.

fizkes/Shutterstock

Ação contra a mudança global do clima

A Agenda 2030 é um plano elaborado em 2015 na sede da Organização das Nações Unidas (ONU) por líderes de diversos países, que determinaram 17 Objetivos de Desenvolvimento Sustentável (ODS). A proposta da Agenda é tomar esses objetivos como metas a serem colocadas em prática por todo o mundo, a fim de que a sociedade trilhe um caminho sustentável, buscando a concretização dos direitos humanos, a erradicação da pobreza e a promoção de uma vida digna para todos, com educação, igualdade e consciência ambiental. Um desses 17 objetivos é **Ação contra a mudança global do clima**.

Reprodução/ONU

Muito se fala sobre as ações governamentais e empresariais que podem atenuar as mudanças climáticas, mas você já pensou sobre o que nós, pessoas comuns, podemos fazer contra o aquecimento global?

Retomem as pesquisas realizadas ao longo desta unidade e façam outras com o objetivo de produzir um painel com informações sobre atitudes que todos podem tomar a fim de contribuir para a preservação do planeta e contra a mudança climática. Esse painel será um dos que vão compor o evento científico **Mundo em mudança**.

Lembrem-se de que o painel deve chamar a atenção do público e ser composto de textos escritos e imagens. Caso considerem interessante, vocês podem organizar mais dois painéis: um sobre as medidas que devemos tomar para cobrar os governos e outro sobre as medidas que devemos tomar para cobrar as empresas contra a mudança climática.

Vocês também podem selecionar vídeos de *vlogs* de divulgação científica sobre ações contra o aquecimento global e exibi-los durante o evento ou mesmo produzir *vlogs* com esse tema.

Filipe Rocha/Acervo da editora

OFICINA DE CRIAÇÃO

Projeto » Mundo em mudança

Ao longo dos capítulos desta unidade, você preparou produções para um evento de divulgação científica: escreveu textos de divulgação científica, verbetes e cartas de leitor; produziu *podcasts* e *vlogs*; estudou e se preparou para um seminário.

Filipe Rocha/Acervo da editora

Agora, você e os colegas vão organizar um evento de divulgação científica sobre problemas e soluções relacionados ao meio ambiente, à sustentabilidade e contra as mudanças climáticas. Nesse evento, serão expostos os artigos de divulgação científica e as cartas de leitor que vocês escreveram. Também haverá o lançamento da enciclopédia (ou do dicionário) da turma, a realização dos seminários preparados ao longo desta unidade e a exposição dos painéis sobre ações contra as mudanças climáticas. Se possível, com a supervisão do professor, convidem professores e especialistas em meio ambiente para mesas-redondas ou palestras.

Deem ao evento o título **Mundo em mudança**, ou outro escolhido pela turma, e convidem colegas de outras turmas, professores e funcionários da escola, familiares e amigos para participar dele.

1. Produzindo os painéis

- Reúnam os artigos de divulgação científica escritos no capítulo 1. Passem a limpo com tamanho de letra que seja adequado à leitura em painéis. Vocês podem decidir fazer os painéis manualmente ou digitar e imprimir os textos, apenas colando em cartolinas ou outro suporte adequado para ser afixado na parede.

JaniBryson/Getty Images

- Deem destaque ao título do artigo de divulgação científica e lembrem-se de identificar o autor do texto.
- Selecionem imagens para acompanhar os artigos de opinião. Deem destaque para gráficos, tabelas, mapas e esquemas, caso haja algum relacionado a seu artigo.
- Decidam como vão reunir os artigos: temas mais próximos em um mesmo painel ou um painel para cada artigo; ordem em que os artigos devem aparecer de maneira progressiva, para que o leitor se aproprie dos conceitos e descobertas divulgados por vocês.
- Depois, produzam os painéis com as matérias lidas acompanhadas das cartas de leitor. Caso vocês tenham recebido respostas do veículo de comunicação para o qual a carta foi enviada, exponham também a resposta.
- Afixem também os painéis sobre ações contra as mudanças climáticas.
- Reservem nos painéis um espaço para comentários dos visitantes, se possível, com algumas perguntas provocadoras: Você concorda com nosso posicionamento? O que você tem a dizer sobre esse problema? Você também percebe essas mudanças no meio ambiente, no clima e em sua vida?

2. Organizando o cronograma de seminários

- Decidam quantas apresentações serão realizadas, a duração de cada uma e o tempo para perguntas e debate.
- Criem um cronograma dos seminários, com data, horário, local de realização, autores e título de cada apresentação.
- Divulguem os seminários aos participantes do evento.
- Vocês também podem divulgar um **Caderno de resumos** dos seminários, com breves resumos do que cada um vai tratar em sua fala, para ser distribuído aos participantes do evento.
- Caso decidam realizar, como sugerido, mesas-redondas ou palestras com professores ou especialistas no tema, não se esqueçam de incluí-las no cronograma e no caderno de resumos.

Caderno de resumos em eventos científicos

Em eventos acadêmicos e científicos, os participantes que expõem painéis ou realizam seminários geralmente precisam enviar um resumo de seu trabalho. Esses resumos são publicados em um pequeno livro, chamado de **Caderno de resumos**, que costuma ser entregue a todos os participantes do evento ou divulgado anteriormente de maneira digital, por *e-mail* ou no *site* do evento. Assim, os visitantes podem selecionar de maneira mais consciente o que desejam ver durante o evento.

Reprodução/http://revistaeixo.ifb.edu.br

3. Montando a enciclopédia ou o dicionário

- Reúnam os verbetes produzidos pela turma.
- Caso haja algum repetido, leiam as definições e decidam qual será a versão final (pode ser uma combinação dos verbetes produzidos).
- Analisem se os verbetes são mais extensos e detalhados (com histórico, remissão para conceitos relacionados, discussão do conceito) ou mais sucintos e diretos, destinados apenas à definição de termos, para, então, decidir se vão organizar uma enciclopédia ou um dicionário temático.
- Escolham imagens para acompanhar os verbetes; assim, será uma enciclopédia ou um dicionário ilustrado.
- Organizem os verbetes em ordem alfabética.
- Escolham um nome para a publicação e produzam a capa.

4. Montando e realizando o evento

- Preparem cartazes e convites para divulgar o evento e utilizem as redes sociais para convidar familiares.
- Escolham um local de destaque para expor a enciclopédia ou o dicionário que vocês elaboraram, com verbetes relacionados ao aquecimento global. O ideal é que o local seja bem visível e que possibilite a leitura pelos visitantes.
- Afixem, próximo ao local, um cartaz com o título do evento, **Mundo em mudança**, ou outro que tenham escolhido.
- Divulguem os *vlogs* e *podcasts* produzidos por vocês. Promovam, durante o evento, sessões para a reprodução dos vídeos e dos áudios produzidos pela turma.
- Montem e exponham painéis com os textos de divulgação científica, as cartas de leitor e os painéis sobre ações contra as mudanças climáticas.
- Montem o cenário para a apresentação dos seminários. Como apoio, disponibilizem recursos audiovisuais no local.

Filipe Rocha/Acervo da editora

Bibliografia

ANTUNES, Irandé. Avaliação da produção textual no ensino médio. *In*: BUNZEN, C.; MENDONÇA, M. *Português no ensino médio e formação do professor*. São Paulo: Parábola, 2006.

ARAÚJO, Júlio César (org.). *Internet e ensino*: novos gêneros, outros desafios. Rio de Janeiro: Lucerna, 2007.

BAGNO, M. *Sete erros aos quatro ventos*: a variação linguística no ensino de português. São Paulo: Parábola, 2013.

BAKHTIN, Mikhail. *Marxismo e filosofia da linguagem*. São Paulo: Hucitec, 1979.

BAKHTIN, Mikhail. Os gêneros do discurso. *In*: BAKHTIN, Mikhail. *Estética da criação verbal*. São Paulo: Martins Fontes, 1997.

BARBOSA, Jaqueline Peixoto. Outras mídias e linguagens na escola. *In*: CARVALHO, Maria Angélica Freire; MENDONÇA, Rosa Helena (org.) *Práticas de leitura e escrita*. Brasília: Ministério da Educação, 2006. p. 174-179.

BRASIL. Ministério da Educação. *Base Nacional Comum Curricular*. Brasília, 2018. Disponível em: http://basenacionalcomum.mec.gov.br/images/BNCC_EI_EF_110518_versaofinal_site.pdf. Acesso em: 3 mar. 2023.

BUZATO, Marcelo. *Letramentos digitais e formação dos professores*. Disponível em: https://www.researchgate.net/publication/242229367_Letramentos_Digitais_e_Formacao_de_Professores. Acesso em: 6 mar. 2023.

COSCARELLI, Carla V. (org.). *Tecnologias para aprender*. São Paulo: Parábola, 2016.

COSCARELLI, Carla V.; RIBEIRO, Ana E. *Letramento digital*: aspectos sociais e possibilidades pedagógicas. Belo Horizonte: Ceale/Autêntica, 2011.

DIONÍSIO, Ângela P. *et al*. *Gêneros textuais & ensino*. Rio de Janeiro: Lucerna, 2002.

FARIA, Maria Alice de Oliveira. *O jornal na sala de aula*. São Paulo: Contexto, 1989.

FREITAS, Maria Teresa. Letramento digital e formação de professores. *Educação em Revista*, Belo Horizonte, v. 26, n. 3, p. 335-352, dez. 2010. Disponível em: www.scielo.br/pdf/edur/v26n3/v26n3a17.pdf. Acesso em: 3 mar. 2023.

HARRYS, Ray; HARRYS, Chris. *Faça seu próprio jornal*. Campinas: Papirus, 1993.

HERR, Nicole. *100 fichas práticas para explorar o jornal na sala de aula*. Belo Horizonte: Dimensão, 1997.

ILARI, Rodolfo; BASSO, Renato. *O português da gente*: a língua que estudamos, a língua que falamos. 2. ed. São Paulo: Contexto, 2009.

KLEIMAN, A. Modelos de letramento e as práticas de alfabetização na escola. *In*: KLEIMAN, A. (org.). *Os significados do letramento*: uma nova perspectiva sobre a prática social da escrita. Campinas: Mercado de Letras, 1995. p. 15-16.

MARCUSCHI, Luiz Antônio. *Produção textual, análise de gêneros e compreensão*. São Paulo: Parábola, 2008.

MARCUSCHI, Luiz Antônio; XAVIER, Antônio Carlos. *Hipertexto e gêneros digitais*. Rio de Janeiro: Lucerna, 2004.

MORAN, José Manuel. *Mudar a forma de ensinar e de aprender com tecnologias*. Disponível em: http://www2.eca.usp.br/prof/moran/site/textos/tecnologias_eduacacao/uber.pdf. Acesso em: 6 mar. 2023.

RABAÇA, C. A.; BARBOSA, G. *Dicionário de comunicação*. São Paulo: Ática, 1987.

ROJO, Roxane (org.). *Escol@ conectada*: os multiletramentos e as TICs. São Paulo: Parábola, 2013.

ROJO, Roxane; MOURA, Eduardo. *Multiletramento na escola*. São Paulo: Parábola, 2012.

SCHNEUWLY, Bernard; DOLZ, Joaquim. *Gêneros orais e escritos na escola*. Trad. de Roxane Rojo e Glaís Cordeiro. Campinas: Mercado de Letras, 2004.

TORNIGHI, Alberto. O que é cultura digital. *In*: *Cultura digital e escola*. Boletim 10, agosto de 2010. TV Escola — Salto para o Futuro, MEC. Disponível em: http://portaldoprofessor.mec.gov.br/storage/materiais/0000015230.pdf. Acesso em: 6 mar. 2023.

ZANCHETTA Jr., Juvenal. *Para ler e fazer o jornal na sala de aula*. São Paulo: Contexto, 2002.

Nome

Nº

Ano

Período

Data

Para a eventual escrita ou reescrita do texto, devem ser observados os seguintes aspectos:

Elementos linguísticos	Textualidade	Elementos enunciativos
○ escolha lexical	○ paragrafação	○ abordagem do tema
○ concordância verbal e concordância nominal	○ coerência textual	○ adequação ao gênero
○ regência verbal e regência nominal	○ coesão textual	○ intencionalidade do texto
○ colocação pronominal	○ informatividade	○ adequação ao perfil do interlocutor e ao contexto
○ pontuação	○ conectividade	○ estrutura padrão do gênero
○ ortografia, acentuação	○ continuidade e progressão textual	○ variedade linguística/norma-padrão
○ crase		○ formalidade/informalidade
○ pessoas do discurso		○ adequação ao suporte
○ clareza		○ desenvolvimento de ideias

Nome

Nº

Ano

Período

Data

Para a eventual escrita ou reescrita do texto, devem ser observados os seguintes aspectos:

Elementos linguísticos	Textualidade	Elementos enunciativos
◯ escolha lexical	◯ paragrafação	◯ abordagem do tema
◯ concordância verbal e concordância nominal	◯ coerência textual	◯ adequação ao gênero
◯ regência verbal e regência nominal	◯ coesão textual	◯ intencionalidade do texto
◯ colocação pronominal	◯ informatividade	◯ adequação ao perfil do interlocutor e ao contexto
◯ pontuação	◯ conectividade	◯ estrutura padrão do gênero
◯ ortografia, acentuação	◯ continuidade e progressão textual	◯ variedade linguística/norma-padrão
◯ crase		◯ formalidade/informalidade
◯ pessoas do discurso		◯ adequação ao suporte
◯ clareza		◯ desenvolvimento de ideias

Nome

Nº

Ano

Período

Data

Para a eventual escrita ou reescrita do texto, devem ser observados os seguintes aspectos:

Elementos linguísticos	Textualidade	Elementos enunciativos
◯ escolha lexical	◯ paragrafação	◯ abordagem do tema
◯ concordância verbal e concordância nominal	◯ coerência textual	◯ adequação ao gênero
◯ regência verbal e regência nominal	◯ coesão textual	◯ intencionalidade do texto
◯ colocação pronominal	◯ informatividade	◯ adequação ao perfil do interlocutor e ao contexto
◯ pontuação	◯ conectividade	◯ estrutura padrão do gênero
◯ ortografia, acentuação	◯ continuidade e progressão textual	◯ variedade linguística/norma-padrão
◯ crase		◯ formalidade/informalidade
◯ pessoas do discurso		◯ adequação ao suporte
◯ clareza		◯ desenvolvimento de ideias

Nome

Nº

Ano

Período

Data

Para a eventual escrita ou reescrita do texto, devem ser observados os seguintes aspectos:

Elementos linguísticos	Textualidade	Elementos enunciativos
◯ escolha lexical	◯ paragrafação	◯ abordagem do tema
◯ concordância verbal e concordância nominal	◯ coerência textual	◯ adequação ao gênero
◯ regência verbal e regência nominal	◯ coesão textual	◯ intencionalidade do texto
◯ colocação pronominal	◯ informatividade	◯ adequação ao perfil do interlocutor e ao contexto
◯ pontuação	◯ conectividade	◯ estrutura padrão do gênero
◯ ortografia, acentuação	◯ continuidade e progressão textual	◯ variedade linguística/norma-padrão
◯ crase		◯ formalidade/informalidade
◯ pessoas do discurso		◯ adequação ao suporte
◯ clareza		◯ desenvolvimento de ideias

Nome

Nº

Ano

Período

Data

Para a eventual escrita ou reescrita do texto, devem ser observados os seguintes aspectos:

Elementos linguísticos	Textualidade	Elementos enunciativos
◯ escolha lexical	◯ paragrafação	◯ abordagem do tema
◯ concordância verbal e concordância nominal	◯ coerência textual	◯ adequação ao gênero
◯ regência verbal e regência nominal	◯ coesão textual	◯ intencionalidade do texto
◯ colocação pronominal	◯ informatividade	◯ adequação ao perfil do interlocutor e ao contexto
◯ pontuação	◯ conectividade	◯ estrutura padrão do gênero
◯ ortografia, acentuação	◯ continuidade e progressão textual	◯ variedade linguística/norma-padrão
◯ crase		◯ formalidade/informalidade
◯ pessoas do discurso		◯ adequação ao suporte
◯ clareza		◯ desenvolvimento de ideias

Nome

Nº

Ano

Período

Data

Para a eventual escrita ou reescrita do texto, devem ser observados os seguintes aspectos:

Elementos linguísticos	Textualidade	Elementos enunciativos
◯ escolha lexical	◯ paragrafação	◯ abordagem do tema
◯ concordância verbal e concordância nominal	◯ coerência textual	◯ adequação ao gênero
◯ regência verbal e regência nominal	◯ coesão textual	◯ intencionalidade do texto
◯ colocação pronominal	◯ informatividade	◯ adequação ao perfil do interlocutor e ao contexto
◯ pontuação	◯ conectividade	◯ estrutura padrão do gênero
◯ ortografia, acentuação	◯ continuidade e progressão textual	◯ variedade linguística/norma-padrão
◯ crase		◯ formalidade/informalidade
◯ pessoas do discurso		◯ adequação ao suporte
◯ clareza		◯ desenvolvimento de ideias

Nome

Nº

Ano

Período

Data

Para a eventual escrita ou reescrita do texto, devem ser observados os seguintes aspectos:

Elementos linguísticos	Textualidade	Elementos enunciativos
◯ escolha lexical	◯ paragrafação	◯ abordagem do tema
◯ concordância verbal e concordância nominal	◯ coerência textual	◯ adequação ao gênero
◯ regência verbal e regência nominal	◯ coesão textual	◯ intencionalidade do texto
◯ colocação pronominal	◯ informatividade	◯ adequação ao perfil do interlocutor e ao contexto
◯ pontuação	◯ conectividade	◯ estrutura padrão do gênero
◯ ortografia, acentuação	◯ continuidade e progressão textual	◯ variedade linguística/norma-padrão
◯ crase		◯ formalidade/informalidade
◯ pessoas do discurso		◯ adequação ao suporte
◯ clareza		◯ desenvolvimento de ideias

Nome

Nº

Ano

Período

Data

Para a eventual escrita ou reescrita do texto, devem ser observados os seguintes aspectos:

Elementos linguísticos	Textualidade	Elementos enunciativos
○ escolha lexical	○ paragrafação	○ abordagem do tema
○ concordância verbal e concordância nominal	○ coerência textual	○ adequação ao gênero
○ regência verbal e regência nominal	○ coesão textual	○ intencionalidade do texto
○ colocação pronominal	○ informatividade	○ adequação ao perfil do interlocutor e ao contexto
○ pontuação	○ conectividade	○ estrutura padrão do gênero
○ ortografia, acentuação	○ continuidade e progressão textual	○ variedade linguística/norma-padrão
○ crase		○ formalidade/informalidade
○ pessoas do discurso		○ adequação ao suporte
○ clareza		○ desenvolvimento de ideias

Nome

Nº

Ano

Período

Data

Para a eventual escrita ou reescrita do texto, devem ser observados os seguintes aspectos:

Elementos linguísticos	Textualidade	Elementos enunciativos
◯ escolha lexical ◯ concordância verbal e concordância nominal ◯ regência verbal e regência nominal ◯ colocação pronominal ◯ pontuação ◯ ortografia, acentuação ◯ crase ◯ pessoas do discurso ◯ clareza	◯ paragrafação ◯ coerência textual ◯ coesão textual ◯ informatividade ◯ conectividade ◯ continuidade e progressão textual	◯ abordagem do tema ◯ adequação ao gênero ◯ intencionalidade do texto ◯ adequação ao perfil do interlocutor e ao contexto ◯ estrutura padrão do gênero ◯ variedade linguística/norma-padrão ◯ formalidade/informalidade ◯ adequação ao suporte ◯ desenvolvimento de ideias

Nome

Nº

Ano

Período

Data

Para a eventual escrita ou reescrita do texto, devem ser observados os seguintes aspectos:

Elementos linguísticos	Textualidade	Elementos enunciativos
◯ escolha lexical	◯ paragrafação	◯ abordagem do tema
◯ concordância verbal e concordância nominal	◯ coerência textual	◯ adequação ao gênero
◯ regência verbal e regência nominal	◯ coesão textual	◯ intencionalidade do texto
◯ colocação pronominal	◯ informatividade	◯ adequação ao perfil do interlocutor e ao contexto
◯ pontuação	◯ conectividade	◯ estrutura padrão do gênero
◯ ortografia, acentuação	◯ continuidade e progressão textual	◯ variedade linguística/norma-padrão
◯ crase		◯ formalidade/informalidade
◯ pessoas do discurso		◯ adequação ao suporte
◯ clareza		◯ desenvolvimento de ideias

Nome

Nº

Ano

Período

Data

Para a eventual escrita ou reescrita do texto, devem ser observados os seguintes aspectos:

Elementos linguísticos	Textualidade	Elementos enunciativos
◯ escolha lexical	◯ paragrafação	◯ abordagem do tema
◯ concordância verbal e concordância nominal	◯ coerência textual	◯ adequação ao gênero
◯ regência verbal e regência nominal	◯ coesão textual	◯ intencionalidade do texto
◯ colocação pronominal	◯ informatividade	◯ adequação ao perfil do interlocutor e ao contexto
◯ pontuação	◯ conectividade	◯ estrutura padrão do gênero
◯ ortografia, acentuação	◯ continuidade e progressão textual	◯ variedade linguística/norma-padrão
◯ crase		◯ formalidade/informalidade
◯ pessoas do discurso		◯ adequação ao suporte
◯ clareza		◯ desenvolvimento de ideias

Nome

Nº

Ano

Período

Data

Para a eventual escrita ou reescrita do texto, devem ser observados os seguintes aspectos:

Elementos linguísticos	Textualidade	Elementos enunciativos
◯ escolha lexical	◯ paragrafação	◯ abordagem do tema
◯ concordância verbal e concordância nominal	◯ coerência textual	◯ adequação ao gênero
◯ regência verbal e regência nominal	◯ coesão textual	◯ intencionalidade do texto
◯ colocação pronominal	◯ informatividade	◯ adequação ao perfil do interlocutor e ao contexto
◯ pontuação	◯ conectividade	◯ estrutura padrão do gênero
◯ ortografia, acentuação	◯ continuidade e progressão textual	◯ variedade linguística/norma-padrão
◯ crase		◯ formalidade/informalidade
◯ pessoas do discurso		◯ adequação ao suporte
◯ clareza		◯ desenvolvimento de ideias

Nome

Nº

Ano

Período

Data

Para a eventual escrita ou reescrita do texto, devem ser observados os seguintes aspectos:

Elementos linguísticos	Textualidade	Elementos enunciativos
◯ escolha lexical	◯ paragrafação	◯ abordagem do tema
◯ concordância verbal e concordância nominal	◯ coerência textual	◯ adequação ao gênero
◯ regência verbal e regência nominal	◯ coesão textual	◯ intencionalidade do texto
◯ colocação pronominal	◯ informatividade	◯ adequação ao perfil do interlocutor e ao contexto
◯ pontuação	◯ conectividade	◯ estrutura padrão do gênero
◯ ortografia, acentuação	◯ continuidade e progressão textual	◯ variedade linguística/norma-padrão
◯ crase		◯ formalidade/informalidade
◯ pessoas do discurso		◯ adequação ao suporte
◯ clareza		◯ desenvolvimento de ideias

Nome

Nº

Ano

Período

Data

Para a eventual escrita ou reescrita do texto, devem ser observados os seguintes aspectos:

Elementos linguísticos	Textualidade	Elementos enunciativos
○ escolha lexical	○ paragrafação	○ abordagem do tema
○ concordância verbal e concordância nominal	○ coerência textual	○ adequação ao gênero
○ regência verbal e regência nominal	○ coesão textual	○ intencionalidade do texto
○ colocação pronominal	○ informatividade	○ adequação ao perfil do interlocutor e ao contexto
○ pontuação	○ conectividade	○ estrutura padrão do gênero
○ ortografia, acentuação	○ continuidade e progressão textual	○ variedade linguística/norma-padrão
○ crase		○ formalidade/informalidade
○ pessoas do discurso		○ adequação ao suporte
○ clareza		○ desenvolvimento de ideias

Nome

Nº

Ano

Período

Data

Para a eventual escrita ou reescrita do texto, devem ser observados os seguintes aspectos:

Elementos linguísticos	Textualidade	Elementos enunciativos
◯ escolha lexical	◯ paragrafação	◯ abordagem do tema
◯ concordância verbal e concordância nominal	◯ coerência textual	◯ adequação ao gênero
◯ regência verbal e regência nominal	◯ coesão textual	◯ intencionalidade do texto
◯ colocação pronominal	◯ informatividade	◯ adequação ao perfil do interlocutor e ao contexto
◯ pontuação	◯ conectividade	◯ estrutura padrão do gênero
◯ ortografia, acentuação	◯ continuidade e progressão textual	◯ variedade linguística/norma-padrão
◯ crase		◯ formalidade/informalidade
◯ pessoas do discurso		◯ adequação ao suporte
◯ clareza		◯ desenvolvimento de ideias

Nome

Nº

Ano

Período

Data

Para a eventual escrita ou reescrita do texto, devem ser observados os seguintes aspectos:

Elementos linguísticos	Textualidade	Elementos enunciativos
◯ escolha lexical	◯ paragrafação	◯ abordagem do tema
◯ concordância verbal e concordância nominal	◯ coerência textual	◯ adequação ao gênero
◯ regência verbal e regência nominal	◯ coesão textual	◯ intencionalidade do texto
◯ colocação pronominal	◯ informatividade	◯ adequação ao perfil do interlocutor e ao contexto
◯ pontuação	◯ conectividade	◯ estrutura padrão do gênero
◯ ortografia, acentuação	◯ continuidade e progressão textual	◯ variedade linguística/norma-padrão
◯ crase		◯ formalidade/informalidade
◯ pessoas do discurso		◯ adequação ao suporte
◯ clareza		◯ desenvolvimento de ideias

Nome

Nº

Ano

Período

Data

Para a eventual escrita ou reescrita do texto, devem ser observados os seguintes aspectos:

Elementos linguísticos	Textualidade	Elementos enunciativos
◯ escolha lexical ◯ concordância verbal e concordância nominal ◯ regência verbal e regência nominal ◯ colocação pronominal ◯ pontuação ◯ ortografia, acentuação ◯ crase ◯ pessoas do discurso ◯ clareza	◯ paragrafação ◯ coerência textual ◯ coesão textual ◯ informatividade ◯ conectividade ◯ continuidade e progressão textual	◯ abordagem do tema ◯ adequação ao gênero ◯ intencionalidade do texto ◯ adequação ao perfil do interlocutor e ao contexto ◯ estrutura padrão do gênero ◯ variedade linguística/norma-padrão ◯ formalidade/informalidade ◯ adequação ao suporte ◯ desenvolvimento de ideias

Nome

Nº

Ano

Período

Data

Para a eventual escrita ou reescrita do texto, devem ser observados os seguintes aspectos:

Elementos linguísticos	Textualidade	Elementos enunciativos
◯ escolha lexical	◯ paragrafação	◯ abordagem do tema
◯ concordância verbal e concordância nominal	◯ coerência textual	◯ adequação ao gênero
◯ regência verbal e regência nominal	◯ coesão textual	◯ intencionalidade do texto
◯ colocação pronominal	◯ informatividade	◯ adequação ao perfil do interlocutor e ao contexto
◯ pontuação	◯ conectividade	◯ estrutura padrão do gênero
◯ ortografia, acentuação	◯ continuidade e progressão textual	◯ variedade linguística/norma-padrão
◯ crase		◯ formalidade/informalidade
◯ pessoas do discurso		◯ adequação ao suporte
◯ clareza		◯ desenvolvimento de ideias

Nome

Nº

Ano

Período

Data

Para a eventual escrita ou reescrita do texto, devem ser observados os seguintes aspectos:

Elementos linguísticos	Textualidade	Elementos enunciativos
◯ escolha lexical	◯ paragrafação	◯ abordagem do tema
◯ concordância verbal e concordância nominal	◯ coerência textual	◯ adequação ao gênero
◯ regência verbal e regência nominal	◯ coesão textual	◯ intencionalidade do texto
◯ colocação pronominal	◯ informatividade	◯ adequação ao perfil do interlocutor e ao contexto
◯ pontuação	◯ conectividade	◯ estrutura padrão do gênero
◯ ortografia, acentuação	◯ continuidade e progressão textual	◯ variedade linguística/norma-padrão
◯ crase		◯ formalidade/informalidade
◯ pessoas do discurso		◯ adequação ao suporte
◯ clareza		◯ desenvolvimento de ideias

Nome

Nº

Ano

Período

Data

Para a eventual escrita ou reescrita do texto, devem ser observados os seguintes aspectos:

Elementos linguísticos	Textualidade	Elementos enunciativos
◯ escolha lexical	◯ paragrafação	◯ abordagem do tema
◯ concordância verbal e concordância nominal	◯ coerência textual	◯ adequação ao gênero
◯ regência verbal e regência nominal	◯ coesão textual	◯ intencionalidade do texto
◯ colocação pronominal	◯ informatividade	◯ adequação ao perfil do interlocutor e ao contexto
◯ pontuação	◯ conectividade	◯ estrutura padrão do gênero
◯ ortografia, acentuação	◯ continuidade e progressão textual	◯ variedade linguística/norma-padrão
◯ crase		◯ formalidade/informalidade
◯ pessoas do discurso		◯ adequação ao suporte
◯ clareza		◯ desenvolvimento de ideias

Nome

Nº

Ano

Período

Data

Para a eventual escrita ou reescrita do texto, devem ser observados os seguintes aspectos:

Elementos linguísticos	Textualidade	Elementos enunciativos
◯ escolha lexical ◯ concordância verbal e concordância nominal ◯ regência verbal e regência nominal ◯ colocação pronominal ◯ pontuação ◯ ortografia, acentuação ◯ crase ◯ pessoas do discurso ◯ clareza	◯ paragrafação ◯ coerência textual ◯ coesão textual ◯ informatividade ◯ conectividade ◯ continuidade e progressão textual	◯ abordagem do tema ◯ adequação ao gênero ◯ intencionalidade do texto ◯ adequação ao perfil do interlocutor e ao contexto ◯ estrutura padrão do gênero ◯ variedade linguística/norma-padrão ◯ formalidade/informalidade ◯ adequação ao suporte ◯ desenvolvimento de ideias

Nome

Nº

Ano

Período

Data

Para a eventual escrita ou reescrita do texto, devem ser observados os seguintes aspectos:

Elementos linguísticos	Textualidade	Elementos enunciativos
◯ escolha lexical	◯ paragrafação	◯ abordagem do tema
◯ concordância verbal e concordância nominal	◯ coerência textual	◯ adequação ao gênero
◯ regência verbal e regência nominal	◯ coesão textual	◯ intencionalidade do texto
◯ colocação pronominal	◯ informatividade	◯ adequação ao perfil do interlocutor e ao contexto
◯ pontuação	◯ conectividade	◯ estrutura padrão do gênero
◯ ortografia, acentuação	◯ continuidade e progressão textual	◯ variedade linguística/norma-padrão
◯ crase		◯ formalidade/informalidade
◯ pessoas do discurso		◯ adequação ao suporte
◯ clareza		◯ desenvolvimento de ideias

Nome

Nº

Ano

Período

Data

Para a eventual escrita ou reescrita do texto, devem ser observados os seguintes aspectos:

Elementos linguísticos	Textualidade	Elementos enunciativos
◯ escolha lexical	◯ paragrafação	◯ abordagem do tema
◯ concordância verbal e concordância nominal	◯ coerência textual	◯ adequação ao gênero
◯ regência verbal e regência nominal	◯ coesão textual	◯ intencionalidade do texto
◯ colocação pronominal	◯ informatividade	◯ adequação ao perfil do interlocutor e ao contexto
◯ pontuação	◯ conectividade	◯ estrutura padrão do gênero
◯ ortografia, acentuação	◯ continuidade e progressão textual	◯ variedade linguística/norma-padrão
◯ crase		◯ formalidade/informalidade
◯ pessoas do discurso		◯ adequação ao suporte
◯ clareza		◯ desenvolvimento de ideias

Nome

Nº

Ano

Período

Data

Para a eventual escrita ou reescrita do texto, devem ser observados os seguintes aspectos:

Elementos linguísticos	Textualidade	Elementos enunciativos
◯ escolha lexical	◯ paragrafação	◯ abordagem do tema
◯ concordância verbal e concordância nominal	◯ coerência textual	◯ adequação ao gênero
◯ regência verbal e regência nominal	◯ coesão textual	◯ intencionalidade do texto
◯ colocação pronominal	◯ informatividade	◯ adequação ao perfil do interlocutor e ao contexto
◯ pontuação	◯ conectividade	◯ estrutura padrão do gênero
◯ ortografia, acentuação	◯ continuidade e progressão textual	◯ variedade linguística/norma-padrão
◯ crase		◯ formalidade/informalidade
◯ pessoas do discurso		◯ adequação ao suporte
◯ clareza		◯ desenvolvimento de ideias

Nome

Nº

Ano

Período

Data

Para a eventual escrita ou reescrita do texto, devem ser observados os seguintes aspectos:

Elementos linguísticos	Textualidade	Elementos enunciativos
◯ escolha lexical	◯ paragrafação	◯ abordagem do tema
◯ concordância verbal e concordância nominal	◯ coerência textual	◯ adequação ao gênero
◯ regência verbal e regência nominal	◯ coesão textual	◯ intencionalidade do texto
◯ colocação pronominal	◯ informatividade	◯ adequação ao perfil do interlocutor e ao contexto
◯ pontuação	◯ conectividade	◯ estrutura padrão do gênero
◯ ortografia, acentuação	◯ continuidade e progressão textual	◯ variedade linguística/norma-padrão
◯ crase		◯ formalidade/informalidade
◯ pessoas do discurso		◯ adequação ao suporte
◯ clareza		◯ desenvolvimento de ideias

Nome

Nº

Ano

Período

Data

Para a eventual escrita ou reescrita do texto, devem ser observados os seguintes aspectos:

Elementos linguísticos	Textualidade	Elementos enunciativos
◯ escolha lexical	◯ paragrafação	◯ abordagem do tema
◯ concordância verbal e concordância nominal	◯ coerência textual	◯ adequação ao gênero
◯ regência verbal e regência nominal	◯ coesão textual	◯ intencionalidade do texto
◯ colocação pronominal	◯ informatividade	◯ adequação ao perfil do interlocutor e ao contexto
◯ pontuação	◯ conectividade	◯ estrutura padrão do gênero
◯ ortografia, acentuação	◯ continuidade e progressão textual	◯ variedade linguística/norma-padrão
◯ crase		◯ formalidade/informalidade
◯ pessoas do discurso		◯ adequação ao suporte
◯ clareza		◯ desenvolvimento de ideias

Nome

Nº

Ano

Período

Data

Para a eventual escrita ou reescrita do texto, devem ser observados os seguintes aspectos:

Elementos linguísticos	Textualidade	Elementos enunciativos
◯ escolha lexical ◯ concordância verbal e concordância nominal ◯ regência verbal e regência nominal ◯ colocação pronominal ◯ pontuação ◯ ortografia, acentuação ◯ crase ◯ pessoas do discurso ◯ clareza	◯ paragrafação ◯ coerência textual ◯ coesão textual ◯ informatividade ◯ conectividade ◯ continuidade e progressão textual	◯ abordagem do tema ◯ adequação ao gênero ◯ intencionalidade do texto ◯ adequação ao perfil do interlocutor e ao contexto ◯ estrutura padrão do gênero ◯ variedade linguística/norma-padrão ◯ formalidade/informalidade ◯ adequação ao suporte ◯ desenvolvimento de ideias

Nome

Nº

Ano

Período

Data

Para a eventual escrita ou reescrita do texto, devem ser observados os seguintes aspectos:

Elementos linguísticos	Textualidade	Elementos enunciativos
◯ escolha lexical	◯ paragrafação	◯ abordagem do tema
◯ concordância verbal e concordância nominal	◯ coerência textual	◯ adequação ao gênero
◯ regência verbal e regência nominal	◯ coesão textual	◯ intencionalidade do texto
◯ colocação pronominal	◯ informatividade	◯ adequação ao perfil do interlocutor e ao contexto
◯ pontuação	◯ conectividade	◯ estrutura padrão do gênero
◯ ortografia, acentuação	◯ continuidade e progressão textual	◯ variedade linguística/norma-padrão
◯ crase		◯ formalidade/informalidade
◯ pessoas do discurso		◯ adequação ao suporte
◯ clareza		◯ desenvolvimento de ideias

Nome

Nº

Ano

Período

Data

Para a eventual escrita ou reescrita do texto, devem ser observados os seguintes aspectos:

Elementos linguísticos	Textualidade	Elementos enunciativos
◯ escolha lexical	◯ paragrafação	◯ abordagem do tema
◯ concordância verbal e concordância nominal	◯ coerência textual	◯ adequação ao gênero
◯ regência verbal e regência nominal	◯ coesão textual	◯ intencionalidade do texto
◯ colocação pronominal	◯ informatividade	◯ adequação ao perfil do interlocutor e ao contexto
◯ pontuação	◯ conectividade	◯ estrutura padrão do gênero
◯ ortografia, acentuação	◯ continuidade e progressão textual	◯ variedade linguística/norma-padrão
◯ crase		◯ formalidade/informalidade
◯ pessoas do discurso		◯ adequação ao suporte
◯ clareza		◯ desenvolvimento de ideias

Nome | **Nº**

Ano | **Período** | **Data**

Para a eventual escrita ou reescrita do texto, devem ser observados os seguintes aspectos:

Elementos linguísticos	Textualidade	Elementos enunciativos
◯ escolha lexical	◯ paragrafação	◯ abordagem do tema
◯ concordância verbal e concordância nominal	◯ coerência textual	◯ adequação ao gênero
◯ regência verbal e regência nominal	◯ coesão textual	◯ intencionalidade do texto
◯ colocação pronominal	◯ informatividade	◯ adequação ao perfil do interlocutor e ao contexto
◯ pontuação	◯ conectividade	◯ estrutura padrão do gênero
◯ ortografia, acentuação	◯ continuidade e progressão textual	◯ variedade linguística/norma-padrão
◯ crase		◯ formalidade/informalidade
◯ pessoas do discurso		◯ adequação ao suporte
◯ clareza		◯ desenvolvimento de ideias

Nome

Nº

Ano

Período

Data

Para a eventual escrita ou reescrita do texto, devem ser observados os seguintes aspectos:

Elementos linguísticos	Textualidade	Elementos enunciativos
◯ escolha lexical	◯ paragrafação	◯ abordagem do tema
◯ concordância verbal e concordância nominal	◯ coerência textual	◯ adequação ao gênero
◯ regência verbal e regência nominal	◯ coesão textual	◯ intencionalidade do texto
◯ colocação pronominal	◯ informatividade	◯ adequação ao perfil do interlocutor e ao contexto
◯ pontuação	◯ conectividade	◯ estrutura padrão do gênero
◯ ortografia, acentuação	◯ continuidade e progressão textual	◯ variedade linguística/norma-padrão
◯ crase		◯ formalidade/informalidade
◯ pessoas do discurso		◯ adequação ao suporte
◯ clareza		◯ desenvolvimento de ideias

Nome

Nº

Ano

Período

Data

Para a eventual escrita ou reescrita do texto, devem ser observados os seguintes aspectos:

Elementos linguísticos	Textualidade	Elementos enunciativos
◯ escolha lexical	◯ paragrafação	◯ abordagem do tema
◯ concordância verbal e concordância nominal	◯ coerência textual	◯ adequação ao gênero
◯ regência verbal e regência nominal	◯ coesão textual	◯ intencionalidade do texto
◯ colocação pronominal	◯ informatividade	◯ adequação ao perfil do interlocutor e ao contexto
◯ pontuação	◯ conectividade	◯ estrutura padrão do gênero
◯ ortografia, acentuação	◯ continuidade e progressão textual	◯ variedade linguística/norma-padrão
◯ crase		◯ formalidade/informalidade
◯ pessoas do discurso		◯ adequação ao suporte
◯ clareza		◯ desenvolvimento de ideias